JN439492

안영수 수필집

다른 이름으로
다시 나를 돌이키면

다른 이름으로 다시 나를 돌이키면

안영수 수필집

1판 1쇄 인쇄/ 2017년 8월 16일
1판 1쇄 발행/ 2017년 8월 21일

지은이 / 안 영 수
펴낸이 / 우 희 정
펴낸곳 / 도서출판 소소리

등록 / 제300-2007-21호
주소 03073 서울 종로구 성균관로 5길 39-16
전화 / 765-5663, 010-4265-5663
e-mail: sosori39@hanmail.net
www.sosori.net

값 13,000 원

*잘못된 책은 바꿔드립니다.

ISBN 979-11-5891-080-8 03810

다른 이름으로
다시 나를 돌이키면

안영수 수필집 ·

소소리

장관 후보자들이 왜 망신당하면서도 청문회에 서는 심리적인 이유가 무엇일까 하는 의문을 제기한 기자가 있었다. 과거의 잘못이 낱낱이 거론되는 청문회에 나와서 수모와 망신을 당하면서도 장관을 하려는 의도는 무엇일까? 그 이유는 인간의 뇌 속에서 벌어지는 기억과 망각 때문이라고 한다. 특히 자신과 관련된 기억은 자신에게 유리하게 왜곡되기 십다고 한다. 기자는 『생각의 역습』이라는 책에서 다음과 같은 말을 인용한다. '우리 뇌는 지나간 사건을 원형 그대로 기억하는 데 취약한 반면 원하는 대로 해석하는 데 탁월하다'고.

여든을 바라보면서 내가 살아온 족적을 정리하고 싶어 그동안 써놓았던 글을 묶고 보니까 마치 내가 청문회에 선 느낌이다. 별로 내세울 것도 없는 과거의 행적들이 드러나 망신까지는 아니더라도 '뭐, 특별한 것도 없는데'라고 고개를 갸우뚱할 독자들을 생각하면 그냥 책상 서랍에 묻어두는 편이 훨씬 편할 것 같다.

그러나 포장되고 왜곡된 기억을 되살려 글로 남기고 싶은 이유는 하나다.

작고하신 어머니를 비롯하여 내 인생의 갈림길에서 헤맬 때마다

시의적절한 순간에 방향을 제시하고 도움을 주신 분들에게 고마움을 전하고 싶어서다. 만약에 이 책에 수록된 인연들이 없었다면? 아마도 오늘의 나는 존재하지 않았을 것이다.

막상 활자화되니 부끄럽고 또 부끄럽다. 왜 아직도 자기 연민에서 헤어나지 못하는지, 왜 이렇게 중언부언하는지, 왜 이렇게 문장력이 없는지…. 글쓰기는 타고난 재능이 없이 노력만 가지고는 안 된다는 사실을 실감하니 중도에 포기하고 싶은데 무더위와 씨름하며 고생하신 소소리 출판사 우희정 사장님의 노고를 생각하면 그럴 수도 없다.

끝으로 나를 평생 동안 지켜준 남편과 가족들이 내 버팀목이었다는 것을 고백한다. 특히 사랑하는 내 손자와 손녀들인 채원, 예원, 세영, 그리고 재롱둥이 하영이는 이 세상 무엇과도 바꿀 수 없는 보물들이다. 건강하고 씩씩하게 자라서 네 엄마와 아빠들처럼 지혜롭고 사려 깊은 어른으로 성장하기를 기도한다.

2017년 7월 중복날

석관동 서재에서 **안영수**

▷ 차 례

2. 아파야 깨닫는 것

3. 지금이라는 보물

4. 인연으로

1.

콘수에그라 언덕에서

덕수와 영수

요즘 인터넷에 떠도는 유행어 중에 사람들이 늙어 가장 후회하는 세 가지가 '좀 더 즐길 걸' '좀 더 참을 걸' '좀 더 베풀 걸'이라고 한다. 1940년대에 태어난 나와 같은 세대에 속한 사람들 중에서 즐기며 노년을 맞은 사람들은 몇이나 될까? 우리는 굶지 않고 헐벗지 않기 위해 앞만 보며 일만하다가 늙어버린 세대이다.

요즘 젊은이들처럼 유행을 좇아 동호회를 만든다거나 취미생활을 즐긴다거나 맛집을 찾아다니며 즐긴다는 것은 상상조차 하지 못하고 시집살이에 마음이 멍들고 자식들을 위해 허리가 휘며 살아온 우리들이다. 허리띠를 졸라매고 달동네 월세 방에서 시작하여 몇 십 년에 걸쳐 아파트 한 채를 장만하고 아이들을 출가시키고 이제 겨우 한숨 돌리고 연금수급자가 된 나를 돌아보며 안도의 숨을 쉰다.

나이가 들어보니 인생을 즐기는 것도 연습이 필요하다는 생각이 든다. 연습하지 않으면 시간과 돈이 있어도 즐길 줄을 모른다. 옛

날에는 시간과 돈이 없어 국내 여행도 자주 하지 못했는데 이제는 시간과 돈이 있어도 몸이 말을 듣지 않아 선뜻 먼 길을 떠나지 못한다. 남편과 나는 공통의 취미 활동도 하지 못해 아이들이 없으면 재미있는 대화도 나누지 못한다. 서로 자기 공간에서 따로 시간을 보내다가 식탁에 앉아서도 그냥 데면데면하게 밥만 먹고 일어난다. 참 재미없는 부부이다.

그런 우리 부부가 며칠 전 천만 관객을 돌파한 영화 '국제시장'을 관람하였다. 딸이 표를 예매하여 손녀들과 같이 나들이 겸 외출한 덕분이었다. 그 영화를 보면서 많이 울었다. 우리 세대의 삶을 대변하여서 공감이 갔다. 전쟁의 상처를 딛고 일어선 주인공 덕수와 내 인생이 자꾸 오버랩이 되었다. 해외여행을 가기 위해 손자들을 아픈 엄마에게 맡기러 온 자식들이 아버지와는 대화가 안 된다고 불평하는 첫 장면부터 내 자식들과 나의 일상이 일맥상통하였다. 나도 유년의 고생담을 얘기하면 내 아이들도 귀찮다는 듯이 이제 그렇게 쥐어짜지만 말고 즐기며(?) 살라고 성화를 한다.

실향민 덕수의 일생이나 내 일생이나 전쟁의 상흔이 깊게 새겨져 있다. 흥남 철수 과정에 여동생을 잃어버리고 그 여동생을 찾으러 간 아버지와 헤어진 어린 덕수가 부산으로 와서 어머니와 남은 여동생을 먹여 살리기 위해 부두 노동, 서독 광부를 거쳐 월남전 파병을 하여 번 돈으로 부산의 국제시장에 가게를 인수해 식구들을 부양하였다. 마지막 대목에서 벽에 걸린 낡은 아버지 사진을 보면서 "아부지, 지 이만하면 잘 살았지예?" 하는 장면에서 나도 모르게 울컥했다.

나도 6·25전쟁의 희생양이다. 아홉 살에 아버지가 빨치산에게 총살을 당하고 서른 살에 혼자되신 어머니가 연년생으로 낳은 육 남매를 홀로 키우시느라고 갖은 고생을 다 하셨다. 먹을 게 없어서 늘 허기가 졌고, 단칸방에서 일곱 식구가 서로 엇갈려 자야했고, 식구가 많다고 일 년에 한 번 꼴로 이사를 다녀야했던 유년이었다. 그래도 엄마의 극성스러운 교육열 덕분에 학교를 다닐 수 있었던 게 천만다행이었다. 책상이 없어 방 한쪽 구석에 호롱불을 켜놓고 밥상 앞에 쭈그리고 앉아 공부를 하고 아침에 세수를 하면 콧속에서 그을음이 까맣게 나왔다.

탈출구라고는 닥치는 대로 읽는 취미(?)였다. 항상 끼니 걱정을 하는 어머니는 자식들에게 신경을 쓸 겨를이 없으셨다. 그렇게 가난했던 내게 희망의 홀씨가 내 영혼에 내려앉은 것은 초등학교 4학년 때였다. 얼토당토하지도 않은 희망이 마음에 꽂힌 것은 반 친구네 집에 놀러가서 본 서재였다.

그 친구네 집은 마당부터 널찍했다. 기역자로 된 초가지붕에 새로 이엉을 얹어 익은 벼이삭 냄새가 났다. 마당에는 커다란 멍석 위에 널어놓은 고추가 가을 햇살에 붉게 타고 멍석 옆에는 들깨 단이 수북이 쌓여 있었다. 한마디로 모든 것이 넉넉해 보이는 농가였다. 지금 그 친구 이름은 잊었지만 그 애 방에 들어갔을 때 어둡지만 널찍한 방에는 늙은 호박들이 구석에 놓여있고 한 쪽 벽 서가에는 생전 처음 보는 책들이 빼곡하게 꽂혀 있었다. 그 애 오빠의 책꽂이라고 했다. 낡았지만 정갈하게 꽂힌 책들을 보면서 나도 언젠가는 책들로 가득 채운 서가를 갖춘 내 방을 갖고 싶다는 생각이 들었다.

친구 엄마가 쪄주신 고구마를 먹고 집에 왔지만 나는 서가의 책들이 눈에 아른거렸다. 나는 언제쯤 그렇게 많은 책들을 가져보나? 시골에 사시는 큰아버지는 엄마만 보면 딸년들은 초등학교만 졸업시켜 입을 덜기 위해서라도 남의 집 식모로 보내라고 성화를 하시곤 했다. 그래도 엄마의 남다른 교육열 덕분에 허기를 견디면서도 중·고등학교를 졸업했다.

당시 여자들은 고등학교 나오면 대부분 시집들을 갔다. 고3만 되면 대부분 여학생들의 화제는 결혼이었다. 신혼 방은 어떻게 꾸밀 것인지 벽걸이 횃대에 수를 놓거나 분홍빛 커튼을 달고 싶다고들 하였다. 나는 그들의 대화에는 흥미가 없었다. 나는 시집을 가지 않을 거라고 속으로 다짐을 하며 책을 많이 읽고 소설가가 되리라고 결심을 했다. 고등학교를 졸업하고 돈이 없이 대학에 진학을 하지 못했으면서도 결혼은 나와는 아주 먼 나라 얘기라고 생각하고 책 빌려주는 서점에서 정기적으로 빌려다 읽으며 소일했다.

그러다 운 좋게 장학금을 얻어 스물세 살에 대학에 입학하여 제일 먼저 청계천 헌책방에 가서 페이퍼 북으로 된 영어 소설을 샀다. 그 이후로 매달 장학금이 나오면 청계천 헌책방에 가서 소설책을 사는 것이 버릇이 되었다. 그렇게 4년이 지나 좁은 자취방 책꽂이에 제법 책들이 찼다.

그 다음 희망은 영어교사가 되는 것이었다. 좋아하는 영어를 가르치며 한 달 식량과 연탄 걱정을 하지 않고 사는 것이었다. 몇 년 동안 비서로 일한 보상으로 유학의 기회가 주어졌다. 2년 반 밖에 하지 못한 유학생활이었지만 하고 싶은 공부를 계속하며 누구의 간섭도 받지 않는 자유가 좋았다.

귀국해서 대학 강단에 서게 되어 제일 행복했던 것은 연구실을 갖게 된 것이었다. 교수 연구실은 캠퍼스의 언덕 위에 있어서 전망이 좋았다. 북쪽 창밖으로는 고황산이 있어 새소리가 끊이지 않고 남쪽 창으로는 화창한 날에는 남산타워가 보이고 도서관의 첨탑이 내려다 보였던 2층의 연구실이 공부방이라기보다 영혼의 안식처였다. 오히려 집보다 그곳에 있는 시간이 내게는 훨씬 편하고 좋아서 어떤 때는 아이들에게는 미안했지만 주말에도 나와서 음악을 들으며 혼자의 시간을 즐겼다. 교수회관 뜰에는 봄의 화신인 목련부터 시작하여 가을까지 제철 꽃들이 피어 속세에서 벗어나 있는 기분을 느끼게 해주었다. 정년퇴임할 때에도 제일 아쉬웠던 것은 대학을 떠나는 것보다 연구실을 비워주어야 한다는 사실이었다.

영화 '국제시장'의 덕수에게 '꽃분이네 가게'가 희망의 상징이었다면 내게는 서가가 있는 서재가 희망의 상징이었다. 궁핍한 유년시절에도 그 희망의 끈을 놓지 않고 살아남아 오늘의 서재를 갖게 된 나도 잘 살아왔다고 지하에 계신 엄마에게 혼잣말로 지껄여본다.

"어머이, 나두 이만하면 잘 살았지유?"

(2015. 1)

콘수에그라 언덕에서

고희 기념으로 떠난 스페인 여행이었다.

패키지 여행팀에 합류하여 11월 10일 인천공항을 출발하여 포르투갈의 리스본을 시작으로 열흘 간 세비아, 론다, 미하스, 그라나다, 코르도바를 거쳐 톨레도와 마드리드, 그리고 바르셀로나에 이르는 주마간산 격으로 훑은 대장정(?)이었다.

유럽에서 16~19세기에 걸쳐 대제국을 건설한 스페인의 고도를 짧은 기간 중에 둘러본다는 것은 애초부터 무리였다. 그러나 우리나라 관광상품이 대개 그렇듯이 한 곳에 머물며 차근차근 둘러보는 일정 대신에 이곳저곳에 들러 증명사진이나 찍고 떠나는 식이니 나라고 예외가 아니었다. 노래로도 유명해진 그라나다의 알람브라 궁전만 하더라도 자세히 보려면 2~3일은 머물며 감상할 정도로 정교하고 아름다운 곳이었고 세계적인 건축가 가우디가 설계한 구엘공원과 성가족성당은 '인간의 상상력이 어디까지 가능한가'

라는 의문과 경외심을 동시에 갖게 한 위대한 건축물이었다.

나처럼 예술적 감각이나 건축에 대한 소양이 없는 문외한에게 여행 중에 둘러본 여러 사원들은 다 비슷비슷한 것 같이 기억에 뭉뚱그려진 형태로 남아 있을 뿐이다. 그러나 여행한 지 2년이 지난 지금까지 가장 뇌리에 남은 기억은 세비아에서 본 훌라멩고 춤도, 론다의 투우장과 누에보 다리도, 세계적인 관광지로 드라마 촬영지로 유명한 미하스 마을도 아니다. 오히려 볼품없었던 코르도바에서 톨레도 가는 중간에 들른 콘수에그라의 풍차마을이다. 사람의 기억이란 주관적인 느낌과 밀접한 관계가 있는 모양이다.

11월 14일 일정은 코르도바의 메스키타(유태인 거리)부터 시작이었는데 아침부터 비가 내렸다. 여행 중에 만나는 비는 반갑지 않다. 등에 백팩을 지고 어깨에 가방을 메고 우산까지 챙겨야 하는 번거로움 때문이다. 일행은 우산을 받으며 코르도바의 이슬람 문화가 보존되어 있는 거리를 걸었다. 메스키타를 중심으로 좁은 골목길들이 미로처럼 이어진 양쪽에는 특산품 가게들이 늘어서 있는데 그 중 가장 오래되었다는 가게 주인은 우리들에게 집안에 있는 천 년이나 되었다는 샘물을 보여주기도 하였다. 메스키타 대사원은 이슬람 건축과 고딕 건축이 조화를 이룬 남북 180m, 동서로는 160m나 되는 거대한 사원이었는데 사원 안에 있는 850개의 둥근 기둥이 아치를 이루고 있어 미궁 속을 거니는 느낌이었다. 사원 밖 네모난 뜰에 서 있는 올리브 나무들이 함초롬히 비에 젖어 있는 모습이 고대와 현대의 경계를 보여주는 듯했다.

우리는 다음 목적지인 톨레도로 가기 위해 버스를 탔다.

스페인의 광활한 대지를 달리는 관광버스가 한 마리의 작은 개미 같다는 생각이 들었다. 가도 가도 끝이 없었다. 하늘과 맞닿은 대평원에는 포도나무와 올리브 나무들이 열병하는 군대처럼 늘어서 있었다. 드넓은 평원 가운데 드문드문 있는 집에 트렉터가 세워져 있어 사람이 살고 있다는 짐작이 들 뿐 인적이 없어 좁은 한반도에서 온 여행자인 내게는 흡사 달 표면에 착륙한 우주인이 된 기분이었다.

땅이 넓으니 날씨도 변화무쌍하였다.

비가 차창을 마구 때리는가 싶다가도 어느새 밝은 햇살이 눈 속으로 파고 들어왔다. 차창으로 보이는 하늘 이편은 파란데 저쪽은 검은 구름에 덮여 있다. 가이드의 말로는 검은 구름에 싸인 곳에는 비가 내릴 거란다. 저녁 무렵이 되니까 비는 그쳤지만 구름이 하늘은 온통 가려서 어두웠다. 가이드가 늦긴 했지만 톨레도에 도착하기 전에 돈키호테의 마을 콘수에그라에 들르겠다고 하였다. 돈키호테라는 말에 지쳐서 눕고만 싶었는데 정신이 번쩍 들며 호기심이 발동했다. 세계적인 대문호가 살았던 풍차마을이라니! 버스는 좁은 길을 지나 인적이라고는 없는 작은 마을에 들어섰다. 그리고는 조그만 농가 같은 집 앞에 섰다. 돈키호테 휴게소란다. 에게게… 이게 뭐야? 작은 마당에 들어서니 눈에 뜨이는 것은 1m 남짓한 크기의 앙상한 돈키호테의 청동 조각상이었다. 기념품도 별로 없었다. 실망스러웠다. 엄청난 보물이라도 숨겨진 곳처럼 기대를 하고 왔는데… 도대체 꿈과 현실 사이의 괴리는 얼마는 되는 것일까?

우리는 다시 버스를 타고 풍차가 있다는 콘수에그라 언덕으로 향했다.

사방은 캄캄해졌다. 버스는 헤드라이트에 의지하여 후미진 좁은 길로 올라갔다. 낮이었으면 관광버스들로 만원이었을 주차장은 텅 비어 있었다. 비까지 내려서인지 우리가 탄 버스 한 대뿐이었다. 언덕이라고도 할 수 없는 밋밋한 곳에 풍차들이 괴물처럼 서 있었다. 남편 손을 잡고 겨우 계단을 올라갔다.

풍차가 있는 데까지 올라갔을 때 갑자기 사방이 환해진 느낌이 들었다.

웬일이지? 이상해서 두리번거리다가 하늘을 보니 우리가 서 있는 바로 위 하늘의 구름이 동그랗게 걷혀 푸른색을 띠고 나머지는 검은색으로 칠한 도화지 같았다. 신의 조화인가, 신의 은총인가 싶어 일행은 일제히 환호성을 올렸다. 풍차가 있는 언덕에서 내려다본 넓은 평야가 우리에게 두 팔을 활짝 벌리고 서늘한 바람으로 환영 인사를 하였다. 어둠 속에 가만히 서 있으니 거대한 풍차들이 공상영화의 로봇들처럼 서서히 다가오는 듯했다. 아마도 낮에 보았다면 풍차마을은 그냥 밋밋해서 깊은 인상을 주지 못했을 것이다.

그러나 비가 내리고 구름이 낀 11월의 어두운 저녁에 본 콘수에그라 언덕은 내가 둘러본 많은 대사원들보다 훨씬 더 강렬한 인상을 남겼다. 인상이란 찰나에 느낀 마음의 그림이다. 흡사 영화의 한 장면처럼 밤이 몰려오기 전 어두운 저녁에 풍차를 배경으로 내가 주인공이 되어 넓은 들판을 배경으로 두 손을 활짝 벌리고 나를 위해 잠깐 문을 열어 푸른 하늘을 보게 된 우연의 행운에 나는 감사하고 있었다.

「돈키호테」를 쓴 세르반테스는 생전에는 성공하지 못한 작가였다고 한다.

그는 현실과는 동떨어진 이상을 실현하기 위하여 온갖 기행을 일삼는 인간의 원형인 '돈키호테'라는 불후의 인물을 창조하였다. 소설 속에서의 돈키호테는 라만차 지방의 한 시골 귀족으로 농부인 산초 판자를 데리고 방랑의 여행을 떠나 세상의 사악한 무리들과 싸우기로 결심하지만 번번이 실패하고 조롱을 당한다. 그는 시종을 데리고 콘스에그라의 언덕에 이르자 풍차들이 적들이라고 생각하여 공격을 하지만 말과 함께 풍차에 말려 들어가 튕겨져 나가 떨어지고 만다.

우리는 황당한 말이나 행동을 하는 사람을 가리켜 '돈키호테'같다고 한다. 현실감이 결여되었다는 의미가 내포되어 있다. 그러나 요즘 많은 사람들이 다시 돈키호테에 관심을 갖게 되었다. 너무 영악하게 앞만 보고 살아가는 현실에서 한 발자국 물러서고 싶다는 바람 때문이 아닐까? 각박한 현실에 짓눌렸을 때 허황된 꿈이라도, 아니면 공상이라도 하면서 경쟁 위주의 생활 패턴에서 잠시라도 벗어나고자 하는 희망 때문이 아닐까?

아니 그보다도 21세기는 '디지털 원주민'의 시대다. 우주선을 타고 가서 상추도 길러먹는 시대이다. 정보화는 우리의 상상을 초월하고 있다. 3D로 인간의 골격까지도 만들어낸다지 않는가. 이런 시대에 어른들의 아날로그 방식은 더 이상 환영받지 못한다. 어른들의 잣대로 아이들의 상상력을 죽여서는 안 되는 시대가 되었다. 상상력이 뜬구름을 잡으려는 허황된 망상이라고 생각했던 시각에서 이제는 세르반테스의 창조 인물인 돈키호테가 현대인의 롤모델이 되고 있는 것이다.

조하리의 창(窓)과 내 마음

『한국인의 의식구조』라는 저서로 유명한 이규태 선생의 책에 「조하리의 窓과 私적 자기」라는 글이 있다. 인간의 마음은 네 가지로 이루어졌는데 사람에 따라 어느 부분의 크기가 상대적으로 더 크고 더 작기도 하다는 것이 골자다. 그 창은 밭 전(田)자처럼 네 개의 창들로 나누어져 위에 두 개의 창틀은 남이 알고 있는 내 마음의 부분으로, 왼쪽 창틀은 개방적으로 나와 남이 모두 알고 있는 마음이다.

그러나 오른쪽에 있는 창틀은 나의 재능이나 단점 등 남은 알고 있으나 나는 은폐하고 싶은 부정적인 내 마음이다. 그리고 창의 아래쪽 두 창틀은 남이 모르는 내 마음이다. 왼쪽 창틀은 나는 알고 있으나 맹목적으로 억제하여 노출을 하지 않는 내 마음이요, 오른쪽 부분은 남도 모르지만 나 또한 모르는 무의식 부분이라는 것이다. 남이 알고 있는 나의 부분을 공적 자기(public self)라 하고, 남이 모르는 나의 부분을 사적 자기(private self)라고 한다.

이 글을 읽을 때마다 내 마음은 이 네 개의 창틀 중에 어느 부분에 속하는지 궁금해진다. 위쪽 왼쪽 창틀로서 개방적으로 나와 남이 모두 알고 있는 마음 같기도 하고, 아니면 아래쪽 두 창틀인 남이 모르는 내 마음 같기도 하다. 왜냐하면 남이 아는 나와 내가 아는 나 사이에 괴리가 있다고 느낄 때가 많다. 어쩌면 내가 자신을 포장하는 기술이 뛰어나든가 아니면 네 개의 창틀이 혼재되어 있는지도 모르겠다.

심리학자들은 사람의 성격 형성에 가장 많은 영향을 끼치는 시기를 유아기부터 유년기라고 한다. 내가 기억하는 나의 유년기는 무척 소심하고 겁 많은 아이였다. 친구들과 몰려다니며 놀았던 기억은 없고 연년생의 동생들과 시간을 더 많이 보냈다. 나가 놀지 못한 이유는 엄마가 동생들을 보라고 하셨기 때문일 수도 있다. 막내 여동생은 항상 내 차지였다. 힘에 부쳐 오래 업을 수가 없을 때면 넓적다리에 눕혀놓고 자장가를 불러주었다. 그리고 혼자가 되면 엄마가 바느질하다 남긴 헝겊 조각들이나 자수하고 남긴 색실을 가지런히 상자에 담아 나만의 공간에 숨겨놓았다.

일곱 살 때였을 것이다. 엄마 친구들이 놀러왔다 배웅하러 나간 어스름한 여름날 저녁에 동생과 나는 어두움이 무서워서 엉엉 울었다. 마침 귀가 중이던 아버지가 우는 소리를 듣고 달려오셔서 아이들을 두고 어디 갔느냐고 엄마와 대판 싸우게 만들었다. 이처럼 내가 아는 나는 사람들이 생각하는 나와는 다르다.

내가 '치마만 둘렀지 남자처럼 씩씩한 여자'라는 낙인이 찍히게 된 것은 초등학교 4학년 때 웅변대회에 나가면서 변화가 시작되었지 싶다. 혼자 있거나 책 읽기를 좋아하던 내가 많은 청중들 앞에서 단상을 치며 소리 높여 웅변을 하여 상을 타오기 시작했는데 그것이 고등학교 2학년 때까지 계속되었다. 그 이후로 남들 앞에 서는 것이 두렵지 않고 당당하게 의사 표시를 할 수 있게 되었던 것 같다.

그러나 이런 이유는 표면적이다. 그보다는 내게 잠재된 열등감이 나를 '치마만 둘렀지 남자 같은 여자'로 보이게 했을지 모르겠다. 며칠 전 어느 신문에 '동주'라는 영화를 찍은 이준익 감독과의 인터뷰 기사를 읽고 그가 마치 내 속을 들여다보고 말한 것 같아 놀랐다. 이준익 감독은 자기가 감독한 모든 영화들에서 그는 "자신의 '열등감'을 찍었다. 나도 그런 존재니까."라고 고백하였다. 그의 전작 영화들인 '사도' '왕의 남자'들에서도 영조와 연산군의 열등감을 파고들었다고 한다.

이준익 감독은 "열등감처럼 스스로를 정확하게 들여다볼 수 있는 심리는 없다. 많은 사람들이 열등감을 우월감으로 환치시킨다." 라고 말하며 "한 인간을 정직하게 보려면 그 인물의 열등감을 소중히 맞이해야 한다."고 강조하였다. 학연, 지연, 혈연 등 아무것도 없었던 초라한 성장과정에서 열등의식이 항상 잠재되어 있었고, 그 열등의식을 불식시키려고 처절할 만큼 노력했다고 한다.

나도 아홉 살 어린 나이에 전쟁으로 아버지가 참혹하게 돌아가신 후부터 겪게 된 궁핍했던 성장과정에서 싹튼 열등감이 나의 잠재의식 속에 똬리를 틀고 있다. 나는 열등의식과 애정결핍을 보상받기 위해 '착한 아이 콤플렉스'에서 벗어나지 못했다. 학교에서는 선생님들의 인정과 칭찬에 목말라하며 공부에 승부를 걸었다. 결혼에 실패했다는 소리를 듣지 않기 위해 나를 혹사하며 가정을 지켰다. 그리고 직장에서도 남의 시선에 전전긍긍하며 칭찬받고 싶다는 욕망으로 내가 하고 싶은 일은 항상 뒷전으로 밀어 놓았다. '보이는 나'가 '내가 아는 나'보다 우선이었던 삶을 살아온 것이다.

팔순을 바라보는 이 나이에도 나는 여전히 겁이 많다. 내 딴에는 산전수전 다 겪어 무서울 것이 없다고 생각하는데도 혼자 있는 게 무섭고 두렵다. 버림받은 느낌이 들지 않으려고 항상 사람들과 가까이 교류하려고 애쓴다. '조하리의 창틀' 네 개 중에서 진정한 나는 어느 부분인지 아직도 모르겠다. 참 알다가도 모를 나 자신이다.

먼 데서 온 손님

외출하려는데 전화가 왔다.

같이 재직했던 노 교수님의 전화였다. 전화하실 용건이 있을 리가 없는데 웬일이지?

학교에서 연락이 왔는데 40여 년 전에 미국의 평화봉사단원으로 영어를 가르쳤던 강사들 세 명이 한국 정부 초청으로 방문 중인데 그 당시 알고 지냈던 몇 사람을 만나고 싶다는 것이다. 나는 직접적으로 그들과 교류한 기억이 별로 나지 않아 굳이 만나야할 이유가 없을 것 같다고 사양을 했다. 노 교수님은 어떻든 함께 만나보자고 권유하였다. 감기도 들고 기억에도 없는 그들을 만나고 싶은 생각이 없었지만 어른의 말씀을 거절하기 어려워서 마지못해 승낙을 했다.

그들은 일본대사관 앞 서머세트 호텔에 투숙하고 있다고 했다.

저녁 6시 동료인 L교수와 같이 그곳으로 갔다. 퇴직 후에는 같은 서울에 살면서도 만나기 쉽지 않은 터인데 40여 년 만에 미국에서 온 손님들을 만나려고 모였으니 그것만으로 오늘의 외출은 의미가 있을 것 같았다. 호텔에서 만난 우리 세 사람은 70년 대 초에 만났던 젊은 미국 청년들을 알아볼 것 같지 않았다. 그동안 한 번도 편지로도 왕래한 적이 없었기 때문이다.

만날 시간이 되자 고궁 방문을 마친 초로의 외국인들 한 무리가 로비에 들어왔다.

우리는 어떻게 알아볼지 걱정이 되어서 사방을 두리번거렸다. 그때 뚱뚱한 남자가 우리 앞으로 다가왔다. 저쪽에서 먼저 우리를 알아본 것이다. 우리들 앞에 나타난 세 사람은 우리가 기억하고 있던 날씬하고 수줍음이 많았던 젊은 청년들이 아니었다. 모두 풍채가 우리의 두 배는 되고 머리카락이 듬성듬성한 초로의 신사들로 변해 있었다. 하기야 반세기 가까운 세월이 흘렀는데 어떻게 변하지 않을 수 있겠는가.

우리는 반갑게 인사를 나누고 주최 측에서 마련한 한식당에서 갈비를 먹으며 회포를 풀었다. 그들과의 대화를 나누면서 내가 놀란 것은 그들의 기억 속에 있는 70년대 초의 대학과 한국의 농촌 풍경이 나보다 더 세밀하고 구체적이었다는 점이다. 그들은 이구동성으로 20대 초반에 낯선 한국에 와서 겪은 문화충격을 극복하게 해준 것은 한국인의 '인정'이었다고 말했다. 뉴욕의 한 은행 부행장으로 일하고 있다는 Mr. Ehr는 정부의 평화봉사단 재방문 초청에 응하면서 만나고 싶은 교수들과 학생들의 이름을 꼼꼼히 적은 신청서를 내게 보여주었다. 거기에는 당시의 여권 사진과 학교 근무하면서 학생들과 찍었던 사진도 첨부되어 있었다. 나는 그의 놀라운 기억력뿐만 아니라 기록하는 습관에 감동하였다. 나는 그에게 젊었을 때 한국에만 있었느냐고 물었다.

그는 처음에는 필리핀에 가서 가르치다가 한국에 와서 2년 반을 경희대학교에서 가르쳤다. 그리고 말레이시아와 싱가포르에 가서도 살았지만 가장 인상 깊은 곳은 한국이었다. 왜냐고? 하숙집 주인과 학생들이 친절했었기 때문이다. 당시에 만난 젊은이들은 모두 다이내믹하고 열정에 넘쳐있었다. 학생들과 어울려 인천에 가서 배타고 영종도까지 가서 놀았던 추억을 떠올리면 언젠가 다시 오고 싶었다고 한다. 우리를 만나기 전에 세 사람은 이미 경희대학교 캠퍼스에 가서 자기들이 묵었던 숙소와 강의실 사진을 찍었다고 보여준다.

저녁 식사가 끝나자 그들이 먼저 2차를 제안했다. 막걸리를 마시자고 했다.

인사동의 전통주점에 가서 투박한 항아리에 담겨져 나온 동동주와 옹기잔을 보며 환호하는 그들을 보면서 나 자신이 부끄러워졌다. 도대체 나는 무엇에 마음을 빼앗기고 지난 40여 년을 보냈는가? 우리의 옛 것들, 아니 우리의 고유한 전통 문화에 대하여 관심을 가져본 적이 있었던가? 전쟁으로 인한 폐허에 진저리가 난 우리 세대는 옛 것을 간직하기보다 부수고, 짓고, 새로 만드는 데만 열중해 있었던 것은 아닌가. 산업화라는 미명하에 우리의 전통을 보존하려는 생각보다는 새로운 트렌드에 환호했다.

불과 2, 3년 동안 한국에서 보낸 미국의 평화봉사단원들은 성공한 사업가, 하원의원, 그리고 연방 공무원이 되어 젊은 시절 느꼈던 한국인의 인정과 고유한 전통이 그리워 찾아왔는데 과연 나는 우리의 고유한 전통과 문화에 대하여 얼마나 많은 관심과 애착을 갖고 있었는가? 뜻하지 않았던 그들과의 만남이 나를 부끄럽게 만든 하루였다.

모발 수난사

1993년 이후 가장 더웠다는 올 여름이다.

뛰어놀다 땀범벅이 되어 돌아온 쌍둥이 손녀들을 딸이 씻겨주면 젖은 머리를 말려주는 게 일과가 되다시피 했다. 딸한테 저녁밥을 얻어먹으려면 그런 봉사라도 해야 할 것 같아서다.

초여름에 손녀들의 머리를 미장원에 가서 펌을 해주어서 곱실곱실한 머리채가 어깨까지 늘어지고 숱이 많아서 머리 말리는데 시간이 걸린다. 암갈색 머리카락이 기름을 바른 듯이 윤이 난다. 내 손 안에 잡히지도 않을 만큼 숱이 많다. 영양도 좋지만 유전적인 요인이 있음이 분명하다.

손녀들의 머리를 말릴 때면 문득 내가 어렸을 때 친정어머니가 허리춤까지 내려오는 흑단 같은 머리를 손거울을 벽에 기대 놓고 쪽을 찌던 모습이 생각나곤 한다. 동백기름을 발라 윤기가 자르르 흐르는 머리를 비비꼬아 한 손으로 틀어쥐고 둘둘 말아 은비녀를 꽂을 때마다 어머니는 어김없이 숱이 너무 많아 쪽이 예쁘게 되지 않는다고 불평을 하셨다. 여름에는 뒷머리를 가위로 쳐내시기도 하였다. 그렇게 숱이 많던 어머니의 머리카락이 회갑 무렵부터 탈모가 시작되더니 79세 돌아가실 무렵에는 명주실 같이 가느다란 백발이 정수리에 조금 남아 있었다.

내 딸도 머리 손질할 때면 엄마 닮아 숱이 많아 미련해 보인다면 투덜거린다.

나도 젊었을 때 숱이 많았다. 여름에는 미장원에 가서 어머니처럼 머리카락을 쳐냈다. 이처럼 우리 모녀 4대에 걸쳐서 머리숱에 관한한 얼마나 최상품이었는지 밝혔다. 그랬던 내가 탈모가 심해서 벌써 3년째 두피 관리를 받고 있다.

내 머리는 숱이 많을 뿐만 아니라 검고 철사처럼 뻣뻣했다.

대학 졸업 후 직장생활을 시작하고 나서부터 내 모발의 수난은 시작되었다. 사방으로 뻗치는 생머리로 다닐 수가 없어서 펌을 하기 시작했고 일주일에 한 번씩 연탄불에 시뻘겋게 달군 고데기로 꼬부라진 머리를 폈다. 직접 머리를 손질할 재주가 없었기 때문이다. 어떤 때는 일주일에 두 번 미장원에 가기도 했다. 이렇게 40여 년 동안 내 모발은 화상을 입었다.

그뿐인가. 두 달에 한 번 꼴로 펌을 하고 서른다섯 살부터 염색을 하기 시작하였다. 유학을 떠날 때 정수리에 새치가 너무 많이 생겨 시작한 염색을 이날까지 하고 있으니 평생 내 모발은 독성물질에 중독이 되었다. 그런데도 여전히 숱이 많고 머릿결이 좋은 나를 동료들이 부러워했다. 나는 그들의 부러움을 당연하게 생각하였다. 왜냐하면 유전적으로 타고 났으니까.

그렇게 튼튼한 모발이 반란을 일으키기 시작한 것은 회갑을 넘기고부터다.

시어머니가 뇌경색으로 쓰러지시고 집 안팎의 문제로 인해 극심한 스트레스로 시달리던 어느 가을 날 머리를 감고 난 후 목욕탕의 흰색 타일 위에 누가 머리털을 뽑은 것처럼 흩어져 있었다. 나는 계절 탓이려니 하고 방심하였다. 바쁘기도 하려니와 내 모발의 우수성을 믿고 있었으니까.

그러나 정년이 가까워졌을 무렵부터 머리카락이 기하급수적으로 빠졌다.

오죽하면 동료들이 탈모를 알아볼 만큼 정수리가 훤히 드러나고 말았다. 유전적으로 타고났던 풍성한 내 머리의 탈모가 걷잡을 수 없이 진행되고 있었다. 퇴직을 하고 한가해지니까 듬성듬성한 머리 때문에 사람들 앞에 나서기가 싫어졌다. 이대로는 안 되겠다 싶어 가발을 써야겠다는 결심을 딸에게 비쳤다. 딸은 아직 가발은 하지 말고 탈모 치료를 받는 게 어떠냐면서 내 손을 끌고 피부과로 갔다. 나는 그때까지 탈모를 치료하는 데가 있다는 것도 모르고 있었다.

두피 관리자가 현미경으로 나의 두피 상태를 보여주었다. 모공이 거의 막혀 있었고 모낭에 남은 머리카락도 가늘어져 힘없이 축 늘어져 있었다. 충격이었다. 그렇게 많던 머리카락들이 다 어디로 갔단 말인가? 관리자가 말하는 세발법과 평소 나의 습관과는 너무 달랐다. 목욕탕에 가서 나오기 직전에 머리를 감고 헹굼도 대충 하고 헤어 드라이로 말리지도 않고 집으로 오곤 했는데 그게 가장 나쁜 습관이란다. 몸을 씻기 전에 두발을 샴푸로 감고 1~2분 방치한 다음 정성껏 두피 마사지를 하란다. 그리고 린스로 깨끗이 헹군 머리는 헤어 드라이의 찬바람으로 완전히 말리라고 하였다.

두피도 얼굴 피부와 같다고 한다. 스트레스를 받으면 두피가 붉어지고 건조하며 각질이 생긴다. 이런 현상이 오래 지속되면 모공이 막혀 머리카락이 가늘어지고 줄어든다. 즉 모발을 통해서도 우리의 영양 상태를 알아낼 수 있다고 한다. 그래서 두피에 영양 공급을 반드시 해주어야 한다는 것이다. 샴푸도 질이 좋을 것을 써야하고 머리 감고 말린 후에는 에센스를 발라야 한다. 무엇보다도 중요한 것은 충분한 수면과 스트레스를 받지 않도록 하는 생활 패턴을 유지하는 것이다.

두피관리의 과정은 힘들었다. 평생 모발에 무신경했던 벌을 받는 모양이었다. 비용도 문제지만 일주일에 한 번씩 한 시간 이상 몇 가지 코스를 거쳐야 한다. 제일 참기 힘든 것은 메조 테라피이다. 마치 재봉틀로 바느질하듯이 주사바늘로 머리 전체를 찔러 영양제를 주입하는 것이다. 처음에는 머리 전체가 얼얼해서 심장이 오그라드는 듯했다. 탈모의 결과가 돈과 시간과 고통을 수반하게 될 줄이야! 그렇게 일 년이 지났더니 만나는 사람들마다 한마디씩 한다.

"어머, 머리숱이 많아졌네요."

나는 탈모의 고통을 회갑이 지나 겪게 되었지만 요즘에는 탈모로 고생하는 2~30대의 젊은이들이 늘어나고 있다는 보도이다. 취업난으로 인한 극심한 스트레스와 다이어트가 원인이라니 안타깝다. 누구나 지금 누리고 있는 건강을 당연하게 생각하지 말고 평소에 꾸준히 관리해야 한다는 진리를 잊어버리고 뒤늦게 후회하게 되는 게 우리네 삶의 과정인가 보다.

여자의 주례

대학 동창이 아들의 주례를 서달라고 한 달 전부터 졸랐다.

칠십이 넘은 할망구가 많은 사람들 앞에 서기가 싫어 고사했지만 막무가내다. 누구는 서주고 왜 안 서주느냐고 거의 협박(?)조의 부탁에 승낙을 하고 말았다.

여자가 주례를 선다는 것은 남자 주례자보다 불편한 게 훨씬 많다. 우선 마땅한 정장이 있어야 하고 화장, 아니 분장으로 얼굴의 주름살을 감추어야 하고, 또 숱이 없는 머리를 미장원에 가서 부풀려 손질을 해야 한다. 퇴직 후 옷에 신경을 쓰지 않다보니 입을 만한 옷이 없어 할 수 없이 한 벌을 장만하였다.

주례를 맡은 9월 말의 날씨는 환상적이었다. 요즘 많은 젊은이들이 결혼을 기피하는데 새로 탄생하는 부부를 축복이라도 하듯이 하늘은 구름 한 점 없이 푸르고 바람은 솔솔 부는데 햇살은 따갑다. 그러나 주례자인 나는 날씨를 즐길 마음의 여유가 없다. 무사히 마칠 때까지는 긴장하게 된다.

아침 일찍 목욕을 하고 미장원에 가서 머리 손질을 했다. 주례사를 미리 쓰긴 하지만 여러 번 하다 보니까 익숙해져서 이제는 읽지 않는다. 오늘은 집에서 멀지 않은 예식장이어서 서둘지 않아도 되었다. 결혼식이 안양이나 부천 같은 먼 거리에 있을 때는 새벽부터 설쳐야 한다. 주례하는 날은 반드시 지하철을 이용한다. 언젠가 신랑이 보내준 차를 타고 길이 막혀 주례 시간이 임박해서야 도착한 일이 있었기 때문이다. 서두르지 않고 미리 나가 예식장 위치를 확인하고 근처 카페에 가서 차를 마시며 주례 시간을 기다렸다.

첫 주례를 맡은 것은 1993년이었다. 50대였으니 지금 생각하면 꽃띠다.

당시에는 여자가 주례를 서는 일이 거의 없었던 것 같다. 평소부터 나를 따르던 제자의 덫에 걸려(?) 어쩔 수 없이 맡게 되었다. 대학 2학년 때부터 농담처럼 자기가 결혼할 때 주례를 서달라고 하였다. 원래 상식을 뛰어넘는 행동을 잘 하던 제자여서 그냥 웃어 넘겼다. 집이 가난하여 등록금 마련하느라고 휴학과 복학을 반복하며 어려운 가운데도 졸업을 하고 호텔리어가 되었다. 그는 가끔 안부를 전해 왔고 몇 년 후에는 비행기 조종사가 되어 나타났다. 그리고 얼마 지나지 않아 연구실로 찾아와서 다짜고짜로 주례를 서달라는 것이었다. 난감했다. 게다가 신붓감이 평범한 일반인이 아니라 잘 알려진 탤런트라고 했다. 여자가 어떻게 주례를 서냐? 나는 여러 이유를 들어 완강히 거절하였다. 동시에 그의 성격상 누구누구의 남편이라는 소리를 듣고 살기 힘들 것이라고 충고하였다.

그는 막무가내였고 며칠 후 신부감을 데리고 인사를 왔다. 어쩔 수 없이 그의 청을 받아들였지만 잠이 오지 않을 만큼 걱정이 앞섰다. 과연 내가 주례 설 자격이 있느냐고 자문하면서…. 주례자는 우선 만인의 존경을 받을 만큼 인품과 경륜이 있어야 한다. 그리고 자식들의 험한 꼴을 보지 않은 원만한 가정을 이루고 사는 사람이 주례 자격이 있는 것인데 나는 그런 자격과는 한참 멀었다. 게다가 나는 여자가 아닌가.

사람들은 어떻게 여자가 주례를 서냐고 놀랄 것이 뻔하다. 그러나 이미 물은 엎질러졌다. 구태여 사람들이 나의 주례 자격을 따진다면? 우선 28년 동안 시어머니를 모신 맏며느리로 조상의 제사를 손수 만든 음식으로 정성껏 모시고 살고 있다는 점, 조강지처로서 가정생활과 내 전문직을 균형 있게 지탱하며, 근검절약하며 알뜰하게 저축하며 살아왔다는 점, 그리고 아들과 딸을 낳아 건강하게 키우고 있다는 점을 장황하게 설명한다. 이만하면 주례 자격이 있지 않습니까, 여러분? 그러나 그렇게 살지 않는 사람이 있습니까?라고 반문하면 할 말이 없어진다.

그날은 6월 중순이었는데 때 이른 더위가 시작되었다.

나는 시집가는 색시처럼 아이보리 색으로 투피스를 장만했다. 문학 선생의 품격(?)을 보이기 위해 예이츠(Yeats)의 시를 인용하여 주례사도 공들여 썼다. 만반의 준비를 하고 청담동 예식장에 도착했다. 그런데 식장을 가득 메운 하객들과 카메라를 장착한 기자들이 몰려와 있는 것을 보는 순간 심장이 멎는 것 같았다. 유명 연예인의 결혼식이라고 취재하러 온 기자들과 카메라맨들이 북새통을 이루고 있었다. 간신히 주례 집전을 하는데 등에 땀이 강물처럼 흘러내렸다. 단상의 라이트와 카메라맨들이 눌러대는 셔터 소리에 주례를 하는 건지 무얼 하는 건지 혼이 나갔다.

그렇게 호되게 첫 주례의 신고식을 치렀다. 비교적 학생들과 가깝게 지내온 터라 그 후부터 심심치 않게 주례를 섰다. 재혼하는 제자도, 부모가 모두 안 계셔서 힘들어 하는 제자도, 그리고 학교 관리인들 자제들의 결혼도 주례하여 아마 서른 번 이상 하였을 것이다. 나를 필요로 하는 사람들에게 도움이 된다면 마다할 이유가 없는 거라고 자위하면서.

오늘 예식장에는 남자 동창들도 많이 참석하여 그들 앞에서 주례하는 것이 민망하였다. 주례사를 할 때는 나가주기를 바랐는데 그들은 끝날 때까지 기다려주는 친절뿐만 아니라 휴대폰에 녹음까지 해주었다. 나의 주례사는 길지 않다. 5분 안에 끝내려 노력한다. 중언부언해보아야 새벽부터 준비하느라 이미 파김치가 된 신랑신부는 빨리 끝나기만을 고대한다는 것을 경험으로 알기 때문이다. 오늘 주례사의 골자는 부부 사이에 '감정은행계좌'를 만들라는 것이었다. 이 말은 미국의 스티븐 코비 박사가 인간관계 사이의 신뢰 구축을 위하여 상대방의 감정에 호감을 저축하듯 쌓으라는 은유적인 표현이다. 친구들은 짧은 메시지가 좋았다고 칭찬(?)해주었다.

다시 주례를 설 일은 없을 것이라고 생각하니 숙제를 마친 학생처럼 홀가분하다. 여전히 하늘이 청명하다. 발걸음이 가볍다. 만추의 아름다움을 마음껏 즐기라는 듯이 단풍잎 하나가 내 어깨 위에 살포시 떨어진다.

죽음에 관한 시선들

아파트에서 걸어서 5분도 안 걸리는 곳에 구립 체육관이 있다.

회비도 쌀 뿐만 아니라 차상위 계층이나 노인들에게는 할인 혜택이 많아 회원들이 수천 명이라고 한다. 정년퇴직을 하고난 후부터 그곳에 가서 운동하는 것이 일과가 되다시피 했다. 어느 날 엘리베이터 안 게시판에 천상병 시인의 시 「귀천」이 있었다. 얼마나 많은 사람들이 관심을 갖고 그 시를 읽을까? 대부분은 그냥 지나치겠지만 그래도 드나드는 사람들의 감성을 자극하는 시를 게시판에 걸어놓은 관리자의 배려에 고마운 마음이 들었다.

누구나 언제 닥칠지 모르는 죽음에 대해서 생각하고 싶어 하지 않는다. 자신과 관계없는 일로 금기시 한다. 그러나 시인들은 살아서는 경험해보지 못한 죽음에 대해 호기심과 흥미를 갖고 시로 표현하고 있다. 천상병 시인의 「귀천」도 죽음에 관한 대표적인 시이다.

나 하늘로 돌아가리라
새벽빛 와 닿으면 스러지는
이슬 더불어 손에 손을 잡고

나 하늘로 돌아가리라
노을빛 함께 단둘이서
기슭에서 놀다가 구름 손짓하며는

나 하늘로 돌아가리라
아름다운 이 세상 소풍 끝내는 날 가서
아름다웠더라고 말하리라……

이 시에서 시인은 인생을 소풍에 비유한다. 소풍을 끝내고 집으로 돌아가는 것처럼 화자는 세상을 떠나는 날 아무 미련 없이 하늘로 돌아가겠다고 한다. 제목인 「귀천」과 함께 세 개의 연 첫줄마다 반복되는 '나 하늘로 돌아가리라'는 죽음을 순리로 받아들이고 있다. 그런데 죽음을 앞둔 화자는 자신이 살아왔던 인생에 대하여 어떤 생각을 하며 이승을 하직할까? 그는 행복했었나? 아니면 그 반대였나?

'아름다운 이 세상'이라는 표현으로 미루어보면 화자는 자기의 '인생이 아름다웠다'는 것을 강조하는 것 같다. 그렇지만 시 전편에 깔린 '이슬'과 '노을'이라는 이미지는 잠시 있다가 사라지는 덧없는 것이다. 즉 인생은 아름답지만 즐거움은 순간이고 나머지는 그 반대였다는 함의가 생략되어 있다. 시인이 마지막 행에서 '아름다웠더라고 말하리라……'고 말끝을 흐리고 있는 것도 시인의 삶의 고통을 은연중에 표현하는 것이다. 생전에 몹쓸 고초를 겪어 폐인이 되어 살다 작고한 천상병 시인이 자신의 인생을 이처럼 아름다운 소풍으로 비유한 것은 바로 시인의 상상력 때문이리라.

조병화 시인은 작고하기 전에 마지막으로 남긴 「그럼」이라는 시에서 '콘크리트 같은 적막 속을/ 고독이 전율처럼 지나갑니다/…시간의 적막 속에서/ 속수무책, 온몸이 무너져 내리고 있습니다.'라고 임종 직전의 무력감을 묘사하였다. 그는 「순간처럼 영원처럼」이라는 자선시(自選詩) 인생론에서 시작 메모를 통해 '항상 죽음을 생각하며 살아오면서 이제 나에게 남은 일은 어떻게 하면 아프지 않게 그 죽음을 완수할 수 있는 것인가 하는 생각이 늘 머릿속에 있다'고 고백하고 있다. 그리고 「헤어지는 연습을 하며」라는 시에서는 '세상에 와서 알아야 할 일은/ 떠나는 일일세'라며 '떠남' 즉 죽음에 대해서 끊임없이 천착하고 있다. 그리하여 마지막 연에서는 '인생은 인간들의 옛집/ 아, 우리 서로 마지막/ 말을 배우며 사세'라고 이승 저편의 저승을 새집으로 생각하며 자신의 죽음을 준비한다.

서양에서 죽음을 다룬 대표적인 시를 꼽는다면 단연 17세기 형이상학파 시인 존 단(John Donne)의 "죽음아, 잘난 체 하지 말아(Death, Be Not Proud)"라고 생각한다. 모두가 두려워하는 '죽음'을 의인화하여 뽐내지 말라고 호통을 치고 있기 때문이다. 화자는 '죽음'이 잠과 같은 짧은 휴식이고 영원히 사는 영생(eternal life)으로 가기 위한 관문인데 무서워할 이유가 없다고 주장한다. 소넷으로 된 시의 마지막 행은 이렇게 끝난다. '짧은 잠이 지나면 우리는 영원히 살게 된다/

그러면 죽음은 더 이상 없는 거야. 죽음아, 네가 죽는 거야.'

19세기 미국의 여류시인 에밀리 디킨슨(Emily Dickinson)이 쓴 죽음에 관한 대표적인 시 「내가 죽음 앞에서 멈출 수가 없었기 때문에(Because I could not Stop for Death)」에서는 죽음을 저승사자로 의인화 시키고 있다. '저승사자를 찾아갈 수가 없어/ 그이가 친절하게 나를 찾아 주던 날' 화자인 젊은 여자는 저승사자를 그녀에게 청혼하러 온 남자로 묘사하고 그와 함께 호젓하게 마차를 타고 '영원'이라는 목적지로 향한다. 저승사자는 서두르지 않고 천천히 달린다. 화자는 그제야 집에 두고 온 일거리와 휴식을 생각한다. 디킨슨이 '죽음'을 친절하고 안식을 가져다주는 남자로 표현했다는 점이 신선하다.

20세기 영국의 시인 딜란 토마스(Dylan Thomas)는 부친의 임종을 지켜보면서 "죽음을 순순히 받아들이지 마세요(Do Not Go Gentle into That Good Night)"를 썼다. 사람들이 늙어 지난날을 돌아보면 회한이 남게 마련이다. 시인은 인간이 생전에 '현명하게', '선하게', '열정적으로', 혹은 '엄숙하게' 살았던 간에 누구나 죽음 앞에서 후회의 눈물을 흘리게 마련이라며 임종하는 아버지에게 절규한다. '순순히 죽지 마세요. 죽음에게 대항하세요.'

죽음과 삶은 동전의 양면이다. 일반 사람들이 금기시 하는 불가항력적인 죽음을 시인들은 다양한 시선으로 해부한다. 백세시대에 산다고 모두 건강관리에 열심이지만 우리도 언젠가는 인생이라는 '소풍'을 끝내고 '영원'으로의 여행을 떠날 것이다. 죽음을 존재의 마지막 과정으로 초연하게 받아들이는 지혜를 배워야하지 않을까.

놓친 단풍열차

한 달 전부터 마음이 설렜던 가을여행이었다.

체육관에서 만난 동갑내기 K여사가 명보극장 안의 실버영화관에 갔다가 '태백산 협곡열차' 여행 프로그램이 인기라며 같이 가자고 권유하였다. 아직 KTX도 타보지 못한 나를 가여운 눈으로 보는 사람들이 있는 터! 게다가 만추의 계절에 TV를 통해서만 단풍을 보며 부러워했었는데… 나는 두 말도 하지 않고 수락하였다. 떠나기 며칠 전부터 집에 처박혀 있던 배낭을 꺼내고, 보온병을 점검하고, 간식을 준비하였다. 매일 일기예보를 들으며 당일에 입을 옷을 장롱에서 꺼냈다 넣었다 하면서 만추의 계절에 단풍열차를 타는 꿈에 부풀어 있었다.

다행히 같은 층에 사는 의진 엄마도 동행이어서 새벽에 지하철 타는 것도 두렵지 않았다. 4시 반에 알람을 맞추고 잠자리에 들었으나 쉽게 잠이 들지 못했다. 일흔이 넘은 나이에도 소풍을 앞둔 초등학교 학생처럼 흥분한 자신이 우습기도 했지만 이미 자제력이 소실되어 자다 말다 하며 잠을 설쳤다. 새벽에 일어나서 뜨거운 물을 보온병에 담고 간식을 챙겨서 의진 엄마와 함께 집을 나섰다.

생각보다는 뺨에 닿는 11월의 새벽바람이 차지 않았다.

주말 새벽인데도 지하철을 기다리는 사람들이 많은데 놀랐다. 이미 많은 사람들이 타고 있었고 대부분 나이가 지긋한 여자들이 눈을 감고 있었다. 서울역에 도착해서 이 여행을 소개한 K여사와 같이 3층 만남의 장소로 올라갔다. 가을 관광을 떠나는 여러 팀들이 무리지어 있었다. 그런데 6시 40분이 지나도 그녀가 아는 여행가이드가 보이지 않았다. 당황한 그녀가 전화를 했더니 당장 아래층 기차 타는 곳으로 내려오란다. 우리는 서둘러 에스컬레이터를 타고 내려갔으나 양쪽 기차는 불이 꺼진 채 거대한 괴물처럼 웅크리고 있을 뿐이었다. 그녀가 다시 전화하더니 얼굴이 노래졌다. 청량리에서 떠나니 그리로 오란다는 것이었다. 헐! 날벼락이었다.

우리는 다시 지하철을 타고 청량리로 향했다.

등에 땀이 줄줄 흘러내리도록 뛰어 지하철을 탔으나 신설동에 닿으니 기차 출발시간인 7시였다. 허탈해진 우리는 지하철 의자에 털썩 주저앉았다. K여사가 여행 안내지에 찍힌 몇 개의 번호로 계속 버튼을 눌렀지만 아무도 받지 않았다. 누군가 사기를 당한 것 같다고 당장 명보극장으로 가자고 재촉하였다. 그 시간에 누가 출근을 하였겠느냐고 내가 반문하자 그러면 파출소로 가서 신고를 해야 한다고 우겼다. 나는 가고 싶지 않았다. 그러나 모두 같이 가야 증명이 된다는 주장 때문에 할 수 없이 뒤꽁무니에 섰다. 이른 아침에 배낭을 멘 늙은 여자들이 우르르 명보극장 근처 파출소에 들어가니 한가하게 모닝커피를 즐기던 근무자들이 놀란 토끼눈을 하였다.

생전 처음 가본 파출소였다. 나는 엉거주춤 의자에 앉았다. 차라리 여행경비를 떼이고 말지 왜 저러나 싶었다. K여사의 하소연을 들은 책임자는 처음에는 뜨악한 표정으로 그런 사기 사건은 경찰서에 가서 고소하라고 발뺌을 하였다. 그러나 K여사는 집요하게 여행사가 이곳 관할이니까 전화라도 해달라고 사정하였다. 마침내 소장이 전화번호에 찍힌 전화를 걸어 나이 든 어르신들을 우롱하느냐고 한참 동안 설교를 하더니 그쪽에서 여행비를 환불해주겠다는 답변을 받아낸 모양이었다. 우리는 경찰관에게 90도로 절하고 그 길로 명보극장으로 향했다. 아침 8시가 되어 허기가 져서 6층까지 걸어 올라가는데 거의 네발로 기어가는 느낌이었다. 두 시간을 이리 뛰고 저리 뛰었으니 그럴 만도 하다.

연락을 받고 나온 나이든 여직원이 사색이 되어 있었다. 처음에는 분명히 연락을 했다고 우겼다. 전화를 받지 않아 문자로 연락을 했다는 것이다. 흥분한 K여사는 입에 침이 말라 연신 물을 들이키며 당시 받아 쓴 연락처를 보자고 하였다. 그 여자가 보여준 명단의 연락처가 그녀가 몇 번 옮겨 쓰는 과정에서 숫자가 잘못 표기되어 있었다. 마침내 그녀가 울음을 터트리며 잘못을 시인하였다. 그러면서 아침 식사라도 하라면서 3만원을 건넸지만 우리는 뿌리치고 나왔다. 마침 작동을 시작한 엘리베이터 문이 열리면서 부사장이라는 남자가 내렸다.

그는 두 말 없이 연신 허리를 굽실거리며 우리를 근처 식당으로 데려갔다. 사실 우리는 배가 고파서 졸도직전이었다. 개점 60년이 되었다는 허름한 식당에서 설렁탕에 깍두기 국물을 넣어 후루룩 마시자 풀렸던 눈에 힘이 들어간다. 그리고 부사장이라는 사람의 얼굴이 제대로 보였다. 말인즉 퇴직한 역장들이 모여 열차를 빌려 실버극장에 오는 노인들을 섭외하여 관광을 하는 프로그램이었다. 그래서 출발역이 수시로 바뀌는 모양이었다.

이렇게 꿈에 부풀었던 단풍관광은 파출소행으로 끝이 났다. 설렁탕으로 허기를 면한 일행은 일제히 이대로는 창피해서 집에 갈 수가 없다고 했다. 이왕 내친 김에 하늘공원이라도 가자는데 의견의 일치를 보았다. 하늘공원은 6호선을 타고 월드컵경기장에서 내린다는 것이었다. 우리 집에서 한 번만 타면 갈 수 있는 그곳이 나는 무척 멀리 있는 줄로 알고 있었다. 나는 도대체 정년 후에도 왜 공원나들이 할 만큼 마음의 여유가 없는 걸까?

하늘공원 입구에 이르러 맹꽁이차를 탔다. 한 사람만 제외하고는 모두가 일흔이 넘은 우리는 걸어 올라갈 기력이 남아 있지 않았기 때문이다. 맹공이차는 구불구불한 산책로를 천천히 올라갔다. 길가의 억새와 시들어가는 국화와 코스모스가 시들어가는 동지들을 반기듯이 바람에 일렁였다. 정상에 내려 쉼터에 있는 철제 의자에 앉아 사방을 둘러보았다. 사람들이 삼삼오오 올라오고 내려가는 사통팔달의 오솔길이 보였다. 억새는 우리의 흰 머리칼처럼 바람에 나부꼈다. 우리는 준비해온 간식과 음료를 배낭에서 꺼냈다.

저 만치 내려다보이는 한강이 그림처럼 펼쳐져 있었다. 그래 사는 게 별건가. 꿩 대신 닭이라고 설악산 단풍 대신 하늘공원 갈대라도 구경하면 된 거라며 서로 위로하며 마시는 과일주가 목을 타고 내려간다. 그리고 하늘공원 주변을 돌아보고 하산하기 시작하였다.

공원에서 내려와 지하철로 향하는데 굵은 빗방울이 툭하고 떨어졌다.

"야! 하늘이 도우신 거야. 거기를 갔더라도 협곡열차를 타지 못했을 거라잖아."

이구동성으로 가지 않기를 잘했다고 한마디씩 하였다. 우리는 가지 못한 여행에 미련을 가진들 소용이 없다는 것을 인생이라는 기차를 타고 수많은 협곡을 지나쳐온 사람들이 아닌가!

(2013. 11)

손자의 존재

며칠 전에 어느 일간 신문의 논설위원이 쓴 「대통령과 손주」라는 칼럼을 읽었다.

역대 대통령들이 모두 '손주 바보들'이었다는 내용이다. 막중한 국정업무에서 오는 스트레스를 어린 손주들과 놀면서 풀었다는 것이다. 미국의 차기 대통령 후보로 거론되는 힐러리 클린턴의 출마 여부는 내년에 할머니가 된다면 아마도 대선에 출마하지 않을 것 같다는 측근의 말을 인용하기도 했다.

오늘 아침 KBS TV아침 방송에 출연한 89세의 구봉서 씨도 미국에서 공부하는 손주들 얘기가 나오자 입이 함박만해졌다. 왜 노인들에게 손자들은 행복 바이러스가 되는가? 나이에 비해 늦게 손자를 보게 된 나도 예외가 아니다. 요즘은 친구들과 대화의 1순위가 내 손자와 손녀들이다. 친구들보다 늦게 결혼하고 늦게 아이를 낳아서 친구들은 이미 손자사위와 며느리를 볼 만큼 되어서 내가 손자 얘기를 할라치면 돈부터 내놓고 하라고 다그친다. 마치 나 혼자 손주들이 있는 것처럼 호들갑을 떠는 모습이 우습게 보이는 모양이다.

나도 손주 바보가 될 줄 몰랐다. 젊어서는 아이들을 좋아하지 않았기 때문이다.

20대 초반 서울에 와서 입주 가정교사로 있었을 때 여섯 살짜리 사내아이가 너무 나를 힘들게 했다. 늦게 결혼한 부부가 아들을 망나니로 키웠다. 그 아이를 보면서 나는 결혼하면 절대 아이를 낳지 않겠다고 다짐을 하였다. 대학 졸업 후 아이를 낳지 못할 거라고 의사의 선고(?)를 받았지만 별로 절망하지도 않았다.

다행히 불임이 치료되어 5년 만에 첫딸을 낳았지만 직장 일 때문에 제대로 챙겨주지 못했다. 아니 내 자식들이 어렸을 때는 제대로 사랑 표현조차 못하고 키웠다. 같이 놀아주기는커녕 공부방에 올라가보지도 못하고 그냥 저희들끼리 컸다고 할 수밖에 없는 자격 없는 엄마였다. 돌이켜보면 정말 미안한 마음뿐이다.

정년퇴직과 맞물려 딸이 쌍둥이 손녀를 출산했다.

손녀들의 출생은 구원이었다. 식욕을 잃고 불면의 밤을 보낼 정도로 무력감에 시달리던 내게 쌍둥이 손녀들이 꼬물꼬물 자라는 모습을 매일 지켜보는 것은 경이로움 그 자체였다. 내가 첫딸을 낳았을 때는 3주 밖에 산후조리를 못하고 출근하여 시어머니와 남편이 키웠다. 내 아이들의 성장과정을 지켜보지 못한 죄책감을 보상이라도 하듯이 나는 하루에도 몇 번씩 옆동에 사는 딸네 집으로 달려가서 애기들을 목욕시키거나 우유를 먹였다. 눈에 넣어도 아프지 않다는 말을 실감하였다. 심지어 잠투정하는 것조차 귀여웠다.

말을 배우고 걸음마를 떼게 되면서 내 집착은 더 커졌다.

어쩌다 저녁 모임이 있어 손녀들을 보지 못하면 이튿날 아침에 뛰어가서 보아야 다음 일정을 시작할 수가 있었다. 내 딸은 엄마가 정상이 아니라고 놀려댔지만 나의 손녀 사랑은 중독에 가까웠다. 내리사랑이라는 말이 맞는 것 같다. 할머니는 손녀들을 키우고 먹이고 공부 시킬 의무와 책임이 없으니까 그저 콩나물에 물 주듯이 사랑을 주면 되는 것이다. 손녀들 앞에서 같이 춤추고 노래하며 마치 유치원 선생님이라도 된 듯이 놀아주는 내 모습을 물끄러미 지켜보던 딸은 엄마한테 그런 모습도 있었느냐며 놀라워한다. 나도 나의 변화가 우습고 신기하다.

게다가 결혼한 아들한테서도 손자가 태어났다. 세상을 다 얻은 느낌이랄까.

평소에 웃는 모습을 좀체 보기 힘든 무뚝뚝한 남편도 친손자가 집에 오면 입이 귀에 걸린다. 세상에서 자기 손자가 제일 잘생겼다고 자랑까지 늘어놓는 남편을 보면 손자들이 없는 노인들은 무슨 낙으로 사는지 궁금해진다. 어디에선가 어린애들은 여섯 살까지 이미 효도를 다 한 것이라는 글을 읽은 것 같다. 더 커지면 말썽도 부리고 학교에, 학원에 다니느라고 볼 시간도 별로 없다는 것이다.

요즘 나는 내 손자와 손녀들이 더 자라지 않고 이대로 머물러 있으면 얼마나 좋을까 하는 황당한 생각을 할 때가 있다. 손자들이 없는 내 일상은 무의미하게 느껴지기 때문이다. 주변의 노인들처럼 문화 강좌나 음악교실이나 스포츠 댄스 강좌 등에 다니지도 못하는 이 할미에게 그들과의 놀이와 소통은 내 노년의 유일한 기쁨인 동시에 힐링(치유)이다. 무료하고, 무의미한 노년을 견디게 하는 강력한 영양제다. 사랑하는 내 손자와 손녀들아! 너희들이 있어 이 할머니의 노후는 정말 행복하단다.

(2013. 10)

생일 해프닝

내 생일 새벽에 일어나 운동 겸 샤워하려 아파트 근처 체육관으로 가는 길은 어둠에 싸여 가랑비까지 내리고 있었다. 음력 시월이니 볼에 닿는 바람이 차다. 입동이면서 고3 학생들이 그동안 갈고 닦은 실력을 겨루는 수능일이기도 하다. 바람이 휙하고 나를 향해 바닥에 깔린 낙엽을 날려 보낸다. 내게 주는 생일 선물인가? 너도 이제는 땅에 널브러진 낙엽이라고.

트레드밀에 올라서서 밖을 내다보며 걸었다.

캄캄하다. 내 유년의 색깔 같다. 사람들은 어릴 때 살던 고향을 그리워한다지만 나는 전혀 고향에 가고 싶은 생각이 없다. 6·25 전쟁이 즐거웠어야 할 유년기를 박탈해 갔기 때문이다. 19세기 낭만주의 시인 워스워즈는 그의 서사시 「서곡(The Prelude)」에서 유년의 잊히지 않는 즐거운 기억들이 어른이 되어 삶에 지치고 힘들었을 때 치유해주는 '시간의 점들(spots of time)'이라고 노래했지만 내게는 그런 기억들이 없다.

전쟁이 나던 그해에 아버지를 빨치산의 흉탄에 잃고 서른 살에 혼자가 된 어머니는 살길이 막막해서 닥치는 대로 일하셨지만 육 남매의 입성조차 마련하기 힘들었다. 두 끼도 꽁보리밥으로 간신히 해결하였고 추위가 닥쳐와도 헌 옷을 뜯어서 다시 꿰매 입는 것이 고작이었다. 철이 들면서는 가난의 냄새가 풀풀나는 우리 집이 싫었다. 나는 고생하는 어머니에게 왜 나를 낳았느냐고 원망하면서 어두운 골방에서 싸구려 소설책 속에 고개를 파묻고 어린애답지 않게 죽음을 생각하기도 했다.

유년기의 실종에 이어 객기와 치기가 허락되는 청춘도 없었다.

공부하면서도 집안 살림을 책임져야 했기 때문에 도망치고 싶을 때가 많았다. 그래서 생일이 와도 즐겁지 않았다. 어느 누구도 나의 출생을 축복해주지 않는 것 같았기 때문이다. '엄마는 왜 나를 낳아서 이렇게 고생하게 만들었어요?' 하는 말이 늘 입안에서 맴돌았다.

결혼 후에도 그런 생각은 별반 달라지지 않았다.

항상 쪼들렸고 고단했다. 생계를 부담해야 하는 책임 때문에 늦게 출산한 두 아이에게 따뜻한 눈길 한 번 주지 못했다. 그렇게 방치하다시피 한 아이들이 속 한 번 썩이지 않고 잘 자라서 짝을 만나 결혼했고 정년퇴임할 무렵 눈에 넣어도 아프지 않은 손녀들을 내게 선물하였다. 일할 때는 잊고 있었던 가족의 소중함을 새삼스럽게 느끼면서 노년을 보내고 있으니 더 바랄 것이 없다. 이

번 생일도 직장에 다니는 며느리와 지방에서 근무하는 아들과 딸이 집에 와서 음식을 만들어서 축하해주었고 손녀들은 삐뚤빼뚤한 글씨로 축하카드까지 만들어 주었다.

그러니 진짜 생일인 오늘은 별일이 있을 리가 없다.

제자들과의 점심 약속이 있을 뿐이다. 운동을 마치고 돌아오니 남편이 깨어 있다. '생일 축하해'라고 한마디 해주기를 기대하고 있었는데 나를 보고도 말이 없다. 식탁에 앉아 남편의 무심함을 꼬집었더니 "지난주에 다 했잖아." 하는 퉁명스러운 대답만 돌아왔다. 원래 표현에 인색한 줄은 알지만 내심 서운했다.

약속장소인 홍릉수목원 앞으로 갔다.

은행나무에서 떨어진 은행잎들이 카펫처럼 보도에 깔려 있다. 뿌연 안개가 걷힌 하늘이 구름 한 점 없이 파랗다. 약속 시간이 남아 가로수를 따라 걸었다. 노란 은행잎 깔린 길 위에 부서지는 햇살이 생일을 축하해주는 듯해서 가슴이 설렌다. 속으로는 '이 나이에 웬 생일타령이냐'고 생각하면서 약속장소에 도착해서 제자들을 만났다. 식사를 주문할 때 나도 모르게 '미역국'이라고 말했다. 제자가 "교수님, 왜 하필 미역국을 드세요? 전복죽 드세요." 한다. "내 생일이거든." 하고 아무렇지도 않게 대답했다. 아차! 실수했구나. 제자들이 미안해하라고 한 말은 아니었는데… 점식을 먹고 카페에 가서 커피를 마시는데 언제 준비했는지 제자들이 선물 상자를 내민다. 생일 선물로 꽃등심을 사왔단다. 본의는 아니지만 그들에게 선물을 강요한 꼴이 되었다. 내가 점점 분별없는 노인이 되어가는 모양이다.

저녁에 딸네 집에서 등심을 구워먹었다.

손녀들은 다시 "할머니 생신 축하해요."라며 내 목을 껴안는다. 식탁에서 아침에 남편의 퉁명스러운 한마디를 딸에게 고자질했다. 딸은 "아빠, 너무 하셨네요. 오늘이 진짜 엄마 생신이잖아요."라고 남편을 나무란다. 그때 손녀가 남편에게 명령(?)을 했다.

"할아버지, 할머니한테 '사랑해'라고 말하세요. 그리고 뽀뽀해요."

남편은 당황해서 "할아버지는 그런 거 안 한다."라고 거절했다. 손녀들은 박수를 치며 TV에서 본 대로 "키스해, 키스해." 하면서 박수를 친다. 남편은 얼굴이 붉어지며 웃음을 터트렸다. 그리고 마지못해 내 뺨에 입술을 댔다. 손녀들이 다시 박수를 치며 까르르 웃었다.

"할아버지 얼굴이 빨개졌어요."

나이가 들수록 주위 사람들의 관심을 끌고 싶은 게 사실이다.

오늘의 해프닝을 되돌아보니 나는 너그럽고 기품 있게 늙어가지 못하는 것 같다.

여전히 애정결핍에서 헤어나지 못하고 있으니 말이다. 그래도 인생의 황혼 길에 가족들의 보살핌을 받으며 늙어가는 축복을 누리고 있으니 이만하면 잘 살아온 게 아닐까.

(2013. 11)

사람보다 나은 나무

가을과 겨울 사이에 끼어서 가을도 아니고 겨울도 아닌 11월을 나는 싫어한다.

단풍을 즐길라치면 별안간 추위가 닥쳐와 몸을 움츠리게 하다가도 바로 인디언 서머(늦가을의 봄날 같은 화창한 날씨)가 이어진다. 그리고 떨어지는 낙엽들을 보면 마치 나의 종말을 알려주는 신호 같아서도 싫다. 그런데 이런 생각은 비단 나만이 느끼는 게 아닌가 보다.

서정주 시인은 「가을비 소리」라는 시에서 '단풍에 가을비 내리는 소리/ 늙고 병든 가슴에 울리는구나/ 뼈다귀 속까지 울리는구나'라고 썼다. 고은 시인은 「가을상업」에서 '가을은/ 가면서 노인을 남긴다/ 그리고 노인의 죽음을 그 위에 남긴다. 하나씩 둘씩'이라고 노인과 가을을 죽음과 동일시한다. 그리고 신경림 시인도 '늙은 역무원 굽은 등에 흩뿌리는 가을비'라고 노래한다.

며칠 만에 산책을 나온 이유도 때 이른 추위 때문이었다.

그 사이에 나무들이 화려한 옷으로 갈아입고 산책로에는 낙엽이 수북이 쌓였다. 곧 나무들은 나목(裸木)이 되어 우리의 마음까지 시리게 할 것이다. 가을의 끝자락에서 이별과 죽음을 연상시키는 11월이 싫은 것이다. 그 무엇으로도 원초적인 외로움이 상쇄되지 않는 달이다.

그런데 오늘은 산책길에 떨어진 나뭇잎들이 부럽다.

이 무슨 노인의 변덕이냐고? 그 이유는 내가 나무에 관해서 좀 유식(?)해진 까닭이다. 늦가을에 잎들이 떨어지는 것은 나무들이 겨울을 위한 다이어트를 시작했다는 것을 '나무의 겨울나기'라는 기사(조선일보 2016. 10. 25)에서 읽었다. 나무가 추위를 대비하여 '구조조정'을 한다는 것이다. 나무는 동물처럼 추위와 더위를 피해 동굴과 같은 피난처를 찾을 수도, 사람처럼 옷을 입고 벗을 수도 없기 때문에 제자리에서 혹한을 견디며 겨울을 넘길 방법을 찾아야 했다. 그 묘책이 입과 줄기에 수분을 공급하지 못하도록 관다발을 막아 나무를 동상에 걸리지 않게 하고 잎을 말려 땅에 떨어트린다고 한다. 즉 매서운 추위를 견디기 위해 앙상한 몸통만 남기는 '겨울 다이어트'를 통하여 여름에 병해충에 시달렸던 나뭇가지들이 부러지도록 한다. 이 얼마나 신비로운 자연의 조화인가!

중세시대의 우주관에 의하면 모든 피조물은 거대한 존재 고리(the Great Chain of Being)에 의해 연결되어 궁극적으로 창조주(God)에 이른다고 믿었다. 피조물의 등급은 밑바닥부터 무생물, 식물, 동물에 이어 인간이 존재하였다. 만물의 영장이라는 인간은 동물과 천사 사이에 존재하였다. 세계적인 대문호 셰익스피어는 탐욕으로 인한 인간의 운명을 쓴 4대 비극 중의 하나인 「햄릿」에서 인간은 '천국과 땅 사이를 기어 다니는(crawling between heaven and earth)' 존재라서 동물적인 탐욕과 천사 같은 기질을 동시에 가지고 있다고 정의하였다.

요즘 대한민국의 국정을 마비시키고 있는 '최순실' 게이트는 개인의 탐욕의 절정을 보여준다. 대통령과 40여 년의 친분을 유지해 왔다는 이유만으로 국정을 농단하고 그 주변 인물들과 결탁하여 사리사욕을 채웠다는 전대미문의 추문에 온 국민이 '울분장애'로 밤잠을 설치고 있다. 우리가 직접 뽑은 대통령이 어떻게 그런 인간에게 놀아났는지에 대해서는 할 말을 잃고 만다. 정말 박근혜 대통령은 최순실의 꼭두각시였을까? 정말 그녀는 40년이나 사귀어 온 최순실의 진면목을 몰랐던 것일까? 아니면 알면서도 묵인 내지 조장했을까?

온 국민이 분노하는 이유는 아버지의 후광을 입고 당선된 뒤에 자기는 남편도, 자식도 없이 국가와 결혼했고 자기의 사명은 국민의 행복을 위해 혼신을 바쳐 일하는 것뿐이라고 말했던 대통령에 완전히 속았다는 기분 때문이다. 대통령을 둘러싼 비선 실세들의 탐욕이 반세기 동안에 쌓아올린 대한민국의 국격을 단번에 떨어트렸다는 사실에 국민은 좌절하고 분노하고 있다.

하룻밤 사이에 낙엽은 더 많이 떨어지고 은행잎들은 샛노랗게 변하여 노란 터널을 만들었다. 나무들은 탐욕이 판치는 세속에서 초연하게 자연의 섭리를 거스르지 않고 겨울채비를 하고 있다. 혹독한 겨울을 나기 위해서 스스로의 살을 도려내고 다음 해의 새 삶을 준비하는 나무들의 지혜를 만물의 영장이라는 인간은 왜 실천하지 못하는가?

인간의 탐욕 때문이다. 개인이나 기업이나 모두 절제를 모르고 더 많이, 더 높이 소유하고, 오르려고 한다. 그래서 18세기 영국 시인 포프(Alexander Pope)는 「인간론(Essay on Man)」에서 인간의 탐욕을 경계하여 분수를 지키고 교만하지 말라고 훈계하였다.

'이성의 교만 속에 우리의 과오 있으니/ 모든 사람들은 제 위치를 버리고 하늘로 치달리고 있느니라.'

오늘따라 바람 부는 대로 흩날려 떨어지는 낙엽들이 아름답다.

마치 아름다운 무희들의 군무를 보는 듯하다. 살고자 하면 죽고 죽고자 하면 산다는 '사즉생생즉사(死卽生生卽死)'라는 고사성어를 인간은 실천하지 못하는데 나무들은 실천하고 있다. 수북이 쌓인 낙엽을 밟으며 나의 겨울나기는 어떤 모습이어야 할까를 생각한다. 정도의 차이겠지만 내게도 탐욕은 숨어 있으리라. 이 나이에도 내게 남아있을 세속적 탐욕과 교만을 어떻게 버려야 하는지 나무에게 물어보고 싶다.

2.

아파야 깨닫는 것

'크리에이티브'가 국가 브랜드라구요?

한반도가 용광로가 된 듯이 밤낮으로 찜통더위가 계속되니 시원한 계곡이 그립다 못해 간절하다. 자연스럽게 몇 년 전에 설악산으로 떠났던 가족 여행이 생각난다. 쌍둥이 외손녀들이 다섯 살 때였다. 휴가철을 피해 미리 떠난 6월 말의 설악산은 한산하다 못해 정적에 싸여 초여름의 나무들로 인해 사방이 초록색 물감으로 칠해진 도화지 같았다. 손녀의 손을 잡고 신흥사 경내를 걸으며 손녀에게 물었다.

"예원아, 기분이 어때?"

손녀는 잠시 생각한 끝에 대답하였다.

"눈이 행복해요."

"왜 눈이 행복해?"

"모두가 초록색이잖아요."

손녀는 사방이 온통 푸른 걸 보니 마음이 행복하다는 뜻이었을 것이다. 이런 비유법은 전문적인 용어로 환유법(metonymy)이라고 한다. 구상적인 명사로 추상적인 감정을 나타내는 시적 장치이다. 또 다른 손녀는 여행 중에 열감기로 부모들의 애간장을 태웠다. 병원에 다녀온 후 열이 내렸을 때 손녀를 안아주며 물었다.

"채원아, 이제 괜찮아?" 손녀가 배시시 웃으며 대답하였다.

"할머니, 열이 비처럼 떨어졌어요."

열이 비처럼 떨어졌다고? 30여 년 동안 시를 가르쳤던 나는 손녀들의 참신한 비유법에 할 말을 잃었다. 문득 18세기 말 영국의 낭만주의 시의 원조인 윌리엄 블레이크(William Blake)의 「어린이 예찬론」이 생각났다. 블레이크의 시에 나오는 어린이는 순수(innocence)와 상상력(imagination)의 상징이다. 그의 주장에 따르면 인간이 태어날 때는 순수의 상태이지만 나이가 들어 경험이 많아질수록 타락한다는 것이다. 또한 그는 학교의 획일적인 주입식 교육이 어린이를 망친다고 비난하고 학교에 보내지 말 것을 주장하였다. 블레이크 자신도 정규 교육을 받은 적이 없었다.

외손녀들이 초등학교 3학년이 되니까 나와 놀 시간이 없어졌다. 그 애들이 바빠진 탓이다. 친구들과 어울려 놀기도 하지만 학교가 끝나면 피아노, 수영, 미술, 영어, 그리고 수학 과외를 받으러 다니기 때문이다. 딸에게 아이들을 왜 벌써 그렇게 사교육을 많이 시켜야 되느냐고 물었더니 대부분 엄마들이 그렇게 한다니까 할 말이 없다. 손녀들이 중학교를 거쳐 고등학교, 그리고 대학에 들어갈 때까지 이처럼 사교육을 받아야 하고, 내 딸은 사교육비 대느라고 허리가 휘겠지? 아니 내 딸은 다른 엄마들과 마찬가지로 사교육 시장에 손녀들을 내몰아 자신도 모르는 사이에 손녀들의 어렸을 적 상상력을 없애고 있다는 것을 알까?

나는 교육의 일선에서 평생을 살아왔지만 우리나라 교육이 어디서부터 잘못된 것인지에 대한 원인을 요약할 수가 없다. 정부가 바뀔 때마다 사교육을 근절하고 공교육을 강화한다고 큰소리 친지 수십 년이 넘었건만 언제나 교육 개혁은 용두사미로 끝났다. 아니 세월이 갈수록 공교육의 기능은 유명무실해지고 사교육 시장은 승승장구하고 있다. 요즘은 내신 성적을 올리기 위해 선행 학습학원까지 유행을 하고 있단다. 영어, 수학 외에도 대학 입학을 위한 논술은 물론 취직을 위해 써야하는 자소서(자기 소개서)도 학원에서 지도를 받아야 하고, 심지어 입사를 위한 면접 요령도 학원에서 돈을 내고 지도를 받아야 하는 세상에 우리의 청소년들은 살고 있다. 그렇다면 학생들이 혼자 할 수 있는 공부는 무엇일까?

우리나라 교육제도는 학교라는 공장에서 같은 생각을 주입시킨 인간 로봇을 양산하고 있는 것 같다. 거의 모든 학교에서 주입식 교육 방법으로 수업을 하고 시험도 객관식으로 보니 찍기 기술만 늘고 개인의 사고력과 추리력은 뒷전에 처져 있다. 대학 진학도 좋아하는 전공보다 취업에 유리한 전공을 마지못해 선택한다. 그리고 졸업 후에는 취업 준비를 위해서 또 학원에서 훈련(?)을 받다 보니 어렸을 때의 적성이나 창의성은 초, 중, 고를 거쳐 대학 졸업과 함께 대부분 소실되고 오직 사회가 요구하는 취업의 기술과 경쟁에서 살아남기 위한 잔재주를 배우면서 어른이 된다.

그런데 최근에 대한민국 정부가 새 국가브랜드를 '다이내믹 코리아(Dynamic Korea)'에서 '크리에이티브 코리아(Creative Korea)'로 바꾸었다. 이 브랜드를 만든 문화체육부 장관은 "'크리에이티브 코리아'엔 한국인의 창의성과 현실을 뛰어넘는 미래지향적 가치가 함께 담겼다."고 말했다. 국민의 창의성과 미래지향적 가치를 제고하기 위하여 정부는 얼마나 노력을 해왔나? 아니 하고 있는가? 국가 브랜드 제정 목적이 외국인들에게 한국의 이미지를 알리는 것이라면 정부가 바뀔 때마다 국가브랜드를 새로 만드는 것은 무슨 이유일까? 현 정부가 계속 강조해온 구호가 '창조'라서일까? '창조 경제' '창조 산업' 등 미래지향적인 한국의 경제적 효과를 극대화하기 위한 목적이겠지만 우리나라 교육이 과연 '창의성' 있는 인재를 양성하고 있는지 의문이다.

'창의성(creativity)', 즉 상상력(imagination)은 어느 날 갑자기 튀어나오는 도깨비 방망이가 아니다. 창의성은 사람마다 타고난 재능과 더불어 개인의 성장에 따르는 놀이와 독서, 그리고 경험과 호기심을 파고드는 꾸준한 노력이 밑거름이 되어야 발휘되는 것이다. 그러나 한국의 교육 현실은 새로운 국가 브랜드인 '크레이티브 코리아'와 역행하고 있지 않은가?

며칠 전 중앙일보 선데이(2016. 7.10)에서 "'갈라파고스(고립된 섬) 위기'에 갇힌 한국 대학"이라는 기사를 읽었다. 미국을 비롯한 싱가포르, 홍콩 같은 대학에서는 거꾸로 교실(Flipped Learning) 등 강의실

없는 온라인 교육 등을 통해 지식은 스스로 얻고 그 지식을 활용하는 법을 수업을 통해 배우는데 한국 대학은 온통 국내용 대학 구조조정에만 매몰되어 있다고 비판하였다. 특히 프라임 사업(산업연계교육 활성화 선도대학 사업)은 대학들마다 취업이 안 된다는 이유로 인문계 정원을 줄이고 이공계 정원을 늘리는 등 졸속, 탁상행정이라는 비판을 받고 있다. 즉 창의성의 기반이 되는 인문학이 설 자리는 거의 사라지고 있는 것이다.

나는 내 손녀들이 틀에 박힌 주입식 교육의 희생양이 되지 않는 날이 오기를 고대한다. 손녀들이 자라면서 많이 읽고, 많이 생각하고, 많이 경험하여 자신들이 가장 좋아하는 일을 찾아 즐거운 인생을 설계하기를 바란다. 동시에 어른이 되어서도 창의적인 비유법을 구사했던 다섯 살 때의 상상력을 간직했으면 좋겠다.

블레이크는 인간의 타락은 아집(selfhood) 때문이라고 진단하고 이 타락에서 구원해주는 것이 상상력이라고 했다. 그래서 그는 「순수의 전조(Auguries of Innocence)」라는 시에서 인간의 상상력의 힘을 다음과 같이 노래한다.

> 한 알의 모래에서 세계를 보고
> 한 송이 들꽃에서 천국을 본다.
> 그대의 손바닥 안에서 무한을 보고
> 한 순간의 시간에서 영원을 보라.

백세시대의 명암

10여 년 전 회식자리에서 '9988234'라는 건배사가 유행하였다. 99세까지 팔팔(88)하게 살다가 2, 3일 아프다가 4일째 되는 날 세상을 하직하고 싶다는 바람을 나타낸 것이었다. 그런데 요즘에는 어느 무명가수를 일약 유명 스타로 만든 '백세인생'이라는 노래가 대세다. 노랫말이 자못 파격적이다. 저승사자가 '데리러 오거든… 못 간다고 전해라'라는 명령조의 거절이 2절까지 이어지고 끝에는 흥겨운 아리랑 멜로디가 나오는 트로트이다.

60세부터 시작하여 150세까지 이어지는데 화자가 저승사자에게 죽지 못하겠다는 이유를 60세는 '아직 젊어서' 70세는 '할 일이 아직 남아서' 80세는 '아직은 쓸 만해서' 90세는 '알아서 갈 테니 재촉 말라' 100세는 '좋은 날 좋은 시에 간다고' 전하라는 메시지이다. 왜 이런 발칙한 노랫말이 나왔을까? 저승사자에게 조금만 더 살게 해달라고 엎드려 빌어도 시원치 않은 인간이 감히(?) 반기를 드는 내용은 어쩌면 한국인의 수명이 OECD국가들 가장 짧은 기간에 늘어나서 죽음조차 거부하면 장수할 수 있다는 자만심에서 비롯된 것은 아닐까?

1970년대만 해도 부모님들이 환갑이 되면 자식들은 돈을 빌려서라도 '아서원'이나 '신흥사' 같이 커다란 장소를 빌려 기생까지 불러 거창하게 잔치를 차려드리는 것이 도리였다. 나도 77년에 유학에서 돌아와 무일푼이었는데도 시어머니의 환갑잔치를 빚을 내서 했다. 환갑이 이럴진대 부모님의 고희는 집안의 큰 경사여서 잔치를 더 크게 벌이곤 했다.

통계에 의하면 1970년의 평균수명이 61.9세였던 한국인이 2013년에는 81.9세가 되었다고 한다. 경제발전과 더불어 국민의료보험이 정착되고 건강에 대한 높은 관심과 의료 수준의 향상이 이에 기여했음은 물론이다. 텔레비전에서는 밤낮 없이 몸에 좋다는 온갖 건강기능 식품이 소개되어 그 종류만 해도 250여 가지가 넘는다는 통계도 나왔다.

어디 그뿐인가. 우리나라 사람들의 장수에 대한 욕망은 끝이 없는 것 같다. 인삼과 녹용은 전통적인 보약이고, 산에 덫과 올무를 설치해서 뱀은 물론 동물을 닥치는 대로 잡아먹고, 동남아 여행을 가서도 몸에 좋다는 것을 먹는 행태는 거의 몬도가네 수준이다.

암에 대한 연구도 획기적으로 발전하여 암세포를 죽이는 표적치료제가 개발되어 완치율이 높아졌을 뿐만 아니라 유전자의 DNA를 분석하여 발암 요인이 되는 유전자를 제거하는 수술이 성행하여 유명한 안젤리나 졸리도 유방을 제거하였다는 뉴스도 나왔다. 며칠 전 뉴스에서는 중국, 이탈리아, 그리고 한국 의사들이 원숭이 머리 이식 수술을 성공했다고 보도했다. 검은색 원숭이와 흰색 원숭이의 머리가 각각 바뀐 그림은 그로테스크했다. 도대체 인간의 오래 살고 싶은 욕망의 끝은 어디까지일까? 21세기의 드라큘라가 등장하는 것은 아닐까 하는 두려움이 생긴다.

그런데 장수가 반드시 축복인 걸까?

질병 없이 건강하게 사는 기간을 의미하는 건강수명은 2012년 66세로 같은 해의 평균 수명(81.4세)보다 15.4년이 낮다는 통계이고 보면 노년에 평균 약 15년을 질병에 시달리다 끝난다는 것이다. 유엔의 세계인구고령화 보고서에서 100세 이상 장수가 보편화되는 시대가 왔다고 이를 '호모 헌드레드(Homo Hundred)'라고 정의했다. 원하든 원하지 않든 인간 수명의 100세 시대는 이미 시작되었다는 의미인데 이렇게 오래 사는 게 축복일 수만은 없다는 게 나의 생각이다.

칠십을 넘어 팔십을 바라보는 나이가 되고 보니 내가 언제까지 살 수 있을까 걱정이 된다. 돌아가신 할머니와 어머니가 일흔을 넘기면서 항상 삭신이 쑤신다고 불평하셨듯이 나도 목, 어깨, 허리, 무릎 등이 쑤시고 아파서 병원 출입이 중요한 일과가 된 지 오래다. 아프지 않고 오래만 살 수 있다면 그보다 더 행복한 인생이 어디 있을까마는 대부분은 병이 들어 고생하다가 일생을 마친다.

오래 살고 싶은 인간의 욕망은 비단 현대인에만 국한되는 게 아니었던 모양이다. 기원 전 희랍 신화에도 영원히 살고자 하는 인간의 비극적(?) 욕망을 다룬 인물들이 나온다. 19세기 영국 빅토리아 시대의 시인 알프레드 테니슨(Alfred Tennyson)이 쓴 시 「티토노스(Tithonus)」는 트로이의 왕자였는데 새벽의 여신 오로라(Aurora)의 사랑을 받아 연인으로부터 영원히 사는 선물을 받았다. 그러나 그는 영원히 젊게 사는 것을 요구하지 못해서 죽을 자유를 잃고 시들은 채 생명을 유지하는 고통을 토로한다. 계절에 따라 피고 지는 삼라만상의 순환을 부러워하며 오로라 여신에게 죽을 권리를 달라는 애원이 이 시의 주제다.

죽을 권리를 갖고 있는 자들은 행복하여라
풀이 무성한 무덤 속의 사람들은 더 행복하리라
나를 놓여다오, 그리하여 무덤으로 보내주오.

테니슨뿐만 아니라 20세기의 유명한 시인 엘리엇(T.S. Eliot)도 『황무지(The Waste Land)』의 에피그라프에서 현대인의 정신적인 죽음을 암시하며 로마의 시인 페트로니우스(Gaius Petronius)의 소설을 인용하였다. 주인인 트리말키오가 손님으로 초대받은 아가멤논에게 들려준 이야기이다. 쿠마에의 무녀 시빌(Sybyl)은 젊었을 때 아폴로 신의 사랑을 받아 예언의 힘과 함께 죽지 않고 오래 사는 생명을 얻었지만 그녀 역시 영원한 젊음을 요구하는 것을 잊었다. 그 결과로 그녀는 늙어서 몸이 오그라들어 작은 항아리 속에 넣어져 전국의 이곳저곳에 전시되어 구경거리가 되었다. 동네 애들이 "무녀야, 넌 뭘 원하니?"라고 놀리자 그녀는 "죽고 싶다.(I wish to die)"라고 대답한다.

건강 수명이 아닌 단순한 수명 연장을 한다는 것은 개인의 불행일 뿐만 아니라 사회적 재앙이다. 식물인간이 되어 온몸에 수십 개의 호스를 꽂고 중환자실에서 십여 년 이상을 보낸다면 가족들의 의료비 지출뿐만 아니라 개인에게도 잔인한 일이다. 그러다가 병원 침대에서 쓸쓸한 임종을 맞는 것보다는 오랫동안 정들었던 집에서 가족들이 지켜보는 가운데 운명하는 것이 마지막으로 누릴 수 있는 호사가 아닐는지… 정부가 내년부터는 연명치료를 중단할 법을 제정하였다는 것은 다행한 일이다.

우리의 삶은 '생로병사(生老病死)'의 과정이다. 어느 누구도 이 과정에서 자유롭지 못하다. 인생은 태어나는 순간부터 죽음이라는 목적지를 향해 간다. 개인차가 있긴 하지만 대부분 유년기와 청년기를 지나 장년과 노년으로 이어져 마지막은 질병에 시달리다가 죽음을 맞는다. 이 과정을 피하지도, 건너뛰지도 못한다. 진시황도 불로초를 구하러 동남동녀 3천 명을 한반도를 포함한 온 천지에 보냈지만 죽음을 피하지 못하였다고 하지 않던가.

'백세 인생'이란 가요는 오래 살고 싶은 사람들의 욕망의 패러디이다. 주어진 생애를 보람 있게 소진하고 소리 없이 스러져가는 것이 얼마나 아름다운지 이형구의 시 「낙화」에 잘 표현되어 있다. '가야할 때가 언제인가를/ 분명히 알고 가는 이의/ 뒷모습은 얼마나 아름다운가.'

봄비를 기다리는 마음

얼음이 녹고 개구리가 겨울잠에서 깨어난다는 경칩(驚蟄)이다.

자연은 어김없이 순리대로 겨울이 가고 봄이 오는데 대한민국 국민들은 지난 가을부터 시작된 매서운 탄핵의 바람 때문에 몸을 움츠리고 있다. 다음 주에는 탄핵이 인정되든 기각되든 결정이 날 테지만 촛불 집회와 태극기 집회로 반쪽이 난 민심을 어떻게 수습할지 아무도 예측할 수가 없다.

내우내환에 시달리는 나라를 이끌어준 정신적 지도자가 부재하는 이 시대에 우리가 기댈 곳은 어디인가? 아침 신문에서 우리나라 사람들이 우울증뿐만이 아니라 각가지 정신질환에 시달리고 있다는 기사를 읽었다. 문득 30여 년 전 미국에 몇 달 체류하는 동안 겪었던 일이 생각난다. 1988년 1월 나는 안식년을 얻어 미국 네바다 주립대학으로 떠났었다. 거미줄 같은 인간관계 때문에 숨막힐 정도로 스트레스가 쌓여서 연구 목적보다는 혼자 있고 싶어서 신청하였다.

가정과 육아, 강의, 연구, 보직 등으로 혼자만의 시간을 갖기가 힘들었는데 다행히 한 학기가 허락되어 아이들이 어렸지만 혼자 떠났던 것이다. 사막 한가운데 있는 리노(Rino)라는 카지노시티는 황량하였다. 카지노가 몰려있는 다운타운을 벗어나면 발이 푹푹 빠지는 모래벌판에 가시나무(sage brush)들만 듬성듬성한 을씨년스러운 곳이었다. 다행히 스프링쿨러가 돌아가는 공원 잔디 위에는 노란 민들레꽃들이 피어 황량함을 덜어주었다. 학교에서 공원을 가로지르면 내가 기거하는 스튜디오 아파트가 있었는데 한 달쯤 지나고부터는 그 아파트에 사는 게 무서워졌다.

부엌을 공유하는 입주민들이 내 눈에는 비정상적인 사람들로 보였기 때문이다. 모두 혼자 사는 사람들이었는데 어쩌다 부엌에서 마주치면 붙잡고 놓아주지 않고 계속 말을 걸어왔다. 잘 알아들을 수도 없었지만 행색이 남루해서 무슨 일이라도 저지를 것 같은 눈빛과 말투가 무서웠다. 정신이 약간 이상한 사람들 같아서 마주치기가 싫었다.

게다가 대학 연구실에서 시간을 보내며 영시 청강도 하고 가끔씩 한국역사와 문화에 대해 특강을 하였는데 시간이 지나면서 알게 된 사실은 정상적인 결혼생활을 하는 교수들이 없었다. 모두 이혼했거나 동성애자들이라고 한국 유학생들의 말을 들은 이후부터는 학교 가는 것도 두려웠다. 한동안 친하게 지내던 멋쟁이 철학과 여교수가 어느 날부터 보이지 않아서 이유를 물었더니 실어증에 걸려 정신과에 입원했다고 했다.

비정상적인 사람들 속에 있다는 생각이 들면서부터는 학교에서도, 아파트에서도 마음이 편치가 않았다. 빨리 귀국하고 싶었다. 너무 끈끈한 인간관계에서 벗어나고 싶어서 도망 나왔는데 이곳은 이상한 사람들의 집단 같았다. 당시 베스트 셀러였던 『미국 정신의 종말(The Closing of the American Mind)』의 저자 앨런 블룸(Allan Bloom) 교수도 미국인의 극단적인 개인주의가 가정의 붕괴와 사회적 병리 현상을 초래하였다고 진단하였다. 귀국해서 나는 날줄과 씨줄과 직조된 옷감처럼 정(情)의 실로 수평, 수직으로 연결된 우리나라 사람들의 인간관계가 건강하다는 글을 대학신문에 기고했다.

그런데 작금의 우리나라 사람들이 1988년 내가 만났던 미국 사람들의 정신질환을 답습하고 있는 것 같다. 우울증, 분노조절장애, 공황장애, 트라우마 등의 용어들이 정신과 의사가 아닌 일반 사람들의 입에서 술술 나온다. 과거에는 있는 줄도 몰랐던 정신 질환들이 유행처럼 번지는 이유를 정신과 전문의 하지현은 「대한민국 마음 보고서」에서 외로움 탓이라는 진단을 내렸다.(중앙 선데이, 2017. 3. 5) 가문, 지연, 학연을 중시하던 집단 문화가 사라지고 '극단적인 개인주의'라는 바이러스가 우리에게도 번진 것이다.

젊은이들은 가족들과의 소통이 단절되고 자기만의 방에 갇혀 혼자 SNS를 즐긴다. 직장에서도 구성원들과 어울리기보다 혼자 밥 먹고, 혼자 술 마시는 혼밥, 혼술족이 늘어나고 있다. 자식들은 노부모를 모셔야한다는 의무감이 사라지고 노인들도 손자를 돌봐주지 않고 혼자 사는 것을 택하여 독거노인들이 급증한다.

20세기의 대표적인 시인 엘리엇(T.S. Eliot)은 그의 유명한 시 「황무지」에서 인간의 고립과 소외, 그리고 성적 타락으로 정신적으로 황폐한 현대인의 의식을 묘사하였다. 이 시의 주인공은 '라일락꽃을 죽은 땅에서 피워내고, 추억과/ 욕망을 뒤섞으며, 봄비로/ 메마른 뿌리를 움트게 하는/ 봄(특히 4월)을 잔인한 달이라고 선언하고 차라리 망각의 눈으로 덮인 겨울의 마음으로 남아 있고 싶어 한다.

나도 2017년의 봄이 두렵다. 이번 봄에는 우리나라의 미래가 갖가지 대립으로 쑥대밭이 될 것인가 아니면 국민이 이성을 되찾아 소통을 통하여 대립으로 갈라진 국가를 통합할 것인지 결정될 것이기 때문이다. 다행히도 엘리엇은 433행이나 되는 「황무지」의 끝에 사막화된 현대인들의 마음에 단비를 예고하는 천둥의 목소리를 빌려 다음과 같은 메시지로 구원의 가능성을 열어준다

- 'Datta(give=주라)'
- 'Dayadhvam(sympathize=공감하라)'
- 'Damyata(control=자제하라)'

엘리엇의 계시처럼 이기심과 개인주의로 메마르고 각박해진 우리들의 마음에 생기를 주는, 아니 분노와 광기로 갈라진 민심을 어루만져 줄 봄비를 간절히 고대한다.

상사화와 할미꽃

어제 추석 차례를 지냈다. 오늘 아침 나는 수십 년 동안 해온 대로 목욕 가방을 챙겨들고 집을 나선다. 목욕탕의 위치만 바뀌었을 뿐 '명절 증후군'의 치료(?)를 위해 계속해온 나만의 힐링 방법이다. 요즘 단골 사우나는 찜질방을 겸하고 유황탕까지 갖춘 아주 규모가 큰 곳이다. 열탕, 온탕, 냉탕, 그리고 물대포가 나오는 곳이 있어 아침 일찍 가도 입욕 손님들이 많다.

그 목욕탕은 너무 커서인지 동굴 같다. 항상 김이 서려 들어가면 사람들이 잘 보이지 않는다. 처음 그곳에 가서 겨우 자리를 잡고 열탕에 몸을 담그고 사방을 둘러보다가 눈에 뜨인 것은 어두컴컴한 벽에 일정한 간격으로 장식된 상사화와 할미꽃 사진이었다. 세로가 1m 이상 되는 큰 사진 속의 꽃들이 LED조명을 받아 마치 생화처럼 보였다. 여러 목욕탕을 전전했지만 사진이 걸린 목욕탕은 처음이었다.

이 사우나 주인은 왜 하필 상사화와 할미꽃 사진들을 걸어놓았을까?

꽃이 피면 잎이 없고 잎이 나오면 꽃이 져버려 서로 만날 수 없는 상사화(想思花)는 '이룰 수 없는 사랑' 또는 '참사랑'이라는 꽃말을 갖고 있다. 할미꽃은 딸들에 대한 엄마의 지고한 사랑이 보답받지 못해 '사랑의 굴레' 혹은 '사랑의 배신'이라는 꽃말을 갖고 있다고 한다.

벽에 걸린 꽃들을 한참 보다가 탕에 있는 사람들에게 시선이 갔다.

이른 아침이어서인지 거의 다 나처럼 나이든 분들이다. 축 늘어진 젖가슴과 뱃가죽이 삼겹살처럼 주름이 잡힌 노인들은 나처럼 삭신이 쑤셔서 일찍 와서 탕에서 굳은 근육을 풀고 있는 것이다. 사람들과 사진들을 번갈아 바라보니 주인의 숨은 뜻을 알 것도 같다. 저 꽃들은 내 세대와 그 전 세대의 우리나라 여자들의 일생을 상징하는 게 아닐까. 이미자 씨의 유명한 가요 '여자의 일생'의 노랫말처럼 "참을 수가 없도록 이 가슴이 아파도/ 여자이기 때문에 말 한마디 못하고/ 고달픈 인생길을 허덕이면서/ 아— 참아야 한다기에" 밖으로만 도는 남편과 품을 떠난 자식들을 해바라기 하면서 일생을 보냈을 것이다. 어쩌면 평생을 짝사랑으로 일관했는지도 모른다. 한때는 젊고 예뻤을 처녀들이 결혼 후에는 가족을 위해 희생하다 못해 어느 나라에도 없는 '명절 증후군'이라는 병에 시달리는 여자들의 운명을 상징하고 있는 것이다.

그런데 금년에는 추석을 전후해서 내 염장을 지르는 기사들이 심심치 않게 나오고 있다.

가족 카톡방을 갖고 있는 며느리들이 명절을 앞두고는 시어머니의 감시를 피하려고 제3의 '사이버 망명'을 하고 있다는 기사가 있는가 하면 SNS의 누리꾼들이 추석 명절의 풍속도가 많이 바뀌고 있음을 속속 올리고 있다. 남녀 구분 없이 집안일을 챙기는 가정이 늘고 있고 추석 차례상을 아주 간소하게 차리는 집들이 늘어나고 있단다. 아니 차례를 없애고 명절 연휴 기간을 이용해 해외여행을 떠나는 사람들이 하루 십만 명을 넘었다던가.

1960년대에 결혼한 나로서는 상상도 하지 못할 명절 풍경이다.

외며느리나 마찬가지였던 나는 명절과 제사가 돌아오는 며칠 전부터는 불안하고 짜증이 났다. 어떻게 이 힘든 고비를 넘길 것인가? 생각만 하면 가출하고 싶을 정도였다. 젊어서는 살림을 잘 하지도 못하고 시어머니를 도와 뒷설거지만 하였는데도 스트레스가 많았다. 그렇게 40여 년의 '명절 증후군'을 목욕으로 뭉친 근육과 마음의 화를 풀며 견디어냈다. 그런데 아들이 결혼하자마자 며느리에게 남편이 이제부터 제사를 지내지 말고 추석과 설 차례만 지내라고 선심을 썼다. 칠순이 넘어서도 고생하는 내게는 왜 그런 친절을 베풀지 않았는지 은근히 화가 났다. 나도 그에게 질세라(?) 며느리에게 인심을 썼다. 시아버지와 네 남편이 좋아하는 김치 빈대떡만 직접 하고 나머지 전과 나물 반찬은 사와도 된다고 말했다. 그 나머지는? 과일과 산적과 탕국은 내가 장만하겠노라고. 이 정도면 나는 '친절한' 시어머니가 아닌가? 맞벌이 시대에 옛날처럼 며느리에게 명절 음식을 다 하라고 할 수는 없지 않은가?

그 긴 세월 동안 직장 다니면서 제사와 명절 음식을 직접 장만해야 했던 나는 억울하다. 동서도 없어 혼자서 장보고, 지지고, 끓였다. 감히 만들어 놓은 음식을 사올 생각조차 못했다. 시어머니가 생존하셨을 때는 시댁 친척들이 많이 와서 그 치다꺼리를 하다보면 화가 머리끝까지 치밀어 만만한 남편이 미워서 며칠 동안 냉전을 하기도 했다.

시어머니가 중풍으로 쓰러지고 난 다음부터는 명절과 제사 준비는 온전히 내 몫이 되어 팔자타령 할 여유조차 없이 열흘 전부터 쇼핑 리스트를 작성하여 고기, 과일, 야채 등 구입 순서를 정해 미리 장을 봤다. 더구나 우리 집 제사는 세 분 모두 여름에, 그것도 중복을 전후한 음력 7월에 있어서 여간 고역이 아니었다. 음식 장만이 끝나면 목, 어깨, 허리 등이 너무 아파서 도망가듯이 목욕탕으로 달려갔다. 아마도 이렇게라도 하지 않으면 남편과 싸웠거나 집을 나갔을지도 모르겠다.

나는 뜨거워진 몸을 식히려고 밖으로 나와 유황탕에 담그고 바다처럼 깊어진 가을 하늘을 올려다본다. 구름 한 점 없이 높고 푸르다. 갑자기 마음이 울적해진다. 며칠 전 만난 동료 교수의 말이 생각나서다. 평생 독신으로 살기를 정말 잘했다고 확신에 차서 그녀는 말했다. 2년 전 친정어머니가 돌아가시고 오랫동안 우울증과 공황장애를 겪을 만큼 어머니와 정을 떼는 것이 어려웠다며 결혼을 했더라면 남편이나 자식들과의 애증 관계로 얼마나 마음고생을 했겠느냐고 스스로의 선택을 대견스러워했다.

그렇다면 결혼한 죄(?)로 '명절 전후군'에 시달리는 나와 같은 여자들은 선택을 잘못해서 힘든 평생을 살아낸 것인가? 내가 잘못 살아왔단 말인가? 그러나 주어진 인생을 어떻게 살아야 하는가는 정답이 있을 수 없다. 그녀는 그녀의 인생을 선택했고 나는 내 인생을 선택하였을 뿐이다. 목욕을 마치고 지하철을 타고 돌아오면서 스마트폰에 저장된 손자와 손녀 사진을 본다.

"그래, 내게는 아들과 딸과 손자와 손녀들이라는 소중한 보물들이 있지. 이만하면 더 바랄 것이 없는 인생이었어. 브라보! 마이 라이프!"

아파야 깨닫는 것

열흘 동안 목감기인 줄 알았다.

처음에는 목에 이물질이 낀 것처럼 답답했다. 목감기 시초라고 생각하고 생강차, 쌍화차를 마시며 며칠을 보냈다. 목이 불편한 것 외에는 열도, 기침도 없어서 금세 회복되리라 생각했다. 그렇게 일주일이 흘렀다. 그런데 흉통이 오고 밭은기침이 나기 시작했다. 열도 없는데 웬일이람? 감기가 덧들려 기관지염과 폐렴으로 된 경우가 몇 번 있었기 때문에 겁이 났다.

며칠째 출근도 못했다. 목이 쉬어서 말이 잘 나오지 않아서다.

동네 병원에 갔더니 목이 많이 부었다며 주사 맞고 약을 닷새나 먹어도 차도가 없었다. 오늘 아침 딸의 권유로 동네 이비인후과에 갔다. 의사는 성대 검사를 하더니 역류성 식도염이라는 진단을 내렸다. 위산이 식도로 역류해서 성대와 후두에 염증을 일으키는 질환이라고 한다. 생각지도 않은 진단이어서 어안이 벙벙해진다.

의사의 처방대로 약을 지어가지고 집으로 오다가 날씨가 너무 좋아 중랑천 산책로로 발길을 돌렸다. 어느새 가을이구나! 몇 십 년 만의 무더위로 생전 올 것 같지 않던 가을이 온 줄도 몰랐다. 9월 말의 하늘은 파랗고 햇빛이 눈부시다. 어제 하루 종일 내린 비가 미세먼지까지 씻어낸 공기가 투명하다. 오래된 나의 산책 코스이기는 하지만 해가 뜨기 전에 걷곤 하기 때문에 밝은 아침에 걷는 것이 얼마만인가? 비를 흠뻑 맞은 억새들이 한 곳으로 쏠려 누워있다. 그 위로 '새벽빛 와 닿으면 스러지는/ 이슬'이 반짝거린다.

이름 모를 야생화들이 잡초 사이에서 존재감을 뽐낸다.

길가에 핀 코스모스는 씨앗을 잉태하고 스러지고 나뭇잎들이 하나, 둘씩 떨어지고 있다. 동부간선도로를 따라 쳐진 철책을 덮은 덩굴에는 갖가지 색깔의 나팔꽃들이 피어 있다. '아침에 피었다가 저녁에 지고 마는 나팔꽃'의 종류가 이렇게 많이 있었나? 빨간 봉숭아물을 들인 아기 손톱크기 만한 꽃부터 각각 크기가 다른 꽃들이 지천이다.

산책로에 만들어 놓은 아치형 화단은 잡초와 나팔꽃, 그리고 야생화가 어우러진 그야말로 소박한 꽃 대궐이다. 노랑, 분홍, 자주, 흰색의 꽃들 위에서 흰 나비 한 마리가 희롱을 한다. 너무 아름다워 스마트폰으로 사진을 찍었다. 이 모든 광경들을 새벽 산책길에는 그냥 지나쳤다니! 아니 어두워서 보지 못했다. 그날의 일정과 만날 사람들, 그리고 해야 할 업무 생각과 빨리 샤워하고 출근할 채비를 해야 한다는 마음으로 서둘러 산책을 하며 무더운 한 여름을 보냈다. 이 나이에도 일거리가 있고, 바쁜 일정을 소화할 만큼 건강하다는 자부심으로 거의 매일 새벽 4시 반이면 일어나 걸었던 내가 아닌가.

아침 10시인데도 동부간선도로는 차들이 정체되고 있다.

마치 내 건강에도 경고등이 켜진 것처럼. 이럴 때는 원하지 않아도 멈추어야 한다.

소설가 박완서 선생님은 "늘그막의 내 몸은 내가 한평생 모시고 길들여온, 나의 가장 무서운 상전이 되었다."고 하였다. 나이 들수록 몸이 나의 상전이다. 지금 나더러 멈추고 자신을 돌아보라고 명령한다. 그 나이에 무엇을 위해, 무엇 때문에, 주변을 돌아볼 마음의 여유도 없이 앞만을 보고 달리느냐고 질책한다. 인대파열, 퇴행성관절염, 척추협착증에 이어 또 하나의 병명을 훈장처럼 몸에 달게 되었다. 한국인의 건강수명보다 10년은 더 살았으니 질병을 달고 사는 것도 무리가 아니지 싶다.

문제는 나이와 엇나가는 나의 욕심인 것 같다. 어쩌다 주어진 과분한 직책을 최선을 다해 봉사하고 미련 없이 내려놓을 거라고 호언장담을 했다. 그런데 내면의 또 다른 내가 힐난하듯 묻는다. 아직도 너는 욕망을 버리지 못한 건 아니냐고. 일에 대한 성취감으로 의기양양한 모습을 남들에게 자랑하고 싶다는 욕망을.

사람들은 건강할 때는 건강의 고마움을 모르고 아집과 교만에 찬 생활을 하다가 병에 걸리면 과거의 생활을 후회하고 회복하면 건강관리 잘하고 주변을 돌아보며 살겠다고 다짐한다. 그런 의미에서 질병의 순기능도 있다. 누가 말했던가? 질병은 겸손해지는 경험(humbling experience)이라고. 나도 식도염 때문에 나이를 잊고 고장 난 브레이크처럼 앞으로만 달려가는 일상을 잠시 멈추고 청명한 아침에 산책을 하며 가을로 접어드는 자연의 변화를 즐기고 있는 것이다. 그렇지 않았으면 언제 가을이 왔다 가는지도 몰랐을 것이다. 인생이란 잃는 게 있으면 얻는 것도 있는 것이라 했지.

문득 얼마 전에 읽은 『헤세는 이렇게 말했다(책읽는 오두막, 정인모 편역, 2013)』의 한 구절이 생각난다. 헤세는 그의 서간집에서 "나이가 들수록 봄은 두려워지고 가을이 더 좋아집니다. 늙는다는 것은 마냥 시들어버리는 것이 아니라 고유한 가치와 마력, 지혜, 그리고 고유한 슬픔을 지니는 것입니다."라고 고백하고 있다.

헤세가 고백한 늙어서 얻어지는 '고유한 가치와 마력과 지혜'가 내게도 있을까?

나는 그가 얻은 지혜를 얻지 못했다. 여전히 욕망과 체념 사이에서 방황하는 설익은 노인일 뿐이다. 일에 대한 욕심, 사람에 대한 욕심, 그리고 인정받고 싶다는 욕심이 나이답지 않게 내장비만처럼 마음에 붙어 있다. 그래서 오늘 아침의 경고(?)가 고맙다. 나를 새삼스럽게 돌아보는 계기가 되었기 때문이다. 집에 돌아와 다시 헤세의 책을 펴서 밑줄을 그어 놓았던 「노년에 대하여」를 읽었다. 좀 길지만 나 자신을 위하여, 그리고 나처럼 나이 먹은 독자들을 위하여 인용한다.

백발의 노년은 우리 인생의 한 과정이다. 다른 모든 과정처럼 그것만의 독특한 성격, 분위기, 열정, 희열 그리고 난관을 가지고 있다. 머리가 하얀 우리 노인들도 젊은 친구들처럼 우리에게 존재의 의미를 부여해주는 과업을 갖고 있다. 지금 노년의 정원에서는 전에 우리가 미처 가꾸지 못한 많은 꽃들이 피어나고 있다. 고귀한 인내의 꽃이 만발하면 우리는 더 여유로워지고 관대해질 것이다. 또한 직접 행동으로 옮겨야 한다는 요구가 줄어들수록 자연과 같이 살아가는 다른 사람들의 인생을 더욱 관심 있게 볼 수 있게 될 것이다.

아, 옛날이여!

나는 1979년부터 20여 년 동안 연수를 받으러 온 외국인들에게 한국의 역사와 문화를 소개하는 임무를 맡았었다. 강의 첫머리에는 반드시 한반도의 지정학적 위치 때문에 수세기에 걸쳐 외세의 침입을 받았고, 그 까닭에 19세기 조선시대에는 외국과의 교류를 단절한 쇄국정책으로 '은둔의 나라(Hermit Kingdom)'라고 서양에 알려졌다는 사실과 지금도 2차 세계대전 후 열강이 만들어 놓은 38선을 경계로 남한과 북한으로 나누어진 세계 유일의 분단국가라고 소개하였다.

그 다음에는 단군신화로부터 반만년 역사를 가진 단일민족이라는 사실과 유교문화 전통이 생활 전반에 영향을 미치고 있는, 즉 전통적 가치와 현대 문화가 균형을 이룬(blended culture) 독특한 국가라고 자랑(?)하였다.

한국인의 생활 곳곳에 영향을 미치는 유교문화의 장점으로는 '삼강오륜'을 말하였다.

이 도덕의 골자는 부모와 웃어른을 공경하는 것이다. '군사부일체(君師父一體)' 즉 임금, 스승, 아버지를 하늘처럼 충의와 효로서 모셔야 한다. 그리고 혈연을 중시하는 조상숭배 사상과 개인보다는 집단의식이 강한 민족이어서 학교나 직장에서조차 '가족'이라는 단어를 붙여 '××가족'이라 부르고 우리말에서도 '내 아들', '내 엄마', 가 아닌 '우리 아들', '우리 엄마'라고 표현한다고 했다.

반면에 유교문화의 단점으로는 사회 전반에 만연된 서열의식과 남성우월주의를 비판했다. 한국인들은 가정, 학교, 사회에서 서열을 매겨 줄 세우는 풍조가 있어 무엇이든지 서열을 따지는 습성이 있다. 타인을 만나도 서슴없이 상대방의 나이를 물어 서열을 매긴다. 그리고 남성우월주의가 오랫동안 유지되어 왔으며 이의 극치를 나타내는 사자성어로 '삼종지도(三從之道)'를 예로 들었다. 즉 여자는 어려서는 아버지를 따르고, 결혼해서는 남편을 따르고, 늙어서는 아들을 따르라는 의미였다고. 여자는 담 밖으로 나가서는 안 되었기 때문에 교육의 기회도 주어지지 않았고 결혼한 여자는 그 집안의 혈통을 이을 아들을 낳아줄 의무가 있었다고 하였다.

만약 내가 2016년에 위와 같은 내용의 한국 문화를 강의한다면 어떤 반응이 나타날까? 아마도 돌팔매는 맞지 않아도 시대착오적인 사고에서 벗어나지 못한 강사로 낙인이 찍혀 바로 퇴출될 것이다. 왜냐하면 지난 몇 십 년 사이에 우리나라 사람들의 의식과 생활 패턴이 변해도 너무 변했기 때문이다.

첫째로 우리나라는 다민족(인종)사회로 급격하게 이동하고 있다.

국내에는 130만 명의 외국인 거주자와 21만 가구의 다문화 가정이 있다는 통계이다. 그러니 20년 전에 내가 소개했던 단일민족이란 말은 구시대적인 표현이고, 신·구 문화가 잘 균형을 이루고 있다는 자랑도 이제는 허구가 되고 말았다. 산업화, 민주화, 정보화 시대를 거쳐 지금은 디지털 시대의 첨병을 걷고 있는 이 나라에서 전통적인 가치가 빛의 속도로 사라지고 있기 때문이다.

두 번째, 외국 사람들이 부러워하던 부모를 공경하던 '효도문화'는 온데간데없다. 매일 노인 학대 사건이 보도된다. 노인 학대 신고 건수는 지난해 1만 1905건으로 2014년에 비해 12.6%나 증가했다. 노인 학대의 85.8%가 가정에서 일어나고 주로 아들과 딸, 며느리와 사위 등에 의해 행해지는 패륜 범죄라고 한다.

선생님을 존경하는 미풍양속은 어떻게 달라졌는가?

내가 어렸을 때는 선생님의 그림자도 밟아서는 안 된다고 배웠는데 요즘은 학생들이 교사에게 폭력을 가하는 사례가 비일비재하다. 학생들은 교사보다 학원 강사를 더 존경한다는 얘기도 들린다. 교사의 권위는 땅에 떨어졌다. 공교육 교사들조차 얼마나 많은 학생들을 소위 SKY대학에 합격시키느냐에 의해 학교의 서열이 정해지는 까닭에 학생들의 인성교육에는 관심조차 갖고 있지 않다.

셋째, 우리 가정과 사회의 구심점을 이루던 '집단의식'은 또 어떻게 변했는가?

며칠 전 KBS뉴스에서 젊은이들 사이에 혼자 밥 먹고, 혼자 노는 '혼밥족'이 늘고 있다고 보도했다. 혼자 사는 젊은이들이 5백만이 넘어서 편의점에는 혼자 사는 사람들을 위한 도시락과 일용품들이 불티나게 팔린다고 한다. 이들은 한 자녀 많아야 두 자녀 집안에서 태어나 혼자 생활하는데 익숙해져서 오히려 낯선 사람과 새로운 대인관계를 맺는 것이 부담스럽고 스트레스를 받는다. 그래서 그들은 독립적인 공간과 시간을 즐기고 굳이 직접 만나지 않아도 SNS를 통해 정보를 공유하고 있어 전혀 불편함을 느끼지 않는다고 한다.

과거 우리 세대와 얼마나 다른가?

예전에는 어느 집이나 2대 내지 3대가 함께 대가족을 이루어 서로 부대끼며 살았다. 그리고 직장에서도 개인의 행복 추구보다는 직장에 헌신하는 게 우선이었다. 인간은 사회적 동물이다. 다양한 사람들 속에서 살아남기 위해서는 사회 관계망(social networking) 형성이 필요하다. 창조적 행위를 제외하고는 혼자 할 수 있는 일은 없다는 것이 내 생각이다. 다양한 사람들과 '사회 관계망'을 형성하여 공동체의식을 함양하고 공공질서를 배우는 것이 중요하다. 요즘 우울증이나 조현병을 앓고 있는 젊은이들이 늘어가고 있는 추세는 이러한 사회 관계망 형성에 실패한 경우일 것이다.

나는 사회학자도, 문화인류학자도 아니다. 그러나 우리나라처럼 사회 문화적으로 급격한 변화를 겪고 있는 나라는 세계에서 유례가 없는 것 같다. 몇 백 년 동안 전통적인 가치로 여겨지던 '부모에게 효도하고, 스승을 존경하고, 집단의식을 강조하던' 문화가 왜 갑자기 사라졌는지 학자들에게 물어보고 싶다.

"아, 옛날이여, 지난 시절 다시 올 수 없나!"(이선희의 노랫말 중에서)

격세지감

나는 모 케이블 텔레비전에서 연속으로 방영했던 '꽃보다 할배' '꽃보다 누나' 그리고 '꽃보다 청춘' 등을 빼놓지 않고 시청했다. 안방에 앉아서 가보지 못한 세계적인 명소를 볼 수 있다는 기쁨 못지않게 유명 탤런트들이 여러 곳을 다니는 동안 심심치 않게 한국의 젊은이들과 조우하는 장면들이 부럽고 신기했다. 그들은 적게는 한 달, 길게는 일 년 동안을 세계 여행을 한다고 털어놓았다.

그들은 언어가 통하지 않아도 관광지를 찾아다니며 스마트폰 앱을 이용하여 숙소를 예약하고 식당에 가서도 기죽지 않고 손짓 발짓해가며 영어 단어 몇 개만 늘어놓아도 원하는 음식을 주문해 먹는 것이었다. 그들의 당당함이 40년 전 나의 소심하고 촌스러웠던 유학 생활과 대조되어 격세지감(隔世之感)을 느꼈다.

1975년 나는 근무하던 대학의 추천을 받아서 자매학교인 벨기에 루벤대학교(Katholieke Universiteit Leuven)로 유학을 떠났다. 영문학 전공자가 비영어권으로 유학간다는 게 내심 걱정되었지만 파격적인 장학금과 학교에서는 영어만 통용된다기에 별 걱정하지 않고 수속을 밟았다. 루벤대학교는 1425년에 창립된 철학과 신학이 유명한 세계적인 명문대학이다. 바쁘게 유학 준비 하느라고 벨기에에 대한 사전 지식도 없었다. 당시에는 항로도 멀어 홍콩, 태국, 테헤란을 거쳐 장장 스무 시간 넘게 비행기를 갈아타고 브뤼셀에 도착했을 때의 막막함은 흡사 사막 한가운데 떨어진 기분이었다.

막막함의 원인은 언어 장벽 때문이었다. 사람들마다 말이 달랐다.

먼저 유학 가 있던 한국 유학생을 통해 우리나라 경상도 넓이의 벨기에가 언어 때문에 세 개의 구역으로 나뉘어 지역에 따라 네덜란드어, 프랑스어, 그리고 독일어를 쓴다는 사실을 알았다. 학기 등록을 마치고 첫 강의 시간에 받은 실러버스를 읽고는 더 막막해졌다. 참고 문헌으로 나온 서적들이 영어 외에 불어, 독어, 네덜란드어뿐만 아니라 라틴어와 그리스어도 있었다. 이 나라는 언어의 전시장이었다. 나는 언어 콤플렉스 때문에 강의를 따라갈 자신이 없었다. 영어만 하면 되는 줄 알고 있었는데… 그냥 포기하고 돌아가고 싶었다.

학교에서는 영어로 소통이 되어 불편하지 않았지만 캠퍼스 밖으로 나오면 나는 장님이 되고 벙어리가 되었다. 네덜란드어로 된 간판을 읽지도 못하고 사람들의 말을 알아듣지 못했기 때문이다. 가족을 떼어놓고 혼자 가서 돌 지난 딸이 너무 보고 싶어 매일 편지를 썼는데 우체국에 가서 어떤 창구로 가야하는지 물어볼 수가 없어서 편지를 부치지 못하고 그냥 나왔다. 생필품을 사는데도 싱싱하고 값이 싼 금요시장을 가지 못하고 말이 필요 없는 마트에서 구입했다.

언어는 물론 문화 충격이 이만저만이 아니었다. 어느 누구도 공휴일이 언제인지 알려주지 않아 연휴가 시작되면 기숙사에서 쫄쫄 굶어야 했다. 한 번은 모교에 교환교수로 왔던 벨기에 국왕의 주치의라는 유명한 교수댁에 유학생 몇이 크리스마스 파티에 초대되었다. 우리는 으리으리한 저택의 규모와 지하에 있는 와인 셀러에 셀 수도 없이 많이 저장된 포도주를 보면서 침을 삼키며 푸짐한 저녁 식사를 고대하였다. 그러나 식탁에 차려진 음식을 본 일행은 기가 막혔다. 미국식 디너를 기대하고 간 것인데 식탁에는 몇 가지의 치즈와 샐러드 그리고 딱딱한 빵뿐이었다. 그 나라에서는 저녁에는 찬 음식을 먹고 점심 때 따뜻한 음식을 먹는다는 것을 후에 알았다.

나는 그곳에서 살아남기 위해 3개월이나 되는 방학 기간을 이용하여 외국인을 위한 Flemish course에 등록하였다. 그리고 인사하기, 장보기 등 생활에 필요한 간단한 문장들을 달달 외웠다. 10월 학기가 시작되어 학생들과 교수들을 만나 인사말이라도 나누게 되니 모두 놀라고 반색을 하였다. 특히 냉담했던 지도교수의 태도가 훨씬 친절해졌다. 그 나라 말을 조금이라도 알아들으니까 자신감이 생겨 생활하기가 훨씬 수월해졌다.

유학을 마치고 귀국하여 모교의 교수가 되어 맡은 업무 중의 하나가 KIST연수생으로 온 외국인들의 오리엔테이션이었다. 나는 유학 중에 힘들었던 경험을 토대로 그들이 한국 생활에 필요한 한국어와 우리나라 역사와 문화에 대한 교재를 직접 만들어 가르쳤다. 공휴일이 언제인지부터 그들이 한국 생활에 빨리 적응할 수 있도록 최선을 다했다.

이 경험이 경희대학교 국제교육원의 밑거름이 되었다.

한국어야말로 우리나라의 정체성이라는 신념으로 1997년 외국인들을 위한 한국어 교육 과정을 만들어 한국어 석사 출신만을 강사로 채용했다. 때마침 '겨울연가'라는 드라마의 인기로 인해 한국에 대한 관심이 일본에서 불같이 일어 한국어를 배우려는 수강생들이 늘어났다.

'로마에 가면 로마법을 따르라'는 격언이 있다.

외국에 가서 가장 필요한 것은 그 나라의 말을 익히고 그곳의 전통과 문화를 이해하려는 노력이다. 아무리 영어가 세계 공용어라고 하더라도 현지어를 알아야 그곳 주민들과 소통이 원활해져서 살기가 편해진다. 박근혜 대통령이 외국을 순방할 때마다 현지어를 몇 마디씩 스피치에 넣는 것도 그 나라 국민들과 소통하고 친밀감을 높이려는 의도일 것이다.

요즘 언론을 통해 세계 각지에서 한국어 말하기 대회가 열리고 한국의 영화와 드라마, 그리고 소위 K-pop에 세계의 젊은이들이 열광하는 모습을 보면 격세지감을 느낀다. 한국어가 자랑스럽다. 그리고 한국어를 모국어로 쓰는 대한민국 국민인 것이 자랑스럽다.

내일이 '희망'의 다른 이름이기를

병신년(丙申年)의 12월이 저물어간다. 해마다 세모가 되면 사람들은 지나간 시간을 아쉬워하고 다가오는 새해에 대한 기대와 소망을 담아 덕담을 나누는데 금년에는 그런 분위기가 사라졌다. 대통령의 탄핵소추를 불러온 '최순실 게이트' 때문에 국민의 관심이 광화문 집회에 집중된 까닭일까. 주말마다 주최측 추산 100여만 명의 진보 진영의 촛불집회와 그에 맞선 보수 진영의 집회가 동시에 열리고, 국회의 청문회에서는 질문하는 국회의원이나 대답하는 증인들이나 모두 그들의 인격을 의심할만한 막말들과 위증이 지켜보는 국민들의 눈과 귀를 오염시킨다. 답답하고, 한심하고, 슬픈 연말이다.

마음 맞는 친구들과 송년회를 갖고 새해를 설계할 마음의 여유도 없거니와 한국의 미래 청사진이 온통 잿빛이어서 마음이 무겁다. 우리가 왜 그렇게 무능한 대통령을 뽑았는지 손가락이라도 자르고 싶다고 자탄하는가 하면 '최순실의 국정농단'을 묵인 내지 조장한 권력자들과 당리당략에 몰두하느라고 산적한 민생 문제는 안중에도 없는 국회의원들에 대한 실망과 울화로 한숨만 나온다. 동시에 그동안 쌓아온 국제적 이미지 실추로 인한 국가 브랜드를 어떻게 회복할 수 있을지도 난감하다.

지난 두 달 간의 회오리 같은 국정 농단 사태로 촉발된 어수선한 사회적 분위기와 맞물려 하루하루 생계를 걱정해야만 하는 민초들은 불안하다. 국가 부채와 가계 부채가 기하급수적으로 늘고 있는 반면에 수출과 제조업의 부진으로 서민 경제가 얼어붙었기 때문이다. 특히 최근에는 청년들의 '취업절벽'으로 계층적 상향이동에 대한 비관론이 30~40대 사이에 팽배하여 결혼을 기피하고 자녀 출산도 포기하는 직접적 원인이 되고 있다는 것이다. 지금 주말마다 8차까지 전국에서 들불처럼 번지는 촛불 집회에 유모차를 끄는 엄마들, 중·고등학교 학생들, 그리고 걷기조차 힘든 노인들 등 엄청난 숫자의 국민들이 참여하고 있는 이유는 '최순실 게이트'가 직접적 원인이 되었지만 그 불씨는 경제 실정이라고 진단하기도 한다.

반세기 만에 경제 기적을 이룩한 나라라고 칭송받던 '대한민국호'는 대내외적으로 복합적인 경제적 위기를 만나 좌초의 위기에 처해 있다. 이 배가 험한 경제 파고를 무사히 넘기 위해서는 고위공직자들의 일사불란한 역할이 필요한데 지금 우리는 그들의 리더십을 신뢰할 수가 없다. 방만한 행정과 포퓰리즘, 그리고 정경유착으로 인한 비리가 터지는데도 책임 회피에 급급한 그들에게 좌절할 뿐이다.

'대한민국호'가 리더십의 부재로 좌초될지도 모른다는 불안이 내일의 불안으로 이어진다. 내일이란 아직 오지 않은 시간, 즉 미래를 의미한다. 내일이 불안해지니까 문득 셰익스피어의 비극의 주인공 맥베드의 독백이 생각난다. 스코틀랜드의 충성스러운 장군이었던 맥베드는 세 마녀들의 예언에 넘어가 왕을 죽이고 왕권을 찬탈한 다음 수많은 악행을 저지른 나머지 극심한 불안과 죄의식에 시달리다 마침내 귀족들의 손에 죽게 된다. 그는 죽기 전에 권력과 인생의 무상함을 토로하며 다음과 같은 유명한 독백을 남긴다.

> 내일, 내일, 또 내일이
> 정해진 시간의 마지막 음절까지
> 하루하루 살금살금 기어서 가고
> 우리의 모든 과거의 일들은
> 바보들이 허망한 죽음으로 가는 길을 비추어왔다.
> 꺼져라, 꺼져라, 짧은 촛불이여!
> 인생은 걸어 다니는 그림자
> 무대 위에서 뽐내고 시끄럽게 떠들어대지만
> 시간이 지나면 말없이 사라지는 가련한 배우에 불과한 것
> 인생은 아무런 의미도 없는 헛소리와 분노로 가득한
> 바보의 이야기일 뿐.

나는 맥베드의 독백을 지금 '대한민국호'의 항해를 책임지고 있

는 사람들(국정농단의 주범들, 대통령 뒤에서 권력을 누렸던 정치인들, 그리고 당리당략에 눈이 멀어 국가의 안위는 안중에도 없는 당직자들)에게 들려주어서 권력의 무상함을 일깨워주고 싶다.

누가 뭐래도 시간은 흐르고 이 모든 불행한 사건들도 역사의 뒤안길로 사라질 것이다.

그러니 '입시비리', '취업절벽,' '정경유착,' '안보불안'이라는 저마다의 이유로 촛불 시위에 참여하였던 국민들도 병신년의 남은 시간이나마 자신을 돌아볼 시간을 갖고 차분하게 내일을 준비하는 게 어떨까. 1차 세계대전이 끝난 직후 서구 문명의 붕괴로 인한 인간의 황폐한 정신 상태를 고발한 엘리엇(T.S. Eliot)의 유명한 시 「황무지」에서 화자가 '최소한 내 땅이나마 정돈해볼까(Shall I at least set my lands in order?)'라고 결연한 의지를 표현했듯이.

미지의 시간인 내일은 살아있는 이들에게는 어김없이 찾아올 것이다. 내일이 '희망'의 다른 이름이라면 좋겠다. 우리가 가장 절박한 상황에 처해 있을 때 우리의 영혼에 '희망'이라는 선물이 찾아오지 않는가? 나는 억지로라도 '희망'의 새해를 맞을 생각이다. 하여 내년 대선에서는 민심을 결집시키고 국민과 소통하는 대통령을 뽑아 서민의 일자리를 창출하여 모두가 신바람 나는 사회를 만들어주고 잃어버린 국격을 되찾는 새해가 되기를 간절히 소망한다.

언어폭력

치매 예방의 방법 중의 하나가 인터넷 사용이라고 해서 초보 수준이지만 자주 인터넷 검색을 한다. 정보의 바다라는 인터넷을 통해 신문 사설을 비롯한 각종 정보를 섭렵하다 보면 비속어와 신조어들이 너무 많아 이해할 수 없는 것들이 많다. 마치 외래어 같다.

예를 들면 사회적인 문제로 대두된 청년 실업에 관련된 인터넷 신조어들 중에는 '열정페이' '주거절벽' '빨대족' '취업깡패' '노오력' 'N포세대' '헬조선' '망한민국' 등이 나오는데 도대체 무슨 뜻인지 알 수가 없다. 다시 검색을 해보니 청년 실업률이 급증하는 사회적 현상에 대해서 취업 준비생들의 절망과 분노가 표출된 용어들이란다.

이 신조어들 중에서 특히 나의 심기를 불편하게 하는 용어가 '헬조선'과 '亡韓民國'이다. 전자는 영어의 '지옥(hell)'과 '조선'의 합성어로 '한국이 지옥에 가깝고 전혀 희망이 없는 나라'라는 의미이고 후자인 '亡韓民國'은 이미 망한 대한민국이라는 뜻이라고 한다.

언어는 인간의 의사소통의 도구인 동시에 놀이의 도구이기도 하다. 문학도 일종의 말놀이(words play)라고 할 수 있다. 특히 젊은 이들이 자기들끼리 통하는 비속어를 만들어 의사소통의 도구로 쓰는 것은 어느 시대에나 있는 현상이다. 그러나 말장난이라 해도 자기들의 조국을 '헬조선' 또는 '망한민국'이라 부르는 것은 도저히 이해가 되지 않는다. 이것은 언어폭력이다.

불과 100여 년 전에 우리나라가 일본의 식민지가 되어 우리의 선조들이 36년 동안 '생지옥'에 살았다는 사실을 청년들은 잊고 있는가? 또 일본의 지배에서 해방된 지 불과 5년 만에 북한의 남침으로 폐허가 된 나라에서 거의 모든 국민이 굶주림의 '지옥'에 살았다. 나도 6·25전쟁에서 아버지를 잃고 굶기를 밥 먹 듯한 청소년기를 보냈다. 그랬던 나라가 불과 반세기 만에 폐허를 딛고 이룩한 고도성장 덕분에 국민소득 3만 불에 가까운 무역대국이 되었다. 한국전쟁에 참전했던 용사들이 한국을 방문하여 한국의 발전상을 보면 모두 기적이라고 입을 모은다. 세계적 수준의 치안과 편리한 대중교통과 현대적인 지하철, 그리고 고속도로 휴게실에 설치된 깨끗한 공중화장실을 보면 우리나라를 부러워한다. 게다가 IMF라는 경제위기도 빨리 극복하고 삼성, 현대, LG, 포항제철 같은 세계적인 반열에 오른 기업들의 성장에 놀란다.

이런 나라에 사는 청년들이 자기들의 조국을 '헬조선'이라고 부르다니….

'큰 빌딩일수록 그림자도 크다'는 속담이 있듯이 급속한 경제 발전 뒤에는 그늘이 따르기 마련이다. 우리나라도 고도의 경제발전을 거치면서 개인이 노력하면 성공할 수 있다는 신화가 사라지고 소위 '금수저'로 표현되는 부의 대물림 현상에 젊은이들은 상대적 박탈감과 함께 분노를 느끼는 것은 어쩌면 당연하다. 그렇다고 조국이 망하기를 기다리기라도 하듯이 '망한민국'이라고 부르는 젊은이들에 대하여 해방 전에 태어난 나로서는 참담함을 느낀다.

그리고 이 나라가 싫어서 다른 나라로 이민을 가려는 즉, '탈조선'을 꿈꾸는 청년들도 늘고 있다고 한다. 아무리 노력해도 정당한 대가가 보장되지 않는 불공정한 사회라서 탈출하고 싶다는 것이다. 그러나 경제난과 빈부격차는 세계 어느 나라에서나 있는 현상이다. 서양문명의 발상지인 그리스는 실업률의 급등으로 급여 삭감과 세금 인상 등 긴축 정책이 올해로 7년째 계속되고 있고 국가 부채를 줄이기 위한 고육지책으로 유적과 문화재를 비롯한 국가 소유 자산을 매각하고 있다고 한다. 또한 한국인들이 해외 여행지로서 가장 선호하는 스페인도 IMF구제 금융으로도 회복하지 못하고 최악의 실업률을 기록하고 있다는 뉴스가 심심치 않게 들린다. 나도 2012년 스페인을 여행하는 도중에 마드리드 시내에 백 미터도 넘는 긴 줄을 서서 실업급여를 받으려는 사람들을 목격했다.

물론 청년들의 취업난은 기성세대와 사회 지도층의 책임이 크다. 그러나 남의 탓만 할 게 아니라 청년들 자신의 눈높이를 낮출 필요가 있다고 생각한다. 대졸자들 대부분은 대기업만 선호하고 중소기업이나 제조업종을 기피한다. 그래서 몇 년씩 취업준비를 하다가 스스로를 '삼포세대(연애, 결혼, 출산을 포기한 세대)'라거나 더 나아가 'N포세대(연애, 결혼, 출산, 인간관계, 주택구입 등 모든 것을 포기한 세대)'라고 자포자기가 되어 '빨대족(부모에게 경제적으로 의존하면서 부모의 노후자금까지 갉아먹는 세대)'이 되어버린다.

대한민국을 '헬조선'이라고, '망한민국'이라고 비하하는 청년들에게 감히 부탁한다.

인간에게 인격이 있듯이 언어에도 품격이 있다고. 세계의 젊은이들이 한류 바람으로 한국어를 배우려는 열기가 넘치는데 우리의 소중한 언어를 무자비하게 비하하는 표현을 삼가달라고. 그리고 행복의 잣대를 물질로만 규정짓지 말라고. 삶의 만족도는 물질로만 결정되는 게 아니어서 '더 많이' 갖고, '더 빨리' 출세하고, '더 좋은' 집에 살아야 행복하다고 믿는 우리들의 의식을 바꾸어야한다.

인생은 존재 그 자체로 가치가 있다. 지금 취업이 되지 않는다고 절망해서는 안 된다. 미국의 여류 시인 에밀리 디킨슨(Emily Dickinson)은 '희망은 날개 달린 것(Hope is the thing with feathers)'이라는 시에서 '희망'은 오직 인간에게만 주어진 선물로서 '영혼의 횃대에 앉아/ 가사 없는 곡조로 노래하고/ 결코 멈추는 법이 없다'고 노래한다. 취업문제로 힘들어하는 젊은이들에게 이 시를 들려주고 싶다.

내 진짜 얼굴은?

"아빠, 저기 엄마 이쁘다고 씌어있어."

"어디? 거짓말, 이 녀석은 아무거나 글씨만 보면 그러는군."

세 돌을 앞둔 아들과 아빠가 텔레비전을 보면서 하는 대화다. 애들 아빠는 짓궂게 다시 아들에게 묻는다.

"엄마 못 생겼지?"

"아니 생겼어."

나는 아들을 껴안고 묻는다.

"엄마 어디가 많이 생겼지?"

"여기가." 하며 내 볼을 손가락으로 집는다. 아들에게 '생겼다'는 말 앞에는 '예쁘게'라는 부사가 생략된 것이다. 그애는 요즘 텔레비전의 자막이 나오거나 누나가 읽는 동화책에 씌어있는 글자는 모두 "엄마가 이쁘다."고 씌어 있다고 능청을 떤다. 늦은 나이에 얻은 아들에게서 이런 치하를 받다니! 아들에게 보이는 나는 행복한 엄마의 얼굴일 것이다.

그러나 엄마의 얼굴이 아닌 다른 얼굴은 평범하기 이를 데 없다.

평범하게 생겨서 많은 사람들에게 어디서나 본 듯한 친숙함을 주는 장점도 있기는 하다. 동양인의 특징인 펑퍼짐한 얼굴형과 높지 않는 코는 유학 시절에 안경테를 고르는데 애를 먹기도 했다. 이런 평범한 얼굴을 입체적으로 보이게 하는 화장법도 제대로 모른다. 아직도 스킨로션과 아스트린젠트 로션을 구별하지 못한다. 그런데도 출근하기 전 도배하듯 파운데이션을 펴 바르는 나를 보며 초등학교에 다니는 딸도 "엄마, 오늘 참 이쁘다."고 해준다. 세 살과 여덟 살짜리 애들에게는 세상에서 제일 예쁜 엄마로 군림(?)하고 있으니 어찌 행복하지 않을 수가 있는가.

나는 하루에도 몇 번씩 나의 진짜 얼굴이 어떤지를 생각한다.

일상의 주어진 역할에 따라 나의 얼굴이 바뀌고 있음을 느끼기 때문이다.

무대 위에서 배우가 주어진 역에 맞는 가면을 준비하였다가 필요할 때에 바꿔 쓰는 것처럼 요즘의 나는 엄마의 얼굴 외에 아내의 얼굴, 며느리의 얼굴, 선생의 얼굴, 그리고 사무실에서의 얼굴 등 여러 개의 가면을 번갈아 가며 쓰고 있다.

근무 시간이 끝나 연구실에 돌아와 책상 앞에 앉으면 하루 동안에 내가 번갈아 썼던 가면들이 내 눈 앞에서 어른거린다. 가면들의 표정이 더러는 밝기도 하지만 대부분 입이 아래로 축 처진 하회탈 같은 모습이다. 사람들은 미숙한 내 연기에 실망하거나 언짢아하지는 않았을까? 그렇다. 인생을 삼류 배우에 비유한 문인들이 어디 셰익스피어뿐이겠는가.

인생은 걸어가는 그림자
초라한 배우가 무대 위에서
한 동안 뒤뚱거리다 사라지면
다시는 소식도 없다. 인생은 바보가 지껄이는 이야기
소란과 흥분이 가득 차 있지만
의미는 아무것도 없다.

엘리엇이 만들어낸 현대인의 전형인 프루프럭(Prufrock)도 고독하고 소외당한 현대인의 전형이다. 그는 인생을 커피 스푼으로 되질하며 살아 왔다고 독백을 하며 타인을 만날 때마다 가면을 준비할 시간은 있을 것이라고 자위한다. 그는 고뇌가 지나쳐서 차라리 바다 밑을 기어 다니는 한 쌍의 게 다리나 되었기를 바란다.

인생을 삼류 배우에 비유한 셰익스피어나 커피 스푼으로 인생을 되질하는 엘리엇은 전쟁과 권력다툼, 그리고 죽음에 맞서는 엄청난 경험을 하였거나 인생의 형이상학적인 문제를 천착한 대 문인들이다. 그런데 나는 다양한 경험을 하고 싶다는 내면의 욕망과 현실의 잡다한 역할 사이에 끼어 자신의 정체성마저 혼란스러운 소인배에 불과하다.

젊었을 때 꿈꾸던 나의 이미지는 '물과 불의 결합'처럼 차가운 이성과 뜨거운 가슴이었다. 한 사람의 정신세계에서 물과 불의 조화는 불가능한 것일까? 그런데도 이 둘의 조화는 인간의 이상 내지 관념 속에서는 가능하다. 적어도 시인들의 상상력을 통해서는 가능해진다. 엘리엇은 「네 개의 사중주」라는 시에서 '겨울 속의 봄' 또는 '무시간의 시간'이 가능함을 역설하고 있다. 그는 이 순간을 '장미원, 비가 내리는 성당, 또는 폭포가 떨어지는 자연' 속에서 경험할 수 있다고 노래하고 있다. 아니면 '자신을 버리는 작업'에서 가능해지기도 한다.

그러나 나처럼 현실의 노예가 되어 진정한 자아가 무엇인지도 모르는 '정체성의 위기'를 느끼는 사람에게 이런 신비한 체험은 불가능하다. 순간순간에 주어지는 역할을 수행하는 일조차 버거운 보통 사람에게 자신의 정체성을 알아내기란 길 없는 길을 찾는 것만큼이나 어려운 과제이다. 내가 할 수 있는 것은 주어진 역할에 맞게 그 순간만큼은 진실하게 살아야하는 게 아닐까. 훗날 내 자식들이 자라서 엄마의 졸렬한 가면들을 발견하고도 예쁘다고 하지는 않을 것이다. 내가 바라는 나의 진정한 모습은 육아에만 매달려 자기 계발을 하지 못하는 전업 주부가 아니라 가정을 잘 지켜나가면서도 자신의 전문성을 키우기 위해 역경을 두려워하지 않고 당당하게 현실의 벽에 도전하는 여성이다.

(1981. 2)

사랑의 키워드

- 손녀의 성장기

2007년 여름 1분 간격으로 태어난 쌍둥이 외손녀들 중 첫째는 미숙아여서 키우는데 온갖 정성을 다 기울였다. 분리불안증과 낯가림이 심해서 외출조차 하기 힘들만큼 예민했던 손녀들이 무탈하게 자라서 구청에서 운영하는 유아 체능단에 들어가게 되었다.

일반 유치원과 달리 원아들의 운동에 중점을 두고 수영, 줄넘기, 인라인 스케이트 등을 가르친다는 것이 마음에 들었다. 어린애들이 유치원에 들어가자마자 영어 교육에 매달리는 풍조에 영어 선생이었던 나는 심한 거부감을 갖고 있었기 때문에 딸을 설득하였다.

손녀들이 입학하던 날 나도 동행하였다.

40여 명의 원아들이 제각기 부모와 할머니, 할아버지를 대동하고 모여서 좁은 강당이 터질 것 같았다. 집집마다 아들, 딸을 가리지 않고 하나만 낳는 세상이라 그런지 어린이들이 그 집안의 귀한 보물 취급을 받는다. 잘 차려입은 원아들이 제비 새끼들처럼 재잘거리는 가운데 내 손녀들은 입학식장의 소란한 모습에 잔뜩 겁을 먹었다. 엄마 손을 놓지 않고 사진 찍어준다고 조금이라도 자리를 뜨면 사방을 두리번거리고 입을 삐죽거리며 금세 울음이라도 터트릴 기세였다.

이처럼 분리불안증이 심한 손녀들이라 유치원 생활에 적응을 잘할 수 있는지 여간 걱정스럽지 않았다. 그러나 교육의 힘은 위대하였다. 차츰 손녀들은 또래 친구들과 사귀는 재미를 붙이고 놀이터에서 자주 어울려 놀더니 어휘가 기하급수적으로 늘어났다. 수줍어하는 정도가 지나쳐 남들 앞에서는 울음을 터트리던 큰 손녀의 낯가림도 덜 해졌다. 나는 손녀들의 놀라운 변화가 기특해서 딸 네 집에 갈 때마다 배운 것을 물어보고 유치원 선생님처럼 손짓 발짓하며 그네들의 놀이와 노래도 같이 하며 놀아주어서 손녀들은 언제나 나를 최고 할머니라고 좋아한다.

그런데 2년째가 되니까 손녀들에게 나의 필요성이 점차 줄고 있다. 친구들과 노는 시간이 길어짐과 동시에 부쩍 남자애들에 대한 관심이 높아졌다. 하루는 작은손녀가 제 엄마에게 와서 소곤소곤 귓속말로 묻더란다.

"엄마, '겠'자 어떻게 써요?"

"왜?"

"나 기훈이한테 카드 쓰려고."

그리고 잠시 후에 카드를 직접 그리고 편지를 썼다며 보여주더란다. 카드 내용인 즉 "너, 잘 생겼어. 너 멋져. 너 사랑해."라고 씌어 있더라고 딸은 깔깔 웃었다. 그래서 나는 손녀를 불러 왜 그 남자애를 좋아하느냐고 물었다.

"할머니, 기훈이는 농구를 잘 해. 그리고 운동 다 잘해."라고 좋아하는 이유를 구체적으로 설명한다. 이 녀석들이 언제 이렇게 자랐담. 나는 신기해서 손녀들의 노는 모습을 지켜보았다.

근래에 읽은 책 중에 『우리는 다시 만나기 위해서 태어났다』가 있는데 그 부제가 '영혼의 동반자'를 찾은 사람들의 소설보다 더 감동적인 이야기!'라고 되어 있다. 뉴욕 타임스 베스트셀러 작가가 된 잭 캔필드와 마트 빅터 한센은 미국을 대표하는 카운슬러이고 저술가인데 이 책에 실린 이야기들은 두 사람이 발견한 것 외에 독자들이 보낸 편지들을 묶은 남녀 사이의 사랑 이야기들이다. 그 책의 요점은 남녀 사이에 사랑이 싹트게 된 계기는 상대방의 '찬사'라는 것이다. 좋아하는 사람을 만나면 그 사람이 가진 장점을 구체적으로 칭찬하고 찬사를 해주는 것 이상으로 상대방의 마음을 얻는 방법은 없다는 것이다.

일곱 살짜리 내 손녀는 이미 자기가 좋아하는 남자친구의 마음을 얻는 방법을 터득한 것이다. 누가 가르쳐준 것도 아닌데 어떻게 이 방법을 알 수 있었을까? 이성을 좋아하는 것이 본능이라면 찬사를 보내는 것도 본능인가? 혹시 이 외할미의 유전자를 물려받은 것은 아닐까?!!!

(2012. 10)

3.

지금이라는 보물

나의 반면교사

두 내외만 살면 하루 종일 싸운 집처럼 정적만이 감돈다.

남편은 응접실에서, 나는 서재에서 서로 할 일만 하고 밥상머리에서도 나눌 얘기가 별로 없다. 그렇다고 서로 싸우거나 큰소리 내 본 적도 없다. 서로의 성격을 알고 있는 까닭에 상대방이 화가 나 있으면 그냥 입을 다물고 있으면 된다.

그런 우리 부부에게 쌍둥이 손녀들은 엔돌핀이다.

전생에 무슨 좋은 일을 했는지 딸네가 자기네 집을 전세주고 우리가 사는 아파트 옆 동으로 이사 와서 일주일에 서너 번은 서로 왕래한다. 아니 정확하게 말하면 직장 다니던 딸이 인공수정을 통해서 쌍둥이를 임신하고 출산이 임박해서 우리 곁으로 이사를 왔다. 그래서 손녀들의 출산부터 일곱 살이 된 지금까지의 성장과정을 가까이 지켜보는 기쁨을 맛보고 있는 것이다.

유치원을 다니게 되면서는 할미의 존재가 그리 필요한 것 같지는 않다.

자기들끼리 모여 놀고 물놀이나 키즈 카페를 다니느라고 바쁜 일정을 보내고 있는 손녀들을 볼 수 있는 기회는 저녁 식사를 할 때뿐이다. 누구나 그렇겠지만 내 손녀들이 세상에서 제일 예쁘다. 떼를 부리는 일도 없고, 편식을 하지도 않는다. 무엇보다도 두 자매 사이가 좋아 싸우는 법도 없다. 장난감을 갖고 서로 밀치다가도 제 엄마가 이번에는 동생 차례지? 하고 눈 한 번 크게 뜨면 미안해하며 즉시 양보한다. 그럴 때면 얼마나 예쁜지 깨물어주고 싶다.

몇 십 년 만에 금년 장마가 유난히 길었다.

밤낮 없이 주변의 눅눅함은 가시지 않는다. 밖에 나가 한 시간 놀다온 손녀들의 몸과 옷은 땀투성이다. 딸이 샤워하라고 시키니까 두 말 않고 들어가 씻고 나오기에 자청해서 손녀들의 긴 머리를 드라이로 말려주었다. 지난봄에 펌을 해서 구불구불한 긴 머리카락들이 숱도 많아 말리는데 시간이 걸렸다. 말리고 보니 탐스러운 머리에 윤기가 반지르르 흐른다.

"참, 숱도 많고 예쁘구나." 하는데 딸애가 옆으로 오더니 "엄마는 나 어렸을 때는 빗겨줄 시간이 없다고 항상 짧게 잘라 주었잖아. 나도 긴 머리를 하고 싶었는데…."라고 말했다.

"그래, 정말 그랬지. 그래서 너에게 빚 갚느라고 애들한테 이렇게 잘 하는 거야."라고 나는 변명을 한다.

며칠 전 서랍 속에서 1981년에 쓴 잡문이 나왔다. 「자화상」이라는 글에서 나의 진짜 얼굴이 무엇인지 모른다는 정체성의 혼란에 대해서 썼다. 아이들이 어렸을 때는 가사노동과 직장에서의 역할에 쫓기다보니 정작 나를 가장 필요로 하는 딸과 아들과 놀아줄 여유가 없었다. 출근 전에 잠깐 아이들의 자는 얼굴을 보거나 퇴근하면 피곤에 절어서 애들이 놀아달라고 해도 밀치기 일쑤였다. 마음속으로는 항상 미안하고 죄짓는 기분이었지만 도리가 없었다.

그런데도 애들이 잘 커서 저희들이 좋아하는 짝을 만나 가정을 이루고 아들과 딸들을 낳아 알콩달콩 사는 모습을 보면 그저 고맙기만 하다. 어미로서 제대로 돌보아 주지도 못했는데도 모범적인 엄마 아빠의 역할을 하는 걸 보면 복이 넝쿨째 굴러왔다는 느낌이다. 아니 이런 생각은 자아도취인지도 모르겠다. 왜냐하면 엄마가 바깥일에 매달리느라고 늘 머리를 짧게 깎아준 엄마를 반면교사로 삼아 딸은 잘 다니던 직장까지 그만 두고 전업주부로 들어앉았을 것이다. 박사 과정을 밟으라는 권유도 싫다하고 그냥 자기 딸들을 예쁘게 키우는 것이 제일 좋단다.

정말로 내 딸은 손녀들에게 지극 정성이다.

외식이나 간식을 멀리하고 모든 음식을 직접 해 먹인다. 인터넷을 통해 옷들을 사서 색깔을 달리해서 쌍둥이들에게 매일 갈아입힌다. 그리고 어릴 적 자신의 짧은 머리에 한이 많았던지 딸은 예쁜 머리핀과 고무 밴드를 한 묶음씩 사 놓고 매일 아침 어깨까지 내려오는 치렁치렁한 머리를 날마다 다른 스타일로 빗어 예쁜 머리핀과 헤어밴드로 묶어준다. 매일 아침 두 아이의 옷을 챙기고 머리를 빗겨 서둘러 유치원 보내는 것이 지칠 만도 한데 그럴 때의 딸의 얼굴은 오히려 빛이 난다. 사랑스럽고, 자랑스러워 어쩔 줄 모르는 표정이다. 그래서인지 1.5kg의 미숙아로 태어난 손녀도 잔병치레 한 번 하지 않고 콩나물처럼 쑥쑥 자란다. 내가 다시 태어난다면 전업주부로 살고 싶을 만큼 딸이 행복해보여 다행이다.

(2013. 7)

체육관 풍경

몇 년 전에 우스갯소리 중에 '조폭과 아줌마의 공통점'이 뭐냐는 질문이 나돌았다.

중년 여자들 사이에 한창 눈썹 문신이 유행할 때였다. 대답인즉, 첫째가 문신이다. 조폭은 몸의 어깨, 등, 가슴 등 아무데나 조직을 상징하는 문신을 하고 아줌마들은 눈썹에 문신을 한다. 두 번째는 만나는 즉시 형님과 아우가 결정된다는 것이고, 세 번째는 항상 몰려다닌다는 공통점을 갖고 있다는 것이다. 이 말이 실감나는 곳이 레포츠 센터이다. 중년을 넘긴 여자들의 행태를 보면 세 가지가 다 들어맞는 것 같아 실소를 하게 된다.

나는 운동하러 가는 시간이 일정하지 않다.

하루의 일정에 따라 오전에 가기도 하고 오후에 가기도 해서 사귄 사람들이 없다. 본의 아니게 자의반 타의반으로 운동하는 동안은 벙어리가 된다. 늘 혼자여서 왕따가 된 기분이 든다. 그런데 아침에 갈 때나 오후에 갈 때 만나는 여자들은 항상 우르르 몰려다니며 주변 사람들의 시선은 아랑곳하지 않고 수다를 떤다. 운동하러 왔는지 놀러 왔는지 구분이 안 될 정도이다.

나이든 여자들은 아침에 먹을 것들을 싸와서 하루 종일 시간을 보낸다.

운동하다가 쉬는 시간에 모여 앉아 간식을 먹고 놀다가 스트레칭을 한다. 가장 난장판인 때가 스트레칭 시간이다. 나이 들수록 스트레칭이 중요하다는 것을 알아서인지 날이 갈수록 인원은 많아지는데 매트는 서른 개 뿐이어서 트레이너들이 시작하기 10분 전에 매트를 깔라고 하지만 단골들은 아예 쌓여 있는 매트 위에 앉았다가 정해진 시간도 되기 전에 너도 나도 두서너 개를 집어 앞에서부터 주르르 깔아 짝꿍들의 자리를 선점해 놓는다. 나처럼 어쩌다 스트레칭을 하려고 기다린 사람들은 운이 좋으면 맨 뒤에 자리를 잡고, 그렇지 못하면 매트를 차지하지 못하고 닭 쫓던 개 지붕 쳐다보는 격으로 멍하니 앞에서 벌어지는 광경을 지켜본다.

걷기를 하는 트레드밀도 그녀들이 독점하다시피 한다.

30분씩만 걷고 양보하라고 기계마다 커다랗게 써 붙여 놓았는데도 한 시간씩 걷는다. 운동도 죽기 살기로 하는 모양이다. 그뿐인가. 본인이 끝나면 자기와 가까운 사람을 위해 주인이 있다는 표시로 물병이나 수건을 올려놓고 기계에서 내려온다. 기다리던 나는 별수 없이 낡은 자전거 위에 올라탄다. 나는 한마디 저항도 못하고 쓴웃음을 웃는다.

한 사람씩 보면 모두 50대를 넘어선 선량한 어머니들이다.

아마도 집에서는 살림 잘하는 착한 아내이고, 사려 깊은 엄마이고, 인자한 할머니들일 텐데 체육관에서는 왜 조폭들처럼 저렇게 시끄럽게 몰려다는 것일까? 운동하러 오면 조용히 걷거나 타거나 스트레칭을 하면 될 터인데 만나기만 하면 수다스러워진다. 자식 자랑을 시작으로 음식 만드는 얘기며 여행한 얘기들이 쉴 새 없이 계속된다. 집안에서 말할 상대가 없어서 저렇게 떠드나? 그들의 몰려다니는 습관은 체육관에서 끝나지 않는 모양이다. 운동이 끝나면 패거리들끼리 놀러 다니며 맛집 순례에 나선다. 봄이 절정이었던 어느 날 아침에 운동 갔더니 여자들이 거의 없어서 이유를 트레이너한테 물었다. 모두 1박 2일로 설악산으로 놀러갔다는 것이었다.

샤워실 풍경은 더 가관이다. 다른 체육관과 달리 이곳은 널찍한 탕과 사우나 실을 갖추고 있어 목욕탕 가는 것보다 훨씬 싸다고 목욕만 하려고 멀리서도 온다. 그들은 냉온탕을 왔다 갔다 하면서 서너 시간을 보내기가 일쑤라라는 게 관리인의 말이다. 한바탕 땀을 빼고 나면 가지고 온 간식을 나누어 먹고 마신다. 옆에 누가 있는지 상관하지 않고 자기들끼리 큰소리로 떠들며 박장대소를 한다. 어떤 이는 구성지게 노래까지 부른다. 나는 탕 구석에 박혀서 눈을 감고 10분쯤 있다가 겨우 얼굴을 익힌 내 또래의 여자한테 물었다. 자기는 아침 식사 겸 점심을 먹고 11시 반쯤 와서 하루 종일 이곳에서 시간을 보낸단다. 집에는 얘기를 나눌 사람이 없기 때문이란다.

그들에게는 이곳이 놀이 공간인 셈이다. 말동무가 없는 집보다는 운동하러 와서 사귄 사람들과 수다 떨고 노는 것이 시간 보내는데 최고라고 한다. 그녀의 말을 들으니 조금 이해가 된다. 홀로 집에 있어 우울증에 걸리는 것보다는 헬스장에 와서 운동하고 모여 수다를 떠는 것이 육체적으로나 정신적으로 건강을 유지하는데 도움이 될 것이다.

그런 생각이 드니까 남을 배려하지 않고 안하무인같이 공공장소에서 처신하는 그들을 너그럽게 보아주고 싶어진다. 나 또한 그들과 같은 세대이며 외로움과 건강 문제로 서글픔을 느끼고 있지 않은가. 자존심 때문에 겉으로 나타내지 않을 뿐이지만.

(2013. 8)

노는 연습

퇴직한 동료들이 친목회를 조직하여 두 달에 한 번씩 만난다.

친목회 이름을 '호박회'라고 했더니 남편들이 여자들이 얼마나 못생겼으면 자칭 '호박회'라는 작명을 했겠느냐고 놀린다고들 한다. 그러나 우리는 서로 눈짓을 하며 진짜 속뜻을 몰라도 너무 모른다며 웃었다. 우리는 '호탕하고 박식한 모임'이라는 의미에서 지은 거였는데….

만 65세에 정년퇴직할 때까지 각자가 전공 분야에서 몇 십 년 동안 전문가임을 자부하며 어깨에 힘이 들어가 있었기에 누구 앞에서나 주눅 들지 않고 호탕(?)할 수 있었다. 게다가 지하철을 공짜로 타는 '지공세대'가 되었으니 세상살이에도 박식한 정보를 갖고 있다고 자부한다. 만나서 얘기를 나누다보면 각자가 모든 면에서 열심히 살고 있음을 알게 된다. 살림이면 살림, 연구면 연구, 운동이면 운동, 취미생활 등에 최선을 다 하는 모습들이다. 평생 해온 대로 한 곳에 몰두하는 것이 몸에 배인 탓이리라.

지난 5월 현직에 있는 후배 교수들이 '호박회' 선배들을 초대하여 야외에서 식사를 하였다. 후배들이 선배 여교수들에게 덕담 한 마디씩 해달라고 간청하였다. 거의 대부분 참석자들이 전공 분야에서 최선을 다 해 연구하여 실적을 내라는 훈계(?)를 하였다. 내 차례가 되자 나는 퇴직 후의 생활에 대비하여 '노는 연습'을 하라고 조언하였다. 동료들의 눈이 나를 향해 "웬 노는 연습?" 하며 의아한 표정을 짓더니 내 말에 이구동성으로 반론을 제기하였다. 교수는 죽는 날까지 연구를 계속해야 한다는 그들의 주장에 맞서 나는 아무도 읽어주지 않는 논문을 왜 계속 써야하느냐? 학교에만 있었던 사람들이 늙으면 놀 줄을 모르는 경우가 많다더라. 그러니 60대 이후에는 사람들과 어울리는 공부를 하는 게 바람직하다고 주장하였다. 왜냐고? 노후에 가장 무서운 적은 외로움이니까.

나는 직장에서 잘 노는 사람으로 알려져 있었다.

학생들과의 소통을 위해 그들이 언제라도 찾아오도록 연구실 문을 개방하였다.

그들의 취업이나 유학을 위한 추천서도 누구보다도 많이 써주었다고 자부한다. 그런 까닭에 여러 제자들이 내게 주례를 부탁해서 서기도 했다. 교직원은 물론 관리인들과도 격의 없이 지내서 같이 술도 마시고 노래방에도 곧잘 갔다. 그래서 그들 사이에서 '기쁨조'라는 찬사(?)를 듣기도 했었다.

그런데 퇴직하고 나서는 완전히 딴사람이 된 듯 느껴진다.

주변 사람들과 어울리지 못하고 아파트나 체육관에서 항상 아웃사이더이다.

엘리베이터를 타도 상대방이 먼저 인사를 하기 전에는 아는 척도 않는다. '내 나이에 먼저 인사할 수는 없잖아' 하는 생각이 들어서다. 이 아파트로 이사 온 지 10여 년이 넘었지만 아는 주민들이 별로 없다. 우선 바쁘다는 핑계로 반상회에 참석하지 않아서 누가 누군지 알 수가 없다. 요즘에는 아는 척하고 싶어도 나이를 의식해서 먼저 다가가게 되지 않는다. 체육관에 가서도 자주 부딪히게 되는 사람들과 눈인사도 나누지 않는다. 다른 회원들은 어울려 수다를 떨고 맛집 순례를 하는 모양인데 나는 운동만 하고 온다. 이러다보니 자의반 타의반으로 왕따가 된 기분이다. 왜 변했는지 자문해본다. 귀찮아서? 나이가 많아서? 아니 대인기피증이 생긴 건가?

대학 때 은사 한 분이 아드님의 사업 실패로 가정이 풍비박산이 되어 생계유지조차 힘들게 되셨다는 소식을 듣고 나를 포함한 제자들 몇이 십시일반으로 돈을 매달 갹출하여 용돈으로 갖다 드렸다. 심부름은 주로 나와 후배 여교수가 맡았다. 어두컴컴한 지하 셋방에 사시는 선생님을 방문하면 눈물까지 글썽이며 우리를 반기셨다. 여든이 훨씬 넘으니 눈이 어두워 글쓰기는 고사하고 항상 옆구리에 끼고 다니시던 'Time'지도 읽을 수가 없어 시간 보내는 일이 너무 괴롭다고 하소연하셨다. 내가 선생님께 경로당이라도 다니시라고 말씀드렸더니 당신은 도저히 그곳에 적응이 안 되어 그만두고 말았다고 하셨다. 화투도 못 하는데다가 노인들의 음담패설을 듣고 있을 수가 없다는 것이었다. 그때 나는 속으로 외로움보다는 그래도 경로당에 가서 어울리는 게 낫지 싶었다.

지금의 내가 선생님과 다를 게 없다. 왜 아파트 주민들이나 운동하는 사람들과 어울리지 못하는가? 스스로 생각해도 이해되지 않는다. 머리로는 늙을수록 친교가 필요하다는 것을 알고 있는데 낯선 사람들과는 쉽게 말문이 터지지 않는다. 이 나이에 먼저 젊은 사람들에게 다가가는 게 자존심이 상해서 그들이 먼저 다가와 말을 걸어주기를 기다리고 있는 것이다.

요새 50대가 넘으면 모든 게 다 평준화된다는 말이 유행이다. 잘생긴 사람이나 못생긴 사람이나, 배웠거나 못 배웠거나, 돈이 많거나 적거나 세월 앞에서는 모두 평준화되는 것은 만고의 진리이다. 그런데도 나는 나이를 앞세운 자존심 때문에 스스로를 격리시키고 있다. 나는 참 한심한 노인이다.

(2013. 11)

신체발부는 수지부모라는데

체육관에서 우르르 몰려들어오는 사람들을 피해 신발을 신다가 몸의 균형을 잃어 벽을 짚었다. 그런데 하필이면 오른손으로 짚은 곳에 대못이 박혀 있었다. 구두 주걱을 거는 못이었다. 손을 떼보니 가운데가 못에 패여 피가 흥건히 고여 있었다. 넘어지지 않은 것만 다행이라고 생각하고 대수롭지 않게 생각했다. 집에 와서 머큐로크롬으로 소독하고 연고를 발랐다.

그런데 하룻밤을 자고 나니 오른손 가운데 손가락 마디가 자꾸 아팠다.

이틀이 지나고 일주일이 지났다. 이제는 음식을 조리할 때 불편을 느낄 만큼 아파졌다. 결국 동네의 신경외과에 가서 엑스레이를 찍었다. 의사는 가운데 손가락 관절에 염증이 생겨 당분간 손가락을 쓰지 말고 부목을 대고 지내라고 했다. 그러더니 치료사가 오른손에 부목을 대고 붕대로 칭칭 감아 놓았다.

손을 마음대로 쓰지 못하니 졸지에 장애인이 된 느낌이다.

나는 지독한 오른손잡이어서 왼손으로는 아무것도 할 수가 없다. 집에 오는데 중국발 미세먼지로 잿빛이 된 겨울 하늘만큼 내 마음도 무겁게 가라앉았다. 갑자기 오른손을 쓰지 못하게 되었으니 답답하기 이를 데가 없다. 커피를 타는데도, 남편 점심상 차리는데도 불편하다. 아니 가장 불편한 것은 하루라도 씻지 못하면 근질거려서 잠을 자지 못하는 내 습관이다. 이틀은 견디었는데 사흘째는 도저히 참을 수가 없어서 체육관으로 달려가서 비닐봉지로 오른손을 둘둘 감고 겨우 씻고 왔다.

겨우 가운데 손가락을 다쳐서 며칠 동안 손을 쓰지 못하는 데서 느낀 불편함을 통해 몸의 중요성을 다시금 깨달았다. 우리의 몸 전체 어느 한 군데도 소중하지 않은 곳이 있었던가. 그러기에 부모님이 물려주신 몸을 소중하게 생각하라는 '身體髮膚 手指父母'라는 고사성어도 있지 않은가.

가운데 손가락을 다친 것을 계기로 평생 동안 지체장애로 살아가는 사람들을 다시 생각하게 되었다. 나는 당분간 오른손이 불편할 뿐인데도 이렇게 엄살을 떨고 있지 않은가. 그런데 눈이 안보여도, 귀가 들리지 않아도, 아니 두 발이 다 없어도 장애는 불편할 뿐이지 불행한 것은 아니라는 장애우들의 삶을 TV에서 본 적이 있다. 그들이 살아가는데 아직도 불편한 것이 많은 우리나라이다. 미국이나 유럽처럼 일상생활에 불편이 없도록 사회기반 시설을 확충해야 할 곳이 많다. 동시에 나는 나이로 인한 통증을 감수

하며 현재의 모습에 감사해야겠다는 생각이 든다.

그런데 언제부터인가 우리나라가 성형 천국이 되었다. 젊은이는 물론 나이든 사람들까지도 부모가 물려준 몸을 마음대로 바꾸는 풍조가 유행하고 있다. 미국 CNN에서 발표한 기사에 따르면 우리나라가 세계에서 가장 유명한 열 가지 중에 성형열풍도 포함되었다고 한다. 서울 주재 외국 기자들은 이구동성으로 서울 거리에 다니는 여자들이 예쁘긴 한데 비슷하게 생겼다고 꼬집는다. 강남에는 한 집 건너 두 집마다 성형외과가 있고 딸을 가진 부모들은 중·고등학교 졸업선물로 성형을 해준다고 지적한다. 그뿐인가. 젊은 여자들 중에는 목숨을 담보로 양악술을 받는 사람들이 늘어난다고 하니 이쯤 되면 한국 여자들의 예뻐지고 싶은 욕망은 사회적 병리 현상에 가깝다고 하겠다. 연예인도 아닌 보통 사람들도, 칠십이 넘은 노인들까지 보톡스나 필러 등을 시술 받아 모두 팽팽한 얼굴로 젊음을 구가(?)한다고 하니 성형왕국의 오명을 듣고 있는 것도 무리가 아닌 듯싶다.

그렇다면 나는 그들 속에 끼지 않을 자신이 있는가?

거울을 볼 때마다 깊게 패인 팔자 주름과 입술 주변의 잔주름들이 신경 쓰인다. 다시 젊은 모습으로 돌아가고 싶다는 생각이 들면 벌떡 일어나서 강남으로 달려가고 싶다. 마치 공기에 오염되듯이 이런 성형 풍조에 나도 어쩔 수 없이 물이 들고 있나 보다.

(2013. 12)

지금이라는 보물

2013년 한 해도 끝물이다.

늘 이맘때가 되면 누구나 한 해를 돌아보며 지난 일들을 반추하게 된다. 신문들도 국내외적으로 일어났던 큰 사건 사고들을 들추어내 10대 뉴스로 싣고 있다. 좋고 신나는 일들보다는 화가 나고 가슴 아픈 사건들이 더 많았던 한 해 인 듯싶다. 그래도 우리는 시간이라는 무자비한 폭군에 쫓겨 속절없이 떠밀려 가야 한다.

지나간 일을 떠올리며 그리워하고 반성하기도 하지만 세모가 되면 대개는 새해 신수나 아니면 더 먼 미래가 더 궁금해진다. 10년 후에는 내 모습은 어떻게 변할까? 좋은 대학을 나와 고급 공무원이 될까, 돈을 많이 벌어 회사의 CEO가 될 것인가, 아니면 유학을 다녀와서 교수가 되어 학자로 남을까, 등등 가장 바람직한 모습을 꿈꾼다.

미래를 예측해주는 사람들이 만나고 싶어지는 때가 연말이나 연

초가 되는 이유이다.

그래서 토정비결이나 사주쟁이, 더 적극적인 사람들은 미아리 무당을 찾아가기도 한다. 요즘 대학가에서 유행하고 있는 '안녕들 하십니까?'라는 대자보에 취업을 앞둔 청춘의 고민과 사회적인 불만으로 도배되고 있는 현상 또한 불확실한 미래에 대한 젊은이들의 불안의 표출이 아닌가 싶다.

내가 20대였던 60년대는 나라 전체가 가난했다.

대학 진학도 좌절되고 취직도 안 되어 공덕동에서 입주 가정교사를 하면서 매일 매일이 분노와 좌절의 연속이었다. 세상을 향하여 이유 없는 분노가 들끓었다. 당시 그 동네는 유난히 점집이 많았던 것 같다. 나도 한 가닥 희망의 끈이라도 잡고 싶어서 용하다는 점쟁이들을 찾아다녔다. 그러나 좋은 얘기보다는 나쁜 점괘가 많았다. 심지어는 자살운도 있다고 예언(?)하였다. 좌절의 늪에서 허우적이며 가끔은 자살하고 싶다는 충동을 느끼기도 했었다.

그랬던 내가 고희를 넘기며 잘 살고 있다. 내 할머니와 어머니처럼 결혼하고, 아이 낳고, 시집살이도 견디어 냈다. 그뿐인가. 워킹맘의 전철을 밟아 육아와 직장을 병행하였고 공부도 하고 가르치며 정신없이 살아왔다. 이제 그토록 원했던 나만을 위한 시간이 많아지고 보니 자꾸만 지난날들의 기억들이 출몰한다. 그리고 친구들이나 제자들을 만나면 과거의 얘기를 하게 된다. 아무도 들어주지 않는 신세 한탄을 나도 되풀이하고 있는 것이다.

젊었을 때는 불확실한 미래에 대한 걱정으로 젊음을 즐기지 못했다고 불평했었는데 늙으니까 지나간 젊음이 화려한 추억으로 변한다. 기억의 방은 변화무쌍한 모양이다. 그렇게 힘들었던 젊은 날이 그리워지고 현재 늙은 모습이 측은해지니 12월의 세모가 더 쓸쓸하다. 이럴 때 나를 우울에서 건져주는 시가 있다. 18세기의 영국 시인 포프(Alexander Pope)의 「인간론(An Essay on Man)」이다.

하늘은 모든 피조물에게 운명이 기록된 책을,
그들의 현재의 지위를 기록한 페이지를 제외하고는 모든 것을,
짐승에게는 인간이 아는 것을, 인간에게는 천사들이 아는 것을
숨긴다.
그렇지 않으면 어느 누가 이승에서의 삶을 견디겠는가?
그대의 잔치를 위해 오늘 피 흘리면 죽을 양이
그대의 이성을 가졌다면 뛰어 놀 수 있겠는가?
양은 마지막 순간까지 꽃피는 음식을 뜯어먹으며
그를 죽이려고 쳐든 손을 핥을 수가 있다.
오오, 미래를 모르는 축복이여! 친절하게 주어져서
각자는 하늘이 정해준 영역을 채우기 위해
하늘은 만물의 신으로 자애로운 시선으로 본다.
영웅이 죽거나, 참새가 떨어지는 것을,
원자나 천체가 내동댕이쳐 깨지는 것을,
어느 때는 물방울이, 어느 때는 세상이 터지는 것을.

인간이 만약 미래를 아는 초능력을 가졌다면 오만 방자해져서 신의 경지를 넘보게 되기 때문에 조물주가 인간에게 현재만을 알도록 창조했다고 시인은 주장한다. 이런 사상이 18세기 신고전주의

시대의 사조였던 이신론(理神論)에서 비롯되었지만 나는 시인 포프의 개인적인 이력도 한 몫 했다고 생각한다. 그는 척추카리에스라는 지병으로 왜소한 체구를 갖고 태어났고, 영국의 국교도가 아닌 사람들은 대학교육을 금하는 당시의 법률 때문에 가톨릭 가문 출신인 그에게 대학 교육의 기회도 배제되어 불우한 젊은 날을 보냈다. 그러나 평생 독학하여 영국 신고전주의 풍자문학의 꽃을 피웠다. 그는 주어진 불행에 굴복하지 않고 불후의 18세기 시인으로 거듭 났다. 아마도 자신의 현재를 긍정하고 그 바탕 위에서 끊임없는 피나는 노력을 기울인 결과일 것이다.

나도 이성적으로는 인간의 행복이 미래를 모르기 때문에 가능하다는 포프의 주장에 동의한다. 내일 나에게 나쁜 일이 일어나리라는 사실을 알고 어떻게 웃고 떠들 수가 있겠는가? 포프는 신과 동물 사이에 낀 인간은 주어진 분수에 맞게 미래를 알려고 하지 말고 그냥 '겸손' 하게 '희망'을 가지라고 권한다. 그런 의미에서 인간은 포프의 시에 묘사된 양의 운명과 다를 것이 없다.

포프의 권고에 따르면 우리는 오지 않은 미래를 미리 알고 싶어서 토종비결이니 사주를 보지 말아야 한다. 그냥 하루, 하루 주어진 삶을 충실히, 열심히, 그리고 즐겁게 살아가야 마땅하다. 그런 의미에서 요즘 인터넷에 떠도는 일종의 말장난은 일고의 가치가 있다.

"세상에서 가장 소중한 보물 세 가지는?"

"황금, 소금, 지금."

황금만능시대에 사는 우리는 누구나 돈이 있어야 의식주를 해결한다. 그리고 음식을 만들 때는 소금이 들어가야 맛이 난다. 그러나 '지금'은 보이는 것이 아니다. 돈과 소금은 인간이 누구나 보고 만질 수 있는 물질이다. '지금'은 우리가 보고 만질 수 없는 것이어서 아무도 보물이라고 생각하지 않는다. 그냥 살아있으면 당연히 누리는 것인데 이게 왜 중요한 보물이란 말인가? 하기야 죽은 사람에게 '지금'은 없다. 그런데 왜 우리는 이 사실을 잊고 사는가? 그리고 나는 '지금'이라는 보물을 소중하게 활용하고 있는가? 아니 '지금'이 보물이라는 사실조차 잊고 살고 있지 않은가?

그러나 어쩌랴. 나는 여전히 내년의 신년운세를 보러 어딘가로 달려가고 싶다. 아직도 과거라는 그물망에서도 헤어나지 못하고 현재는 안중에도 없다. 그저 얼마 남지도 않은 미래의 나를 알고 싶은 욕망으로 허우적대고 있는 아둔한 자신을 발견하고는 쓴웃음이 난다. (2013. 12)

진정한 챔피언

2월 8일부터 23일까지 2014 동계올림픽이 열린 러시아의 소치에 세계인들의 이목이 집중되었다. 원래 나는 국내외를 막론하고 스포츠 중계에는 관심이 없다. 경기의 규칙도 모르지만 내가 응원하는 팀이 진다는 일종의 머피의 법칙을 신봉하는 까닭에 중계방송 시청과는 거리가 먼 사람이다.

이번 소치 올림픽 경기도 나와는 상관없는 일이었다.

그저 그런가보다 하고 지나쳤지만 방송 3사에서 경쟁하듯 보여주는 중계방송에는 무관심해질 수가 없었다. 열렬한 응원은 못하지만 우리나라 선수들이 잘해 주기를 바랐다. 쇼트 경기에서 금메달의 기대를 잔뜩 받고 있던 모태범 선수의 노메달 불운에는 마음이 아팠고, 이상화 선수가 금메달을 따는 순간에는 박수를 쳤다.

그런데, 이상하다. 피겨 스케이팅 경기에는 나도 모르게 신경이 쓰인다.

아마도 김연아 선수의 열혈 팬인 딸의 영향 때문인지도 모르겠으나, 몇 년 전 우연한 기회에 올림픽 체조경기장에서 VIP좌석에 앉아 김연아 선수의 아이스쇼를 직접 관람했기 때문인지도 모른다. 김연아 선수의 쇼트 경기가 있던 날 나는 평상시처럼 잠자리에 들었다. 꿈속에서 피겨 경기 모습이 어른거리는 듯했다. 잠을 깨어보니 새벽 1시 40분. 나도 모르게 TV를 켰다. 막 김 선수가 속한 3조의 경기가 시작하려는 참이었다.

김연아 선수가 사뿐사뿐 빙판 위를 미끄러지기 시작했다.

잠이 덜 깬 탓이었을까? 한 마리 노랑나비가 공중에서 춤을 추고 있었다. 휘휘 회전하고, 공중으로 날아올랐다가 다시 부드럽게 착지하며 길고 가느다란 손을 쭉 하늘로 뻗으며 기도하는 몸짓은 사람의 몸짓이 아니었다. 숨이 멎는 듯한 2분 50초였다. 실수 한 번 하지 않고 무결점의 경기가 끝나자 나도 모르게 울컥했다. 얼마나 노력하면 평지도 아닌 얼음판 위에서 저토록 유연하고 우아한 동작으로 스케이팅을 할 수 있을까! 영국의 BBC 방송의 중계자도 그녀의 경기를 관전하고 '부드럽고, 잔잔하게 물 흐르는 듯(soft, flowing, serene)'했다고 극찬하였다. '어릿광대를 돌려주오(Send in Clowns)'는 여주인공이 지나간 사랑을 그리워하는 로맨틱하면서도 슬픈 곡인데 김연아의 동작 하나하나와 긴 손가락은 여주인공의 애절한 사랑을 표현하였다. 게다가 그녀가 입은 노란 의상은 주제의 비극적 아름다움을 상징할 뿐 아니라 김연아만이 소화할 수 있는 환상적인 색깔이었다.

프리 스케이팅 경기는 보지 못했다. 그 다음날 온통 신문과 TV에서는 가장 훌륭한 경기를 하고도 러시아 선수에게 금메달을 안긴 불공정한 심판에 대하여 대서특필하고 있었다. 심지어 해외 언론에서도 심판에 이의를 제기하였다. 피겨 스케이팅에 문외한인 내가 그녀에 대해 글을 쓰고 싶어진 것은 편파소동의 와중에 있으면서도 당사자인 김연아 선수가 보여준 반응이 너무나 초연하기 때문이다.

그녀는 냉정하고 의연했다. 들끓는 언론의 소란 속에서도 흥분하지 않았다.

어린 나이에 어떻게 그렇게 의연할 수 있을까? 그녀 나이 또래의 선수들은 잘못된 심판 점수에 울고불고 하며 억울함을 호소할 텐데 오히려 선수로서 최선의 기량을 보였기 때문에 후회가 없다고 방년 스물네 살의 처녀는 말했다. 일곱 살 때부터 시작하여 17년 동안 빙판 위에서만 살아온 김연아! 피나는 연습과 훈련을 거쳐 세계 정상에 오른 그녀! 아마도 그런 내공이 그녀의 내면까지도 성숙하게 만들지 않았을까 싶다.

그렇지 않다면 세상 사람들이 제기하는 불공정한 심판에 부화뇌동하여 다른 의미에서 언론의 주목을 받았을지도 모른다. 그녀의 침착하고 의연한 태도는 이런 소용돌이가 얼마 가지 않아서 세인의 이목에서 잊히리라는 사실을 이미 알고 있는 것은 아닐까?

모든 분야에서 정상에 올라가본 사람들은 안다.

언젠가는 정상에서 내려가야 한다는 사실을. 권력이나 명예 또는 재벌이 되어 사람들이 부러워하는 자리에 있었던 이들이 그것을 잃는 순간 사람들의 관심 밖으로 밀려나게 된다. 연예인이나 운동선수나 정상에 있던 사람들의 인기가 시들하게 되면 사람들의 관심은 바로 다른 흥미로운 사건이나 사람들에게로 옮겨간다. 그래서 인기 절정에 있던 스타들이 인기가 떨어지는 것이 두려워 공황장애로 시달린다는 고백을 심심치 않게 하는 것도 명성의 부침이 장마철의 날씨만큼이나 변덕스럽기 때문이다. 명성에 목을 매는 삶이야말로 스스로의 명줄을 갉아먹는 것이 아닐는지.

나이가 들어서 좋은 점은 무슨 일이든지 평상심을 유지할 수 있다는 점이다.

젊었을 때는 목숨 걸고 추구하였던 것들이 오래가지 않는다는 것을 경험으로 체득하였기 때문이다. 이런 부침의 곡선은 개인에게만 해당되는 것이 아니다. 기업체나 국가의 운명도 어느 순간 풍전등화처럼 변하는 것을 보고 듣게 되니 세상만사가 한 바탕 꿈이더라는 옛 사람들의 말을 실감한다.

젊었을 때는 무엇이든지 사생결단하는 열정으로 덤벼들었던 내가 나이를 먹어서 깨달은 것이 있다면 세상만사는 세월의 흐름에 따라 지나가고 잊힌다는 사실이다. 이런 지혜를 어린 나이에 체득한 김연아 선수야말로 진정한 챔피언이다.

(2013. 2)

재활의학과에서

지금 나는 생각하는 기능이 마비된 멘붕(멘탈붕괴) 상태이다.

어깨의 통증이 너무 심해서다. 누군가는 목과 어깨 통증을 애 낳는 산통에 비유하기도 했다지만 말로 설명하기도 어려울 정도로 아프다. 왜 통증은 밤에 더 많이 괴롭히는지 밤이 오는 게 두렵다. 아프면 만사가 귀찮게 마련이다. 매일 다니던 체육관에도 가기 싫고 사람 만나는 것도 귀찮다.

이렇게 통증이 심해진 것은 보름 전쯤이다. 지난 몇 년 동안 재활의학과에 다니며 통증 관리를 해왔는데 주사 맞고 온 지 일주일 뒤부터 견딜 수 없을 만큼 심해졌다. 진료 예약은 한 달 후인데 통증을 완화시키는 방법을 이 사람 저 사람 알려주는 대로 찾아다니기 시작했다. 원래 아프면 귀가 얇아진다지 않은가.

수락산역 근처 한의원에 가서 침 치료를 받기 시작했고, 경락 마사지가 제일 효과적이라는 권유에 따라 한 번에 5만원을 내고 받고 있다. 그리고 3만 원짜리 지압도 여러 차례 받았지만 통증이 줄어들기는커녕 머리끝까지 통증이 올라온 듯 참기가 힘들었다. 할 수 없이 지난 토요일에 의료원에 전화 걸어 진료하는지 확인하려 했으나 전화는 불통이었다.

이렇게 아프면 체면이고 인내고 안중에도 없어지나 보다.

월요일 아침 출근시간도 아닌데 담당의사에게 전화를 걸어 진료를 앞당겨달라고 애걸하였다. 개인적으로 잘 아는 의사라서 흔쾌하게 오라고 했지만 사실 체통을 지키고 싶어서 여태껏 견디어 온 것인데…. 서둘러 병원으로 달려 가보니 이미 대기실은 진료를 기다리는 사람들로 만원이다. 대개 내 또래의 남녀 노인 환자들이었다. 근・골격계의 통증으로 진료를 받으려는 그들의 얼굴은 모두 일그러져 있다. 금세 울음을 터트리고 싶은 걸 참는 그런 얼굴, 얼굴들이다. 나도 너무 서둘다보니 머리도 빗지 않아서 헝클어진 채였다.

누가 나이는 숫자에 불과하다고 하는가? 그런 말을 하는 사람들은 사기꾼들이다. 사랑 타령하는 사람들에게는 나이가 숫자에 불과할지 모르지만 칠십을 넘으면 그 말은 순전히 사기성 발언인 것 같다. 나에게도 나이보다 젊게 보인다고, 어떻게 피부를 관리하느냐고 아부성(?) 발언을 하는 사람들이 종종 있다. 아프지 않을 때는 그런 말에 은근히 기분이 좋아지면서 스스로 관리를 잘 해왔다고 어깨가 으쓱해지기도 한다.

그러나 평생을 괴롭혀온 목디스크와 퇴행성관절염, 그리고 어깨의 회전근개가 파열된 이후에는 젊게 살아왔다는 자부심이 깡그리 무너졌다. 아니 이쯤에서 이승에서 사라지는 것도 괜찮겠다는 죽음의 유혹을 받을 만큼 아프다. 아니, 안되지! 꽃보다 아름다운 어린 손자들을 더 보고 죽어야지 하며 고개를 설레설레 흔들며 자조의 한숨을 쉰 게 그 몇 번이었던가!

대기실에서 순번을 기다리는 동안 주변을 둘러보니 겉으로는 나보다 훨씬 더 아파보이는 환자들이 많았다. 휠체어에서 몸도 제대로 가누지 못하고 간병인의 도움을 받고 있거나, 뇌졸중의 후유증으로 걸음도 잘 걷지 못해 뒤뚱뒤뚱 보호자의 뒤를 따라가는 젊은 남자가 내 엄살(?)을 비웃는다.

진료실에서 만난 주치의는 지난번에 찍은 X-ray사진을 들여다보며 왜 그렇게 아픈지 수긍이 가지 않는 눈치다. 입원이라도 해서 정밀 진단을 받자는 남편의 말에 나는 여러 번 입원했던 기억이 떠올라 망설였다. 마침 근전도 검사는 가능하다는 의사의 권유에 따라 검사실로 갔다. 전기 자극과 바늘로 찔러서 신경의 이상 유무를 검사하는데 고문에 가까웠다. 오른쪽 손과 팔의 신경계에 이상이 생겼단다. 목과 어깨 통증에다가 손가락까지 자유롭지 못하게 되었으니 이러다가는 장애인이 되지 않을까 겁이 났다.

의사 앞에만 서면 작아지는 건 나만이 아니리라.

주사 맞는 대기실 침대 위에 쭈그리고 앉아 차례를 기다리는 나를 또 다는 내가 지켜본다. 많이 진행된 탈모에다 염색하는 시기가 훨씬 지나 백발이 성성한 나이든 여자에게 그 누가 곱게 늙어간다고 말해줄 것인가. 통증 때문에 심약해졌나? 나보다 앞선 환자들에게 주사 놓느라고 오지 않는 새파란 레지던트를 기다리며 노년의 일상에 좌절하는 내가 더 한심하다.

일주일 후에 다시 보자는 의사에 처방에 따라 수십 대의 진통제를 맞았다.

죽을병은 아니라고 스스로 자위하며 아파트 입구에 들어서니 "어, 여기가 우리 집 맞아?" 하고 순간 놀랐다. 기상관측이 시작된 이후 3월에 벚꽃이 핀 것은 처음이라는 호들갑이 사실이었다. 겨우내 우중충했던 아파트가 꽃무리에 싸여 환해져 있었다. 산수유와 벚꽃, 그리고 목련이 고고한 자태로 나를 측은하게 내려다본다. 아파서 정신없었던 지난 보름 사이에 봄은 조급증 환자처럼 순리에 앞서 내 앞에 나타나서 나를 놀린다.

나무와 꽃은 계절에 순응하여 싹을 틔우고 꽃을 피우고 열매를 맺고 겨울이 오면 죽은 듯 스러졌다가 봄이 오면 재생의 기쁨을 만끽한다. 자연의 섭리를 거스르지 않는다. 그런데 자연의 일부인 인간의 여정은 순환이 아니라 '생로병사'라는 기승전결만 있을 뿐이다. 내 인생의 여정은 전결 편인 '병'에 이르렀다. 아프지 않고 끝나는 방법이 있으면 좋겠다.

(2014. 3)

그래도… 제발

이건 현실이 아니야. 한 바탕 악몽을 꾼 거야.

차마 볼 수 없어 조바심이 나서 껐다 다시 켠 텔레비전에서는 여전히 침몰하는 배를 화면에 확대해 보여주며 비명 같은 앵커들의 목소리가 귀를 찢는다. 더 이상 사고 현장을 보기 힘들어 끄고 서재로 왔다. 내 눈에서는 여전히 눈물이 줄줄 흘러내린다. 오늘 아침 이렇게 눈물이 나는 건 나뿐만이 아니리라.

주방에 가서 식사 준비를 하다가 조바심이 나서 다시 컴퓨터를 켠다.

속보로 전해지는 비극적인 상황들이 나를 놓아주지 않는다. 참고 있던 눈물이 다시 쏟아진다. 어른들의 잘못으로 바다 밑에서 구조를 기다리는 수백 명의 어린 학생들과 자식들의 생환을 애타게 기다리는 가족들을 생각하면 가슴이 터질 것 같다. 아무것도 손에 잡히지 않아 그저 넋 놓고 울고 또 운다. 운다고 어린 생명들의 목숨을 건진다면 1년 열두 달이라도 울겠다.

어제 아침 진도 해상에서 대형 여객선이 침몰한다는 속보를 들을 때만 해도 이 정도의 대형 참사일 줄은 꿈에도 생각하지 못했다. 처음에는 제주도로 수학여행을 떠나는 안산고등학교 학생들 325명 전원이 구조되었다는 보도에 마음을 놓았다. 그러나 그것은 오보로 밝혀졌고 오후가 되면서 그 큰 배가 순식간에 침몰되고 그 안에 아직도 290여 명이 갇혀있다는 보도에는 아연실색하고 말았다. 이런 말도 안 되는 사고가 벌건 대낮에 어떻게 일어날 수가 있단 말인가. 그것도 아프리카도 아닌 21세기 첨단 장비가 즐비한 대한민국에서 가장 비통한 참사가 일어났단 말인가.

밤새 뒤척였다. 잊고 싶은데 잊히지 않아 새벽 5시에 일어나자마자 텔레비전을 켰다.

밤사이에 기적이 일어나기를 바랐는데 변한 게 없었다. 여전히 수많은 어린 학생들과 승객들이 차가운 바닷물 속에서 밤을 보냈다. 더구나 오늘의 진도 앞바다에는 비와 강풍이 예고되어 있어 구조 과정이 험난할 것이라는 보도이다. 도대체 왜 이런 재난이 일어나야만 했을까?

문득 20세기 초 영국의 호화유람선 타이타닉호가 빙하와 부딪혀 침몰된 사건이 생각난다. 영화로 만들어져서 디카프리오를 유명하게 만든 '타이타닉호'는 3년에 걸쳐 건조된 당시에는 46,000톤급의 최고 호화여객선이었다. 그 여객선을 설계하고 만든 기술자들은 배가 침몰하는 건 불가능하리라고 장담했다. 그런 배가

1912년 4월 12일 영국 Southampton에서 미국 뉴욕으로 처녀 항해를 떠났다. 배 안에는 소위 영국의 상류층 인사들이 승선했다. 그런데 그 배가 항해 도중에 빙하와 충돌하여 1,513명의 사상자를 내고 말았다. '세월호'와 '타이타닉호'의 차이점은? 타이타닉호의 선장은 승객들의 구조에 앞장서다가 익사했고 세월호의 선장은 맨 먼저 옷을 바꿔 입고 쥐새끼 마냥 도망치듯 그 배를 빠져나왔다.

타이타닉호의 침몰은 당시의 영국 사회에 큰 충격이었다.

20세기 초 세계의 경제와 과학 발전의 최첨단을 자랑하던 영국의 자존심이라고 할 여객선이 침몰하였기 때문이다. 그래서 유명한 소설가이며 시인이었던 토마스 하디(Thomas Hardy)는 '타이타닉호 침몰에 부치는 시'라는 부제를 붙인 「둘의 만남(The Convergence of the Twain」)이라는 시를 썼다. 아마도 그가 이 시를 썼을 때도 나와 같은 참담한 심정이었을 것이다. 어떤 이유로도 이 끔찍한 재난을 설명할 길이 없던 하디는 작가로서의 철학이었던 '내재의지(Immanent Will)'의 탓이라고 설명한다. 그가 주장한 '내재의지'는 우주를 지배하는 무의식적이고 비인간적인 세력, 혹은 운명을 말한다. 인간은 누구나 내재의지의 지배를 받고 있어 그의 시나 소설에 등장하는 인물들은 대부분 그들의 의지와 상관없이 불행한 삶으로 막을 내린다.

호화여객선은 인간의 과학과 오만과 허영의 산물이라고 진단한 하디는 인간이 '바닷물을 가르는 날개 지닌/ 이 물건을 만드는 동안/ 만물을 선동하고 휘모는 내재의지가/ 마련했다 — 무척이나 화려하게 큰 —/ 그 배의 불길한 배우자 —/ 얼음덩어리 하나를, 먼 훗날을 위해서…'라며 거역할 수 없는 운명의 힘에 굴복한 사건으로 마무리를 짓는다.

그러나… 그러나… 나는 하디의 시의 결말에 반기를 든다.

21세기 대한민국 진도에서 일어난 참사는 운명의 탓이 아니다. 이 비극적 참사는 국민, 아니 청소년들의 안전은 손톱의 때만큼도 배려하지 않은 어른들의 탐욕의 결과물이다. 그것도 아주 더럽고 치욕적인 인간의 이기심에서 비롯된 사고다. 복지부동에 안주하는 공무원들, 돈 벌기에만 눈이 먼 선주들, 서로의 이익 창출을 위해 결탁하여 줄 서기하는 관피아들, 그보다 더 참담한 것은 승객의 생명을 제일 우선으로 고려해야할 선장과 승무원들의 무책임하다 못해 뻔뻔한 보신주의가 수백 명의 어린 새싹을 수장시키고 말았다. 하나님! 이들의 만행을 용서하지 마십시오. 아니 우리 모두를 절대로 용서하지 마십시오!

나도 이들의 범죄행위에서 자유로울 수가 없다. 나도 주변에서 일어나고 있는 온갖 비리와 비정상적인 관행을 눈감고 적당히 타협하며 살아오지 않았는가? 우리 모두가 유구무언의 죄인들이다. 이런 집단적인 트라우마는 언제까지 계속될 것인가? 국민의 수치스러운 민낯이 세계에 여실이 공개되고 말았는데 우리는 어떻게 해야 하는가? 이대로 좌절하고만 있어야 하는가? 국민들이 절망의 밑바닥에서 헤어나 일상으로 복귀를 해야 하는데 아직은 어느 누구도 감히 소리 내어 말하지 못한다. 그냥 슬픔의 늪에서 허우적대고만 있다.

나는 아직도 믿고 싶다. 어느 순간에 기적처럼 민·관·군의 총집합체인 구조인력이 동원되어 바다 밑에서 구조의 손길을 기다리는 어린 생명들을 구조하고 있다는 뉴스가 터져 나오기를… 에밀리 디킨슨(Emily Dickinson)의 「희망은 날개 달린 것(Hope is the thing with feathers)」이라는 시에서 '희망은 영혼의 횃대에 앉은 날개 달린 것/ 소리 없는 곡조로 노래하며/ 결코 멈추지 않는 것'이라고 했으니 모두가 가장 힘든 이때 우리는 영혼의 횃대에 앉아 희망의 끈을 놓아서는 안 된다. (2014. 4)

체홉의 '귀여운 여인'처럼

직원들과 같이 점심을 먹고 6층 사무실로 올라와 사방으로 트인 창문을 내다보며 서성거린다. 낯선 탓이다. 출근한 지 겨우 보름째. 서성거리면서 어떻게 하면 내게 주어진 업무를 잘할 수 있을까? 어떻게 하면 이 학교를 독자경영 체제로 탈바꿈할 수 있을까? 인생 후반에 전혀 상상하지도 못했던 직책을 갑자기 맡게 되니 머릿속이 헝클어진 실타래 같이 복잡하다.

고희를 넘긴 나이에 재취업에 성공했다고 축하해주는 친구들은 나에게 일을 적당히 하라고 충고한다. 일을 맡으면 몰입을 하는 성격이다 보니 건강 해치지 말라는 선의의 충고인 줄 알고 있다. 나는 일을 좋아했고 마친 뒤의 성취감이 좋았다. 30대에 근무했던 학교에서는 국제 관계 업무를 맡았었다. 당시 그 학교는 외연을 넓히는 방법으로 외국대학들과의 자매결연을 많이 체결하였는데 나는 일요일도 없이 일에 매달렸다. 학교를 방문하는 대학 총장들이 많아서 하루도 쉬지 못했다. 5년 동안 내가 아니면 안 된다는 일념으로 몰두한 결과 상사의 전폭적인 신뢰를 얻게 되었지만 평생을 따라다니는 요통과 목디스크를 얻었다.

90년 대 말에 맡은 보직은 '외국어교육원' 원장이었다. 본래는 신입생들에게 영어 듣기를 가르치던 조용한 부서였다. 학생들은 듣기 시간에 부스에 오면 낮잠 자는 시간으로 이용하여서 그대로는 도저히 안 될 것 같아서 외국인들을 위한 한국어 교육 과정을 개설하였다. 이웃에 있는 KAIST나 KDI로 연수 오는 연수생들에게 오랫동안 한국어와 한국 문화를 강의한 경력이 있었기 때문에 이름도 '국제교육원'으로 바꾸었다.

때마침 '가을동화'라는 드라마로 인해 불기 시작한 한류의 영향으로 일본 학생들이 한국어를 배우러 몰려오기 시작하였다. 그 다음에는 중국 학생들이 물밀듯 몰려 와서 강의실이 모자라서 증축까지 했지만 그래도 모자라 캠퍼스의 빈 강의실을 찾아다니기 일쑤였다. 피곤할 줄도 몰랐다. 학생 수와 비례해서 수입과 홍보 효과 덕을 톡톡히 보았다. 방학 동안에는 더 바빠서 하루에도 몇 번씩 입교식과 수료식을 할 만큼 국적이 다양한 외국 학생들로 넘쳐났다. 정부 기관들에서도 연수생 교육을 위탁받아서 2002년에는 교육부 국제교류부문 평가에서 1위를 하기도 하였다. 외국 출장도 잦았다.

나는 마치 이 일을 위해서 태어난 것 같은 느낌이었다. 사람들의 인정을 받는 것도 기뻤지만 한국어를 배우기 위해서 동남아 국가들을 비롯하여 중앙아시아와 남미에서도 학교의 명성을 듣고 등록하는 학생들이 늘어나는 현상은 우리나라의 국제적 위상과도 비례한다는 자부심 때문이었다.

그러나 이런 생활이 7년 동안 계속되니까 심신에 과부하가 걸렸다. 하루하루의 일과가 힘들어지고 도망가고 싶은 생각만 들었다. 그 무렵 나는 퇴근 후에 연구실에 돌아와 벽에 붙여 놓은 이형기 시인의 「낙화」를 읽으며 떠날 마음의 준비를 했다.

가야할 때가 언제인가를
분명히 알고 가는 이의
뒷모습은 얼마나 아름다운가.

봄 한 철
격정을 인내한
나의 사랑은 지고 있다.

분분한 낙화…
결별이 이룩하는 축복에 싸여
지금은 가야 할 때.

돌이켜보면 치열하게 살아온 날들이다. 일이 주어지면 마치 그것이 내 운명인 것처럼 매달렸다. 그리고 원하던 결과를 얻었을 때 느끼는 희열을 즐겼다. 젊은 날에는 열정이 무기여서 무엇을 맡아도 두렵지 않았다. 그런데 고희를 넘긴 나이에 중책을 맡았으니 잠이 오지 않을 만큼 걱정이 된다. 젊음을 불태우던 시절은 지나갔고 체력의 한계는 분명히 있을 것이다.

집무실에서 계속 서성이다가 서가에 꽂힌 책들에게 시선이 멈추었다. 세계 단편집을 꺼내 페이지가 접힌 곳을 펴보니 안톤 체홉의 「귀여운 여인」이다. 내가 좋아하는 단편이다. 올렌카라는 여주인공은 누구를 사랑하지 않고는 견디지 못하는 여자였다. 그녀가 처음에 사랑에 빠진 남자는 야외극장 감독이었다. 그와 결혼한 올렌카는 오로지 연극만 생각했다. 그녀가 사람들과 대화할 때면 왜 사람들이 연극을 보지 않는지와 날씨에 대한 얘기만 들었다. 그런데 그 남편이 죽고 말았다.

그녀의 두 번째 남편은 목재상이었다. 그와 사는 동안에는 목재상의 생각이 곧 올렌카의 생각이었다. 그 목재상도 독감에 걸려 죽고 나자 그녀는 세상이 끝난 것처럼 두문불출한다. 다시 그녀 앞에 늙은 수의사가 나타난다. 그녀의 집에 세 들어 사는 남자였다. 그는 부인이 있었기 때문에 그와 결혼하지 않았지만 사람들은 그녀의 대화를 통해 그와의 관계를 짐작했다. 왜냐하면 그녀 입에서는 항상 가축관리에 관한 얘기만 나왔기 때문이다.

그가 시베리아로 떠나자 그녀의 인생도 끝이 난 듯했다. 검은 옷에 대문 빗장을 닫아걸고 사람들과의 교류를 끊고 몸은 살아 있으되 죽은 듯한 생활을 이어갔다. 그러던 중 떠났던 수의사가 부인과 아들을 데리고 돌아왔다. 올렌카는 어린 소년 '샤사'에게 온통 마음을 빼앗긴다. 젊은 날의 미모가 사라진 늙은 올렌카는 소년에게 온 정성을 기울이고 소년의 일거수일투족이 그녀의 관심사가 된다. 소년의 생각이 그녀의 생각이 되고 소년의 숙제를 함께 하고 잠자리에 들 때도 소년과 함께 기도한다. 체홉은 "그녀에게 필요한 것은 식어가는 피를 데워줄 뜨거운 사랑이었다."라고 소설의 끝을 맺고 있다.

내가 젊은 날 이 단편을 읽었을 때는 '무슨 여자가 이렇게 헤퍼? 그렇게도 남자가 좋을까? 어떻게 자기 생각이 없을 수 있단 말인가?'라고 생각하며 그녀를 경멸하였다. 그런데 퇴직하고 나서 다시 읽었을 때는 이 세상에서 가장 아름다운 여자라는 생각이 들었다. 「귀여운 여인」은 그저 사내를 좋아하는 바람기 많은 여자를 의미하는 것이 아니라 사람이나 일이나 자신의 영혼을 바쳐 사랑하고 몰입하는 여인을 상징하는 것 같기 때문이다. 사랑에 빠지면 자신의 생각조차 없어지지 않는가.

노년에 이르러 깨달은 것은 인간의 존재 이유는 사랑이다. 그 대상이 사람이건 일이건 열정을 태울 때 삶의 가치가 있다. 6층에서 오가는 사람들을 내려다보면서 저들은 지금 누구를, 무엇을 얼마나 사랑하고 열중하고 있을까를 생각한다. 그리고 올렌카처럼 맡은 일을 사랑하며 열심히 하고 싶다는 생각이 든다. 아무리 나이가 많아도 최선을 다한 다음에 '결별이 이룩하는 축복에 싸여' 사라지는 뒷모습이 아름다운 사람으로 기억되고 싶다.

(2014. 9)

아듀! 가을아

부드러운 햇살이 유리창으로 들어오는 오후 문득 낙엽과 대화할 시간도 없이 가을이 저만치 가버리고 있다는 생각이 들었다. 부랴부랴 점퍼를 입고 밖으로 나섰다. 오후에 비가 내리고 다음 주부터는 추위가 시작된다는 일기예보에 마음이 바빠졌다.

지난 9월부터는 생활 패턴이 바뀌어 매일 습관적으로 하던 중랑천 산책을 못하고 있다. 조그만 대학의 운영을 맡아 아침마다 출근을 하게 된 탓이다. 저녁에 퇴근하고 집에 오면 피곤해서 그냥 침대에 널브러지고 만다. 저녁 식사도 딸네 집에 가서 얻어먹기 일쑤다.

내가 다니는 산책 코스는 아파트에서 나와 체육관을 지나 성북구와 동대문구의 경계를 지나간다. 양쪽에는 구민들을 위한 운동기구가 드문드문 줄지어 있다. 구청에서 조경을 잘 해 놓아서 봄이면 철쭉과 라일락, 이팝나무 꽃들이 아름답게 피어 눈을 즐겁게 해준다. 꽃들이 지고 나면 여름부터 가을까지 각종 나무들마다 잎사

귀 모양이 다르고 열매도 다르고 낙엽의 색깔도 다르다. 그래서 늘 다니는 산책로지만 심심하지 않다. 산책을 하지 못하는 사이에 나뭇잎들이 거의 다 떨어져서 발등을 덮는다.

추운 겨울 집에 웅크리고 있다가 봄이 기지개를 켜면 반가운 연인이라도 만나는 설렘으로 산책을 나왔을 때 터져 나오는 새순을 보며 감동의 전율이 온몸에 퍼지던 때가 엊그제 같은데 어느새 그 나뭇잎들이 떨어지고 있다. 그들은 여름과 가을을 거쳐 겨울을 향해 자신의 사명을 다했다는 듯이 옷을 훌훌 벗고 있다. 금년은 일조량이 많아 그 어느 때보다 단풍이 고왔다는데 그 고운 색깔을 음미할 마음의 여유가 없어서 아쉽기만 하다.

구름다리를 내려와 이화교 쪽으로 걷는다. 양쪽에 열병하는 군인들처럼 나란히 늘어서 있던 억새들이 이제는 제각기 몸을 비틀고 있다. 머리는 산발한 여인처럼 풀어헤치고 영양 과잉으로 키가 웃자란 억새는 제 몸무게에 눌려 땅에 드러누워 있고 적당한 키로 자란 억새는 단정한 매무새로 바람을 맞는다. 사람도 마찬가지다. 자기 분수에 맞게 살아온 사람들은 마지막까지 단정한 자세로 죽음을 맞지만 권력과 명예욕으로 노욕에 물든 사람들의 말로는 별로 아름답지 못하다.

코스모스가 흐드러졌던 꽃밭도 다 시들어 몇 송이만 바람에 쏠린다. 나는 발길을 돌려 이화교에서 월릉교 쪽으로 향한다. 이 산책길은 중랑천 바로 옆에 지그재그로 만들어져서 양쪽에는 여러 가지 종류의 억새들이 자라서 사람들이 좋아한다. 색깔들도, 크기도 다른 풀들이 모두 제 임무를 다 한 뒤의 허탈감을 몸으로 표현하듯이 땅에 눕거나 뒤엉켜 있다. 천천히 그 사이를 걸으며 나는 엄숙한 마음으로 그들과 이별 의식을 한다. 봄부터 가을까지 그들의 성장을 지켜보기를 좋아했었지. 계절에 따라 몸치장을 하고 사람들의 눈을 즐겁게 해주었던 그들에게서 자연의 순명을 배웠다. 오만하지도 않고, 주어진 운명을 겸허히 수용하고 태양의 입맞춤과 바람의 구애를 온몸에 받고 이제 겨울의 품으로 돌아가려 하는 그들에게 감사의 인사를 한다.

문득 낭만주의 천재 시인 키츠의 「가을에게」라는 시가 생각난다. 26세에 요절한 그는 정식으로 문학교육을 받은 적이 없다. 그럼에도 불구하고 그의 시에는 시각, 청각, 미각, 촉각 등의 이미지 등을 합성한 공감각적 이미저리(synesthesia)가 가장 잘 표현되고 있다. 「가을에게」라는 시의 마지막 3연에는 가을에서 겨울로 가는 늦가을의 특징이 잘 나타나고 있다.

봄의 노래는 어디 있는가? 아, 어디 있는가?
봄의 노래를 생각하지 말라, 너도 너만의 음악이 있거늘,
그루터기만 남은 밭을 장밋빛 노을이 물들인다.
작은 각다귀들은 강가 버드나무에서 구슬프게 울다가
부드러운 바람이 불면 하늘로 솟았다가 잦아들면 내려앉는다.
살찐 양들이 언덕 위에서 큰소리로 울고
귀뚜라미도 노래한다. 그리고 때로는 홍방울새가 부드럽게
떨리는 음조로 경계가 그어진 언덕에서 휘파람을 분다.
그리고 한 떼의 제비들이 하늘에서 지저귄다.

이 시를 읽을 때면 불현듯 어린 시절 뛰어놀았던 시골의 개울가 풍경이 떠오른다. 집에서 멀지 않은 곳에 개울이 있었는데 그 너머로 넓은 논이 펼쳐져 있었다. 개울가에는 동네 아주머니들의 빨래 두드리는 방망이 소리가 났다. 나는 친구들과 개울가 잡초와 미루나무 사이를 헤집고 다니며 누렇게 익은 논에서 메뚜기를 잡기도 했지만 친구들에 비해 잘 잡지 못했다. 나는 메뚜기 잡는 일보다는 개울가에 앉아서 돌멩이를 집어 던지며 혼자 놀았다. 개울물 소리에 귀 기울이다 파랗다 못해 검푸른 바다 같은 하늘을 보면 새들이 떼 지어 날아가고 미루나무에서는 귀뚜라미가 울었다.

키츠의 「가을에게」는 살아있는 생물들의 오케스트라 합창이다. 화음이 조화를 이룬 자연의 합창이다. 그러나 21세기에 살고 있는 나는 가을의 합창을 듣지 못하고 있다. 오히려 중랑천을 사이에 두고 뻗어 있는 동부간선도로를 질주하는 차들의 소음만이 내 귀청을 두드린다. 그래도 나는 오늘 오후 2014년 가을과의 작별을 위해 이곳에 나온 것이 행복하다.

내년 봄까지는 다시 보지 못할 산책로의 친구들! 한 살이 더 늘어 칠십 중반이 되는 내년에도 변함없이 자연의 친구들의 부활을 기쁜 마음으로 관찰할 수 있을는지….

억새여, 야생화여, 그리고 이름 모를 잡초여, 안녕!

(2014. 11)

쌍둥이 외손녀 채원과 예원에게

2007년 7월 13일 너희들이 우리 품에 들어왔다. 내 딸 유진이, 아니 네 엄마가 자연 임신이 안 되어서 많은 불임 여성들이 거쳐야 하는 숱한 검사와 실패의 과정 끝에 인공수정으로 너희들이 세상에 태어난 것은 내게는 기적에 가까웠다.

네 엄마는 이 할미 생일 저녁에 임신했다는 엄청난 소식을 전해주었다. 아! 네 엄마의 기나긴 고행이 끝났구나. 마침내 나도 할머니가 되는구나하는 생각이 들자 눈물이 핑 돌았다. 얼마나 고맙고 대견한 선물인가.

네 엄마는 입덧이 그리 심한 편이 아니었다. 나는 학교 일로 바빴지만 태중에 있는 너희들을 위해서 딸이 먹고 싶어 하는 음식을 많이 만들어주었다.

너희들의 태명을 별이와 하늘이라고 지었다. 6개월이 넘자 배 속에서 태동을 느꼈는데 하늘이는 사내처럼 힘차고 별이는 계집애처럼 꼬물꼬물 논다는구나. 8개월이 넘어 하늘이는 자꾸 자라는데 별이가 자궁에서 더 이상 자라지 않는다고 담당 주치의가 걱정을 했다. 37주도 채우지 못하고 제왕절개 수술날짜가 잡혔을 때 우리 모두는 기도하는 마음이었다. 별이가 자궁 안에서 1.5kg밖에 안 된다니 어떡하나?

수술 하루 전에 너희들 엄마는 제일병원에 입원을 했다.

수술날짜에 맞추어 출장에서 돌아온 너희들 아빠 임태형은 산모를 위해 정성을 다 해 보살펴주어서 나는 수술당일 아침 7시에 택시를 타고 갔단다. 택시타고 가면서도 부처님에게 마음속으로 기도를 했다. 제발 무사히 출산하게 도와주십사고.

원래는 8시에 수술시간이 잡혔었는데 9시로 연기되고 다시 10시로. 우리는 긴장한 나머지 숨이 막힐 지경이었다. 간호사 말로는 채원이가 체중이 너무 미달이어서 소아과 담당 의사를 대기시키기 위해 지연이 된다는 것이었다. 마침내 산모가 10시에 수술실로 들어갔다.

외할아버지와 너희들 아빠와 나는 대기실에 앉아 기다렸다. 대기실 전광판에는 산모들이 준비하고 출산대기하고 분만하는 시간들이 빨간 불빛으로 나타나고 있었다. 34년 전에 너희들 엄마를 낳은 내게 산부인과 병동의 최신식 시설이 낯설고 신기했다.

대기실에 있던 다른 가족들은 딸 혹은 며느리가 출산했다는 전광판의 불빛을 보면 환호를 지르고 분만실 앞으로 달려 나갔다.

마침내 10시 34분 정유진 전광판에 빨간 불이 켜졌다.

"정유진씨 보호자 오세요."라고 분만실 앞에서 간호사가 불렀다.

우리는 정신없이 뛰어갔다. "둘 다 공주입니다. 큰아기는 10시 34분, 둘째 아기는 10시 35분에 태어났습니다. 그리고 각각 1.58kg, 3.04kg입니다. 저체중인 아기는 바로 집중치료실로, 다른 아기는 신생아실로 보냈으니 가보세요."라고 담당 간호사가 말했다.

요즘 유행하는 말로 딸 둘을 낳으면 금메달이고, 아들과 딸을 낳으면 은메달감이고, 아들만 둘 낳으면 목메달감이라고들 한다. 내 딸 유진이는 금메달을 따고 엄마라는 월계관을 쓰게 되었다. 그러나 기쁨도 잠시. 별이는 태어나자마자 집중치료실로 직행하여 얼굴도 볼 수 없었고 하늘이도 호흡이 정상적이 아니라서 산소 호흡기를 써야한다고 했다. 우리는 신생아실 앞에서 서성대다가 카트에 담겨있는 하늘이를 간호사에게 부탁해서 잠깐 동안 상면을 했다.

가슴이 뭉클하고 눈물이 솟았다. 지금도 그 감동을 어떻게 표현해야할지 이 할미는 모르겠다.

별이 1.58kg, 하늘이가 3.04kg의 체중을 갖고 태어났지만 모두 무사히 우리들 품에 안긴 것을 감사했다.

모유수유를 결심한 네 엄마는 힘겹지만 열심히 유축기로 젖을 짜고 네 아빠가 인큐베이터에 있는 별이에게 갖다 먹였다. 간호사들은 별이가 저체중이지만 집중치료실에 있는 영아들 중에 가장 활발하고 식욕이 좋다고 했다.

7월 16일 마침내 하늘이를 내 품에 안아보았다. 조그만 보물이 내 가슴에서 꿈틀거렸다. 나는 휴대폰에 하늘이의 모습을 몇 커트 담고 바탕 화면으로 깔았다. 그리고 하루에도 몇 차례씩 전화기를 꺼내 사진을 들여다보곤 했다.

나도 어쩔 수 없는 '손녀 바보'가 되어가고 있다는 사실에 웃음이 난다.

7월 19일 하늘이는 일주일 만에 퇴원하는 엄마와 같이 위생병원 산후조리원으로 갔다. 비가 부슬부슬 오는데 택시 안에서 강보에 싸인 아기를 안고 오는데 세상이 달라보였다. 세상이 온통 소중한 것으로 충만한 느낌이었다. 조리원에서는 오후 4시 이후에는 마음껏 아기를 볼 수 있었다.

머리가 까맣고 하얀 피부의 하늘이는 네 엄마 유진이의 갓난아기 모습이었다.

하늘이가 엄마 젖을 물고 있는 모습이 마냥 신기했다. 내 눈에는 아직도 어린애로 보이는 딸이 아기에게 젖을 물린 게 실감이 나지 않더구나.

7월 27일 31도가 넘는 폭염 속에 하늘이의 BCG접종을 위해 네 식구가 출동했다. 할아버지가 운전하고 나는 아기를 안고 10시 30분까지 제일병원에 갔다. 소아과에서는 많은 아기들이 있었다. 그 곳에 있는 아기들은 모두 축복받은 출생이었다. 너도 나도 제 자식, 제 손자가 제일 귀한 존재라고 확신하는 듯이 만면에 긍지와 기쁨이 가득하였다. 저출산과 산모의 고령화를 걱정하는 이 나라에서 천사 같은 아기들이 부모들의 사랑을 먹으며 자라나고 있다는 것은 감동스러웠다.

예순여섯 살인 이 할미는 하늘이를 안고 있으면 어깨와 허리는 많이 아파왔다. 그런데도 내려놓기가 싫었다. 8월 1일 마침내 하늘이와 산모가 조리원에서 나왔다.

외할머니인 나의 일거리가 태산이었다. 이 더위에 산모에게 무엇을 먹이고 어떻게 조리시켜야 하나? 양지를 사서 미역국을 끓이고 샐러드, 부추전 등을 만드느라고 더위에 지치기도 했다.

8월 2일 별이의 체중이 1.85kg인데도 데려가라는 통보를 받고 네 아빠가 가서 데리고 왔다. 열대야로 어른들도 지칠 대로 지친 날이었는데 어떻게 아기를 돌보아야 하는지 걱정이 태산이었다. 오후 6시에 별이가 집에 도착했다. 어머나! 너무 작아서 안아줄 수도 없이 작은 아기였다. 하늘이 체중의 반 밖에 안 되었다.

별이는 환경이 바뀌어서인지 밤새 한잠도 안자고 울었다. 아빠가 아기를 안고 밤을 꼬박 샜다. 다음날 네 엄마가 인터넷을 통해 부랴부랴 육아도우미를 구했다. 다행히 전문적으로 갓난아기만 돌보는 도우미 아주머니가 3주 동안 있기로 하고 왔다. 최태주 아주머니였다.

도우미 아주머니는 신생아 돌보는데 아주 능숙하였다. 신생아 집중치료실에 오래 있었던 아기는 그곳의 여러 가지 기계 소리에 노출되어 있어서 한동안은 극도로 민감하다는 것이었다. 아주머니는 별이를 잘 다루어서 거의 안고 지내다시피 했다.

마침내 너희들 아빠가 별이와 하늘이의 이름을 지어왔다. 채원(菜圓)과 예원(例圓).

작명가에 의하면 채원이는 명예와 재물 운이 상승하고 인간관계가 원만하여 상생기운이 가득 차게 되는 귀한 이름이라고 한다. 세계적으로 역할을 기대해도 되며 인문계 성향이라고 한다. 그리고 예원이는 유엔이나 세계에서 유명해지는 기운을 가진 인물로 진취적으로 발전하게 되며 주변에서 도와주는 인간관계를 형성하리란다. 해외 활동을 하면 더 큰 발전이 가능하다고. 믿고 맡겨주면 어떤 상황에서도 강한 의지로 일을 성취해가면 끊임없이 도전하는 이름이라고 한다. 작명가의 풀이를 다 믿을 것은 못 되지만 이 할미는 마음에 쏙 드는 이름이어서 기뻤다.

금년은 유난히 비가 자주 그리고 많이 왔다.

아기들은 다행히 염려하던 땀띠가 나지 않았다. 그러나 습도가 높아서 온도 조절하는 게 조심스러웠는데 그만 쌍둥이들이 감기가 들고 말았다. 8월 14일 오전 10시 외할아버지가 운전하고 공릉동에 있는 매디케어 소아과에 아기들을 데리고 갔다. 그 어린 것들의 목에서 피를 뽑는 광경을 차마 볼 수가 없었다. 예원이가 더 서럽게 울어서 나도 울었단다.

그 사이 너희들은 체중이 많이 늘었다. 채원이는 2.4kg, 예원이는 5kg.

도우미 아주머니가 몸살이 나서 집으로 갔고 다른 도우미가 왔는데 도무지 서툴러서 애들 아빠가 못마땅해 하였다. 할 수 없이 그녀를 보내고 8월 15일 출장을 떠나야 하는 아빠가 채원이를 밤새 보살폈다. 채원이는 너무 예민해서 '예민 아씨'라는 별명을 지었단다. 왜냐하면 조그만 소리에도 화들짝 놀라서 아기 보기가 힘들었다. 모유를 짜서 젖병에 담아 먹이는 데도 잘 빨지 못해 자면서 먹었다. 시간도 30분 이상이 걸렸다.

8월 16일 이마트에 가서 아기 여름 7부 내의를 사다주었다. 보기에도 시원했다.

그날 착각이었을까. 예원이가 나와 눈을 맞추고 방긋 웃었다. 이제는 하루라도 아기들을 안보면 안될 만큼 이 할미는 너희들에게 중독이 되었단다. 저녁밥을 먹자마자 할아버지가 식사를 끝내기도 전에 미친 듯이 달려간다. 그리고 너희들 하루의 일상을 듣고 목욕하는 것을 지켜본단다. 아! 얼마나 귀엽고 소중한 아기들인지! 목욕하고 난 뒤 깎은 밤처럼 오목조목한 입, 코, 눈, 그리고 장난감 같은 손과 발을 어루만지노라면 조물주의 신비스러운 창조에 목이 멜 지경이란다. 기분이 좋으면 손발을 허우적거리면서 놀다가 잠투정을 시작하는 너희들!

예원이는 좀처럼 울지를 않는다. 배가 고프면 아! 하고 한숨 토하듯 하는 게 전부인 반면 채원이는 한 성질 한다고 제 어미가 놀릴 만큼 참을성이 없어서 배가 고프면 금세 자지러질듯 울었다. 같이 태어났는데도 생김새와 성격이 너무도 판이하게 달라서 신기하다.

8월 24일 최태주 도우미 아주머니가 계약기간이 다 되어서 떠나게 되었다.

다른 도우미를 면접하였고 조선족 아주머니가 25일 오기로 되었다. 최태주 아주머니는 진심으로 채원이를 사랑하는 것 같았다. 어떻게 하든지 많이 먹이려했고 보채면 잠들 때까지 안고 있었다. 도우미 비용이 만만치 않게 비쌌지만 그런 모습을 보면 아무나 육아도우미 하는 것이 아니라는 생각이 들었다.

8월 25일 조선족 도우미 아주머니가 왔다. 그녀가 한국에 온 이후 두 집에서 신생아만 돌보는 일을 해서 마음이 놓였다. 매일 저녁이면 아기들을 보러가는데 날마다 변화가 있는 것을 느낀다. 예원이는 정말 눈을 맞추고 웃기 시작했고 채원이도 점점 안정감을 갖고 오래 자는 것 같았다. 쌍둥이들을 모두 모유로 키우려는 딸이 대견하면서도 안쓰럽다. 모유가 많이 나오게 하기 위해 족발즙을 주문하였다. 먹기가 역해도 코를 막고 억지로 참고 먹는 것은 엄마이기 때문에 가능하리라.

9월 1일 도우미 아주머니는 주말이면 하루 휴가를 주기로 계약이 되었단다.

결혼식에 참석했다가 부랴부랴 딸네 집으로 4시까지 갔다.

애기를, 그것도 쌍둥이들을 키운다는 게 얼마나 어려운지를 몸소 체험한 날이다.

딸은 쌍둥이들과 아기들 돌보느라고 한숨도 자지 못했다. 예원에게 젖을 물리거나 채원에게는 젖병에 넣어 먹이느라고 잘 틈이 없었다. 나는 어깨와 허리가 너무 아파서 밤 12시에 신음소리가 절로 났다.

설핏 잠이 들었다가 새벽에 깼다. 그런데도 눈이 십리쯤 들어간 것처럼 피곤한데 딸은 여전히 아기들을 돌보는데 여념이 없었다.

아기 낳기 전에는 체중도 48kg에 팔다리가 너무 가늘어서 쉽게 피곤해하던 딸애가 불평 한마디 없이 밤을 새워 아기들과 씨름하는 것을 보니 과연 엄마는 위대하다는 생각이 들었다. 내가 억지로 잠을 자게 해서 두 시간쯤 잤을까.

아기들과의 전쟁체험을 하고 녹초가 된 나는 오후 5시가 되어 돌아온 도우미에게 맡기고 집으로 도망을 왔다.

예원이의 잠버릇은 점차 안정을 찾아갔다. 잠투정이 심해서 초저녁에는 보챘지만 밤 10시쯤 젖을 충분히 먹이고 재우면 새벽 4시까지 깨지 않고 깊이 자게 되었다. 반면에 채원이는 여전히 잠자는 것이 불규칙해서 예측을 할 수 없었다. 어떤 날에는 잘 자는데 또 어떤 날은 새벽 2시까지 안으라고 보챘다.

10월이 되자 예원이의 옹알이가 나를 점점 더 아기들에게 애착을 갖게 하였다.

처음에는 방긋 웃었지만 내가 어르면 반응을 보이는 정도가 날이 갈수록 늘어가서 소리까지 지르고 어른의 움직임에 따라 시선을 사방으로 돌려 관심을 보이기 시작하였다. 10월 19일 예원이가 두 번째 초음파를 찍으러 제일병원에 다녀왔다.

체중이 6.5kg이라고 한다. 채원이도 5.8kg이 되어 이제는 안으면 제법 묵직하다.

백일잔치

10월 20일 쌍둥이 손녀의 백일을 앞두고 애들 어미는 생각이 많아졌다.

우선 아기들의 손과 발을 핸드 프린팅해서 액자를 만들어 걸었다.

그리고 인터넷의 육아 사이트에서 백일 이벤트를 어떻게 하는지 정보를 얻어서 본인도 그렇게 하겠다고 마음을 먹었다. 처음에는 백일 떡만 만들겠다고 하더니 무엇이든지 다 해주고 싶은 모양이다. 게다가 할아버지가 여수에서 손녀딸들을 보러 오신단다. 아빠인 태형이도 두 달 만에 출장에서 돌아왔다.

풍선과 고깔모자, 무명실 등을 주문했고 내게는 음식 장만을 의뢰하였다.

우선 수수경단과 백일 떡을 주문했다. 그리고 미역국, 삼색나물, 삼색전, 삼색 과일, 잡채를 준비하였다.

백일 아침 때 이른 추위가 찾아왔다. 서울 기온이 3도로 뚝 떨어지고 찬바람이 불었다. 동이 트기 전에 어미는 밥과 미역국, 그리고 나물을 상에 올리고 삼신할머니에게 감사의 기도를 드렸다. 내 딸이 이런 의식을 한다는 사실이 믿어지지 않았다. 역시 자식을 둔 엄마들은 무슨 일이든지 하게 되는 모양이다.

어떻게 얻게 된 아기들인가. 우리 집에 사는 재미를 안겨준 활력소가 된 천사들이 아닌가. 정말 고맙다. 채원아! 예원아!

점심에 할아버지가 오시고 저녁에는 큰아버지와 사촌인 준영과

선경이 왔다. 외할아버지와 외삼촌도 참석해서 쌍둥이를 위한 행사(?)가 거창하게 열렸다.

가족들의 가장 큰 숙제는 아기들을 울리지 않고 사진을 찍는 것이었다.

예원이는 평소처럼 잠투정을 하느라고 보챘고 채원이는 그림처럼 가만히 있었다. 채원이는 목을 가누었고 예원이는 아직 잘 가누지 못해 한쪽으로 기울어졌다. 그러나 공갈젖꼭지를 물려서 울지 않고 사진을 찍었다.

어른들은 모두 깔깔 웃으면서 박수를 쳤다.

내년 2월 정년퇴임을 앞두고 자못 쓸쓸했을지도 모를 이 할미의 생활에 활력소가 되어준 너희들이 얼마나 고마운지 모른다. 하루가 다르게 변하는 너희들을 지켜보면서 내가 직접 낳은 딸과 아들을 키울 때는 바쁜 일상에 쫓기느라고 미처 느끼지 못했던 아기들의 성장과정을 찬찬히 살펴볼 수가 있어서 내 마음도 젊어지는 것 같다. 너희들의 웃음, 옹알이, 심지어 응가하는 모습도 사랑스럽다.

백일을 지나고 천사처럼 잠든 너희들을 보니 문득 할미가 좋아하는 시인의 시가 생각이 나는구나. 이 할미는 대학에서 영시를 가르쳤단다. 너희들이 커서 대학생이 된 모습을 볼 수 있을까. 그때 쯤 너희들이 이 할미가 남긴 글을 읽으면서 너희들을 위한 기도를 대신하여 예이츠(W.B. Yeats)가 자신의 딸을 위해 쓴 「딸을 위한 기도(A Prayer for My Daughter)」의 마지막 연을 쓰련다.

And may her bridegroom bring her to a house
Where all's accustomed, ceremonious;
For arrogance and hatred are the wares
Peddled in the thoroughfares.
How but in custom and in ceremony
Are innocence and beauty born?
Ceremony's a name for the rich horn,
And custom for the spreading laurel tree.

그리고 나는 이 애의 신랑이, 이 애를 만사가 관습화되고
의식화된 집으로 데려가 주기를 바란다.
왜냐하면, 오만과 증오는
거리에서 팔리는 상품이니.
관습과 의식에서가 아니고서
어떻게 순수와 미가 생겨나겠는가.
의식은 풍요한 보각의 별명이고
관습은 가지 뻗은 월계수의 별명이다.

내용이 너무 어렵지? 어서 자라서 너희들 스스로 영시를 읽으며 감상하는 날을 상상하는 것만으로도 이 할미는 행복하구나. 이 시는 예이츠가 52세에 결혼하여 얻은 첫딸 앤(Ann)이 요람에서 잠들고 있는 모습을 보며 장래를 염려하는 동시에 기도하는 자상한 부정을 드러낸 시란다.

그는 딸이 미인이 되기보다는 예절 바르고 고결하고 친절하고

전통적인 여성의 미덕을 갖추어주기를 바란다. 딸이 교만하고 사람들을 증오하고 고집스럽지 않기를 기도한다.

나는 너희들 엄마가 바로 예이츠가 기도하였던 여성의 덕목을 갖추었다고 생각한다. 항상 친절하고 타인을 배려하고 사랑을 할 줄 하는 여성이 바로 내 딸 유진이다. 무엇보다도 너희들 아빠, 엄마가 서로 진심으로 아끼고 사랑하는 모습이 너무 아름다워서 때로는 눈물이 날 만큼 고맙단다.

사랑하는 쌍둥이 손녀들아! 너희들은 진정으로 축복받은 출생이었다는 사실을 잊지 말거라. 어른이 되어 살아가노라면 힘들고 괴로운 일이 생기게 마련이다. 그럴 때마다 너희들이 얼마나 사랑을 받고 자랐는지 잊지 않도록 네 엄마는 성장앨범을 만들고 있단다. 이 할미가 언젠가 이 세상에서 사라지더라도 이 기록을 읽고 힘들 때면 용기를 얻고 자신의 행복을 남에게도 전해주는 사랑스럽고 활발한 여성으로 자라기를 소망한다.

하늘만큼 땅만큼 사랑하는 나의 둥이들아!

2007년 12월

외할머니가

4.

인연으로

내 인생 설계사

- 조영식 총장

2012년 2월 18일 경희학원의 큰 별이 졌다.

경희대학교를 설립하여 명문 사학으로 발전시킨 조영식 총장님(내게는 학원장이 아니라 영원한 총장님이시다)께서 별세하셨다. 캠퍼스에 어두움이 드리워진 느낌이다. 갑자기 고립무원의 세상에 버려진 천애 고아가 된 듯하다. 지난 40여 년간 조영식 총장님과의 인연의 고리들이 주마등처럼 스친다.

1964년 경희대학교에 입학하여 총장님과 가까이 대면한 것은 2학년 때 임간교실이었다. 입시장학생으로 입학한 나는 100여명의 장학생들과 같이 당시 미국의 소리 방송에 근무하던 황재경 목사를 초청하여 강연을 들었는데 그 자리에 젊고 잘생긴 총장님이 참석하셨다. 29세에 신흥대학을 인수하여 종합대학으로 승격시키면서 인재를 발굴하기 위해 당시로서는 파격적인 특대생제도를 도입하여 우수한 학생들에게는 등록금 면제를 포함하여 매달 일정액의 생활비를 지원하였다. 그리고 장학사(여학생들에게는 개방되지 않았지만)를 교내에 두어 특대생들의 숙식을 도왔다.

나는 1968년 2월 전체수석으로 졸업했다. 수석 졸업생은 대개 자매대학으로 유학 가는 것이 관례였지만 나는 집안 형편 때문에 유학을 떠나지 못하고 초등학교와 여자 중고등학교에서 영어를 가르치고 있었다. 1970년 2월 총장 비서실에서 외국담당 비서를 구한다고 지도 교수인 박용주 선생님이 나를 추천하였다. 본래 그 자리는 영어에 능통한 남자 직원이 근무했던 곳이라 총장님은 결혼까지 한 여직원을 탐탁하게 생각하지 않으셨지만 적임자를 찾지 못해 내게 면접의 기회가 왔다.

3월 2일 면접 날 찾아간 비서실은 총장님 면회를 기다리는 사람들로 장터처럼 복잡했다. 몇 시간이나 기다린 끝에 총장님 면접을 했는데 그냥 인사만 하고 나왔다. 왜 나를 채용하셨는지는 잘 모르겠으나 박 교수는 내가 아이를 낳을 수 없다는 부연 설명을 했다고 나중에 말해 주었다. 이튿날부터 비서실 근무를 시작했다. 영어 원서를 닥치는 대로 읽고 미국집 도우미를 하면서 익힌 영어회화는 외국인들과의 소통에는 무리가 없었지만 막상 총장님을 대신해서 편지를 쓴다는 사실은 엄청난 부담이었다. 범 무서운 줄 모르고 호랑이 굴에 뛰어든 격이었다.

내가 사용한 타이프라이터는 올리베티(olivetti)라는 낡은 기기였다.

키보드가 얼마나 빡빡했는지, 그리고 타이프를 놓은 책상이 너무 높아 조금만 쳐도 어깨와 목이 아파왔다. 총장님 존함으로 나가는 편지에 오타가 생기면 안 되고 수정 액이 없어서 지우개로 지우면 표가 나기 때문에 편지 한 장을 치는데 대여섯 번은 다시 치곤했다. 그래도 신이 났다. 매일 새로운 것을 배운다는 뿌듯함이 있어 정신없이 일에 몰두하였다. 외국 방문객이 오게 되면 김포 공항가지 마중을 나가고, 안내하는 일도 내 몫이었다. 토요일도 일요일도 없이 동원되어도 나는 즐거웠다. 총장님은 숙련된 비서는 아니지만 무조건 열심히 하는 내가 마음에 드셨는지 수시로 격려해 주셔서 힘든 줄을 몰랐다.

1970년 3월 2일부터 벨기에로 유학을 떠난 1975년 9월 말까지 5년 6개월 동안 비서실에서 근무하면서 총장님과 희로애락을 같이 했다. 총장님은 퇴근 시간이 없는 일 중독증자(workholic)여서 저녁 약속이 없는 한 늦게까지 집무를 해서 비서실 직원들은 개인적인 약속을 잡을 수가 없었다. 특히 여름 방학 때 정적만이 감도는 거대한 캠퍼스 본관에서 선풍기 하나로 버티어야 하는 고역은 견디기 힘들었다.

당시 학교는 의료원을 비롯하여 많은 건축과 조경공사가 진행되고 있었다.

고황산 밑 허허벌판에 가건물을 짓고 개교한 이래 총장님 마음에는 학교 청사진이 구체적으로 그려져 있었다. 건물은 짓지 않고 등용문만 커다랗게 세워 사람들의 비웃음을 사기도 하셨고 빈 터에 교화인 목련을 비롯하여 진달래와 벚나무들을 심고 경희금강을 돌로 쌓아 만드는 등 경희 학원을 공원처럼 만드는데 정력과 시간을 바치셨다. 그래서 7, 80년대에는 서울 시내에서 창경원(창경궁) 못지않게 상춘객들이 몰려와 캠퍼스가 몸살을 앓곤 했다. 인공호수에는 폭포가 떨어지고 팔뚝만한 잉어들이 튀어 올랐다. 캠퍼스 요소요소에는 아름다운 조각상을 만들어 세웠다. 총장님은 아름다운 자연환경이야말로 학생들의 인성교육의 단초라고 생각했다.

한 달에 한 번 본관 앞에서 열린 민주시민특강 시간에 총장님은 '교육은 인생 최대의 지고(至高)하고 지난(至難)한 예술 활동'임을 강조하며 한국의 지도자상은 '창의적(creative)이고 상상력이 풍부하고(imaginative) 지성적(intellectual)이고 능동적(dynamic)인 인간이다. 이것이 경희맨십인 동시에 한국의 새로운 인간상'임을 천명하였다. 실력보다 인성을, 재능보다 화합을 강조하여 현실에 안주하기보다 도전하는 젊은이를, 개인의 이익보다 인류의 보편적 가치를 추구하는 인재 양성이 그분의 교육 목표였다.

본교 출신 류시화(본명 안재찬) 시인이 밝힌 일화에서 총장님의 교육관이 드러난다. 류 시인은 개교 60주년을 기념하여 경희문인회에서 발간한 『내 사랑 목련화』에 기고한 글에서 본인이 신춘문예 준비를 하느라고 성적 미달로 낙제를 하게 되자 총장 면담을 요청했지만 거절당했다고 한다. 어느 날 총장님 보좌관이었던 내가 우연히 사무실 앞에서 그를 만나 이유를 물었더니 총장님을 만나기 위해 며칠 동안 총장실 앞에서 서성거렸다고 했다. 1학년 때 그에게 교양영어를 가르쳐서 사무실에도 몇 번 왔을 때 나는 그의 더

부룩한 머리와 남루한 옷차림을 나무라기도 했었다.

내가 비서실에 부탁하여 류 시인은 점심 식사를 하려던 총장님을 뵙게 되었다.

노숙자처럼 꾀죄죄한 몰골로 들어간 그가 장학금이 없으면 학교를 다닐 수 없다는 얘기를 하자 총장님은 그에게 불쑥 이렇게 물었다고 한다. "글을 쓴다고 하니 묻겠네만, 인간이 무엇이라고 생각하나?" 그 문제를 고민하기 위해서 대학에 다닌다고 대답했더니 다른 것은 아무것도 묻지도, 훈계하지도 않고 선뜻 승낙을 하시며 그 자리에서 교무처장에게 지시를 하셨단다.

총장님의 직관과 집중력은 직원들을 자주 놀라게 했다. 하루 종일 집무하고 퇴근하다가 본관 계단을 내려오며 손가락으로 대리석 벽을 만지며 여기 금이 갔구나 하시거나 천장에 그려진 그림을 올려다보며 저기 저 그림이 떴구나 하시면 영락없이 하자가 발생한 것이다. 그리고 본관 앞 숲을 한 바퀴 주-욱 돌아보며 저 소나무가 죽고 있구나 하면 관리과 직원들이 혼비백산하기도 하였다. 교직원들이 간과하는 사소한 것들까지 꿰뚫고 있는 총장님을 모두가 두려워했다.

관심 분야도 다양했다. 골프를 배우기 시작하여 1년 만에 싱글이 되셨고 사냥도 잘 했다. 출퇴근 하는 차 안에서는 영어 단어를 빼곡하게 적은 노트를 펼쳐 공부를 하셨다. 그리고 지금은 유명한 가곡이 된 '목련화'의 노랫말도 당시에 작사를 하셨다. 1970년대 초 삼복더위가 기승을 부리던 여름날 늦은 오후였다. 방학 중인 캠퍼스는 정적에 쌓여있는데 비서실에는 낡은 선풍기 한 대가 더위와 씨름하고 더위에 지친 우리는 퇴근시간을 훌쩍 넘기고도 귀가하지 않으시는 총장님을 원망하며 각자의 시간을 죽이고 있었다.

그때 총장실에서 음악대학 김동진 교수의 노래 소리가 흘러나왔다. 총장님이 쓴 시를 작곡해서 들려드리고 있었던 것이다. 총장님이 우리에게도 집무실에서 같이 듣자고 하셔서 그날 온 국민의 애창곡이 된 '목련화'를 최초로 듣는 행운을 가졌다. 지금도 목련화를 들으면 그 시절의 총장님의 얼굴이 떠오른다. 그 노래를 듣고 또 들으며 흡족해하시던 그 표정! 단아한 풍채와 잔잔한 미소, 그리고 조용한 음성이 귓가에 맴돈다. '추운 겨울 헤치고 온 봄길잡이 목련화는 새 시대의 선구자요 배달의 얼이로다'는 총장님의 일생을 요약한 것이라는 생각이 든다.

당신을 위해서는 돈을 쓸 줄 모르는 분이기도 했다. 양복의 소매 깃이 낡아 실밥이 보일 때까지 새 양복을 거부하였고 구두도 뒤축이 닳을 때까지 신으셨다. 자택은 고옥이었다. 응접실의 천장 한 쪽이 무너질 듯이 내려앉아 있었고 안방에 들어가 총장님의 결재를 기다리는데 개미들이 노란 장판 위를 일렬 종대로 행진하는 것을 보고 기겁을 했다. 사모님은 아무렇지도 않은 듯이 목재가 너무 낡아 벌레가 많은 것이라고 웃었다.

낡은 것은 집안 구석구석에서 발견되었다. 언젠가는 비서실 직원이 총장님이 즐겨 들으시는 라디오가 너무 오래되어 소음이 심한데도 바꾸지 않는다고 해서 몰래 교체했고, 자택 책상 의자의 스프링이 주저앉아 방석을 다섯 개쯤 깔고 쓰신다고 해서 당신의 생신 선물이라고 겨우 설득해서 바꾸었다. 2002년인가 남동생이 당시 제일모직 사장으로 있을 때 양복 티켓 하나를 드렸더니 안 교수 마음만 받겠다고 극구 사양하셨다. 이 정도면 총장님의 결벽증 정도를 가늠할 수 있을 것이다. 그런데 학교에 투자하는 것은 그 반대였다고 한다. 사모님 오정명 여사에 의하면 당신이 곗돈을 타는 사실을 알게 되면 학교 재단에 보태달라고 졸랐다는 것이다.

총장님은 내가 국제담당 비서로 근무하기 전부터 대학의 국제화에 관심이 많았다.

국내 다른 어느 대학보다 먼저 외국대학들과 자매결연을 체결하여 학생들을 유학 보내고 있었다. 미국의 Fairleigh Dickinson University, Long Island University를 비롯하여 대만, 일본의 대학들과 교류하고 있었다. 나의 업무는 주로 대학 총장들과의 협력 관계를 구축하는 일이었다. 총장님은 필리핀의 마카파갈 전 대통령, 미국의 Fairleigh Dickinson University총장, 영국의 Oxford 대학 총장들과 함께 발기인이 되어 설립한 세계대학총장회의(IAUP: International Association of University Presidents)의 2차 대회를 1968년 서울에서 개최하였다.

내가 근무하던 당시에는 3차 IAUP회의 개최지를 물색하느라고 일 년에도 몇 차례 해외여행을 하였다. 마침 튜니지아(Tunisia) 정부에서 유치를 희망하여 나는 눈코 뜰 새 없이 총장님의 지시에 따라 대학 총장들에게 회람을 보내야 했다. 회의 개최가 얼마 남지 않은 시기에 튜니지아 내란 때문에 취소한다는 통고를 받고 나는 주저앉아 울고 말았다. 총장님도 너무 낙심하여 한동안 말문이 막혔다.

나는 1975년 9월 비서실 근무를 중단하고 총장님 추천으로 자매교인 벨기에 루벤대학(Katholieke Universiteit Leuven)으로 유학을 떠났다. 사실 그 전에 필리핀으로 유학을 떠나고 싶었는데 총장님의 만류로 포기했었다. 루벤대학은 770여년의 역사를 가진 유럽의 명문대학이었다. 영어가 공용어가 아닌데도 그곳으로 유학을 간 것은 그 대학의 총장이신 드조머(De Somer) 박사와 총장님과의 각별한 친분과 장학 조건이 파격적이었기 때문이었다. 등록금 면제뿐만 아니라 숙소와 가족 수당까지 나왔다. 총장님 큰 아드님 내외와 민준기 교수 내외 등 세 가족이 같이 떠난 유학이었다. 나는 석사학위를 이미 취득하였지만 다시 석사 과정에 등록하여 전공과목을 수강하는 빽빽한 일정을 소화하였다. 학교에서는 영어가 통용되었으나 일상생활은 언어 때문에 긴장의 연속이었다. 그러나 네델란드어(Flemish) 기초 과정을 수료하고 난 뒤에는 어느 정도 적응이 되어 1977년 6월 석사학위를 끝내고 박사과정을 시작해도 좋다는 지도 교수의 허락을 받았다. 그런데 루벤에 오신 총장님이 다짜고짜로 나의 귀국을 종용하셨다. IAUP 5차 회의가 1978년 8월 이란 샤한샤 국왕의 주최로 개최되는데 준비가 거의 안 되고 있다는 것이었다. 내 후임으로 있던 직원이 일 년마다 경질되어서 준비에 차

질이 생겨 마음이 급해진 것이었다. 나는 거절할 수가 없었다. 솔직하게 말하면 공부하는데 지치기도 하였다. 모든 에너지가 고갈된 상태에서 총장님의 귀국 명령(?)이 고맙기까지 하여 두말 않고 동의하였다.

그분은 이미 교육과 세계평화의 구현이라는 대 명제를 각국 총장들과 함께 논의하고 해외여행 중이 아니면 바쁜 틈을 내어 「오토피아(Oughtopia)」를 집필하고 국내에서 전개하였던 잘살기 운동을 발전시킨 국내외를 망라한 밝은 사회운동(GCS: Global Cooperation Society)을 전개하고 있었다. 공부에 관한 한 그분의 집념이나 배려는 타의 추종을 불허하였다.

일본 식민지 시대에 공부하시고 일본으로 유학하신 분이라서 영어 공부할 기회가 없으셨는데도 독학으로 국제회의에 나가 스피치는 물론 회의 주재를 영어로 하실 정도였다. 총장님은 내가 쓴 편지를 수정하실 때에는 문법을 잘 모르실텐데도 정성들여 쓴 편지에는 빨간 볼펜으로 고친 흔적이 적고 대충 쓴 편지에는 고친 흔적이 훨씬 많았다. 직감으로 좋은 문장과 잘못 쓴 문장의 차이를 알아냈다. 국제회의에 나가 스피치하게 되면 원어민에게 녹음시킨 테이프를 며칠이고 들으면서 발음과 억양을 익히셨다. 놀라운 집중력이었다.

본인만 공부하는 것을 좋아하는 게 아니라 공부 잘 하는 사람들을 좋아하셨다.

업무에 치여 사는 내게 먼저 석사학위 과정에 등록시키셨고, 벨기에에서 귀국하여 둘째 아이 낳고 1978년 이란에서 개최될 4차 IAUP총회준비에 눈코 뜰 새 없는데 또 박사 과정에 등록할 것을 종용하였다. 너무 벅차서 사양했더니 앞으로 10년 후에는 박사 학위가 없으면 교수되기가 힘들 거라면서 거듭 채근을 하셨다. 몸이 열 개라도 모자랄 정도였다. 두 아이의 엄마로서, 국제회의를 준비해야하는 보좌관으로서, 학생들을 가르치는 교수로서, 그리고 박사 과정을 들어야하는 학생으로서 건강에 무리가 생기지 않을 수가 없었다. 그 후로 10여 년 동안은 목과 허리 디스크로 입・퇴원을 반복하였다.

1980년 8월 전두환 정권에 밉보인 총장님은 강제 퇴임하게 되었다. 출근도 못하고 자택에 머물러 있던 총장님은 의연했다. 오히려 당신이 심혈을 기울여 이끌어온 IAUP차기 회의 준비에 박차를 가했다. 그것이 내 업무였기 때문에 자주 명륜동 자택에 들려 업무 지시를 받았다. 모시는 입장인 나도 견디기 힘든 시기였는데 당사자인 총장님의 태연자약한 모습에 어떻게 저러실 수가 있을까 하고 당혹스럽기도 했다. 때로는 당돌하게 진언하기도 했다. 제발 고개를 숙여 바람을 피하면 안 되냐고, 그리고 현실과 타협하시라고. 그러면 총장님은 고개를 가로 저으며 옳지 않은 길은 가지 말아야 한다고 '삼정행(三正行・正知, 正判, 正行)'을 강조하셨다.

1981년 6월 코스타리카 산호세에서 개최되는 6차 IAUP총회에 총장님을 수행하였다. 미국 여행이 처음이어서 들뜨기도 했지만 회의 준비에 심신이 지쳐 여행을 즐길 마음의 여유가 없었고 총장님도 하와이에 사흘이나 체류했는데도 호텔 방에서 스피치를 고치고 또 고치느라고 바깥에 나가시지도 않았다. 회의 장소는 코스타리카 산호세에 있는 '까리아리' 호텔이었다. 개회식에는 카라조(Carazo) 대통령도 참석하였고 총장님은 '교육을 통한 세계평화의 구현'이라는 주제로 기조연설을 하였다. 이 연설에서 그는 세계평화의 날 제정을 발의하여 만장일치로 통과시켰고 마침내 그해 유엔총회에서 '세계평화의 날'이 제정되는 쾌거를 이루었다.

총장님은 폐회식에서 IAUP발기인으로서 10여 년간 회장직을 맡아 700여 회원을 가진 순수한 대학 총 학장들의 단체로 발전시킨 총장님의 헌신적인 노력과 공로를 치하하여 세계평화 대상을 받으셨다. 수상 소감을 말하기 전에 부인 오정명 여사를 단상으로 불러서 "내자의 도움으로 주어진 소임을 무사히 마칠 수 있었다."고 여러 사람들에게 소개하였다. 한국인으로서는 좀처럼 하기 힘든 매너여서 무척 인상 깊었다.

또 한 가지 잊을 수 없는 기억은 해발 3,432미터의 이라즈 화산에 올라갔던 것이다. 짙은 안개가 싸늘한 대기에 실려 파도처럼 밀려오던 화산은 생물이 지구상에 자라기 이전 태초의 지구 모습 같았다. 깊이를 가늠할 길 없는 웅덩이와 용암이 덮인 황량한 벌판과 태고의 침묵을 통해 인간은 그의 유한함과 동시에 겸허함을 배워야 할 것 같았다.

교수가 된 이후 처음으로 1988년 1월 연구년을 얻어 자매학교인 미국의 리노(Reno)에 있는 네바다 주립대학교로 출국하기 전에 인사차 자택을 방문하였을 때 총장님은 뜬금없이 출국 날짜를 늦추라고 하셨다. 예약해서 어렵겠다고 했지만 총장님은 무조건 연기하라셨다. 고집부릴 수가 없었다. 며칠 후 전체교수회의에서 투표를 거쳐 총장으로 추대되었다. 그제야 출국을 연기시킨 이유를 알게 되었다. 1980년 8월 전두환 정권의 압력으로 총장직에서 퇴진당한 이후 당신과 함께 마음고생이 심했었는데 당신의 총장 복귀 현장을 보고 떠나라는 의미에서 출국 일자를 늦추라고 하신 것이었다. 총장님의 배려에 눈물이 났다.

1980년 이후 평화복지대학원을 설립하여 세계 평화 교육 프로그램을 순수 영어로만 진행하는 등록금 전액 면제로 석사 과정을 만드셨고, '정신적으로 아름답고, 물질적으로 풍요롭고, 인간적으로 보람있는 GCS(Global Cooperation Society)'운동을 국내외로 전개하였다. 저서를 쓰고, 해외여행도 일 년에 몇 차례 다니며 당신의 사상을 해외에 보급하기에 바빴다. 연세가 여든을 넘기고는 더 조급증이 생긴 것 같았다. 퇴근시간이 저녁 8시를 넘기기가 일쑤라고 제자인 비서들이 불평을 하곤 했다. 가끔 인사가서 좀 쉬시라고 하면 쉴 시간이 어디 있느냐고 시간이 너무 아깝다고 오히려 나의 나태함을 나무라는 듯이 말씀하였다.

1999년이었던가. 개교 50주년을 기념하여 교무위원과 교직원, 학생 간부들이 모두 북한산행을 하였다. 총장님이 선두에서 걸었다. 무릎이 시원찮은 나는 대동문에 주저앉아 하산할 계획이었다. 그런데 총장님께서는 당신이 서울로 피난 와서 처음 올려다본 인수봉인데 한 번도 올라가본 적이 없으니 같이 가자고 하셨다. 동료들이 잡아끌고 밀어주어 올라가긴 했는데 내려오는 것을 엄두가 나지 않았다. 총장님은 그 연세에 지팡이도 잡지 않고 먼저 내려가셔서 여교수들이 내려올 때까지 길목에서 기다리고 계셨다. 다른 사람들도 총장님 때문에 하산을 못하고 있었다. 그런 모습이 꼭 아버지같이 자상하셨다. 산에서 내려오니 잔칫상이 마련되어 있었지만 교수들은 총장님이 어려워서 앞에 놓인 술잔을 입에 대지 못하고 있었다. 총장님 옆에 앉은 나는 총장님에게 "총장님, 저 소주 마셔도 되지요?" 하고 동의를 구하고 많은 교수들과 같이 총장님 앞에서 소주를 마셨다. 이처럼 편하게 처신할 수 있었던 것은 오랜 세월 동안 옆에서 모신 총장님과의 신뢰 때문이 아니었을까.

당신의 비서를 뽑을 때면 내게 의뢰를 하셨다. 강의실에서만 일주일에 한두 번 만나는 학생들을 잘 모르니 다른 분에게 부탁하시라고 극구 사양한 적도 있었지만 "아니야, 그래도 안 교수가 인도스(endorse)해야 내가 쓰지." 하시는 것이었다. 그래서 본의 아니게 비서실 공장장이라는 직함(?)을 갖기도 했다.

2003년 겨울이었다. 우연히 들린 비서실에서 총장님은 내게 자랑스러운 표정으로 당신의 뇌를 찍은 사진을 보여주셨다. 흰 부분이 거의 없는 꽉 찬 게 젊은이 못지않다는 의사의 소견이란다. 이러니 내가 더 많이 일해야 되지 않겠냐? 그리고 2월 말인가 당시 외교부장관이던 반기문 전 유엔 사무총장과 저녁 약속을 하셨다며 나를 초대하셨다. 반 총장은 70년 초부터 외교부에서 총장님의 국제관계 일을 간접적으로 지원해온 나의 오랜 친구인데 알제리 방문을 앞두고 계신 총장님께서 반 총장에게 부탁할 일이 있어서 만난 것이다.

경희학원은 유치원부터 대학원까지 있는 교육기관이기 때문에 항상 크고 작은 사건은 있게 마련이다. 당시에도 졸업생이 자택 앞에서 일인 시위를 벌리고 있다는 소문이 있었다. 그날 나는 지금도 후회되는 말씀을 들렸다.

"왜 총장님 곁에는 도움이 되지 않는 사람들이 그렇게 많습니까?"

"안 교수, 내가 고용총장이라면 얼마든지 정리할 수 있지만 나는 설립자가 아니냐? 아직까지 내 손으로 누구를 내보낸 적이 없다."

나는 간접적으로 총장님 옆에 아첨만 하고 제대로 일을 하지 않는 사람이 많다는 뜻으로 말씀드린 거였다. 누구든지 그렇겠지만 총장님도 쓴 소리보다 듣기 좋은 말만하는 사람들을 좋아하시고 연세가 들수록 판단력이 흐려지는 것 같아 내 딴에는 충정으로 드린 말씀이었다. 그런 말씀을 드릴 자격이 있었는지, 왜 그렇게 당돌하게 말씀을 드렸는지 지금은 송구스럽다. 왜냐하면 그런 일이 있은 지 두 달 만에 쓰러지셨기 때문이다. 당신의 건강에 자신을 갖고 무리하게 일만 하지 않았어도, 알제리 여행을 떠나지만 않았어도 지금까지 건강한 노년을 누리실 수 있었을 텐데….

2004년 4월 18일 삼봉리에서 뇌졸중으로 쓰러진 총장님은 그날 밤 수술을 받으셨다.

면회도 금지된 상태에서 몇 달이 흘렀다. 중환자실에서의 총장님은 전설적인 인물이 되었다. 고통스러울 텐데도 고함을 치거나 불평하지 않고 간호사들에게 고맙다고 고개를 끄덕이며 웃어주셨단다. 나도 여름이 되어서야 휠체어를 타신 총장님을 만날 수 있었다. 근엄하던 표정은 간 데 없고 어린애같이 자주 웃고 밝아진 모습이 낯설었다. 너무나 버겁고 막중한 업무에서 해방된 때문일까. 공관에서 물리치료를 받고 당신을 모시는 간호사들과 물리치료사들과 농담도 잘 하신다는 것이었다.

보직 때문에 찾으실 때에 못가면 "안 교수가 바람났냐?"고 하기도 하고 내가 회갑이 지났다고 하면 "아니 누구 허락을 받고 벌써 회갑을 하냐?"라고 전 같으면 상상도 못 하는 말씀을 해서 좌중을 웃긴다고 했다. 그해 10월 말이었다. 삼봉리에 같이 가자는 전갈을 받고 동행하였다. 도착해서 쉬시는 동안에 나는 배가 고파 먼저 점심을 먹었는데도 나를 곁에 불러 앉히고는 서툰 젓가락질로 갈비를 집어 억지로 내 입에 넣어주시던 총장님께서 불쑥 이렇게 말씀을 하셨다.

"안 교수, 너 이름을 바꿔라."

"네?"

"안영수를 조영수로 바꾸면 어때?"

총장님의 농담에 모두 웃음을 터트렸다. 겉으로는 웃었지만 속으로는 권위와 자존심으로 똘똘 뭉치셨던 분이 병환으로 천진난만한 어린애처럼 달라진 모습이 슬펐다. 그리고 3개월 뒤 12월 24일 뇌졸중이 재발하여 수술을 받으셨고 그 이후로는 말씀도 못하시고 누워만 계셨다. 어쩌다 문병을 가면 눈물이 앞을 가렸다. 그렇게 투병하시다가 2012년 2월 18일 운명을 달리 하셨다.

당신의 개인적인 편안한 삶을 멀리 하시고 그렇게 많은 분야에 관심을 갖고 촌각을 아끼면서 이 나라의 교육 발전과 인재 양성에 평생을 바치신 총장님은 그곳에 가셔서도 쉬지 않고 일을 하실 것 같다. 그러나 당신이 배출한 많은 제자들이 여러 분야에서 국가 발전에 기여할 수 있게 만들어주신 공덕은 아무리 칭송해도 모자랄 듯하다. 그리고 이 깊은 상실감과 절절한 그리움은 나만의 것은 아니겠지만 내 인생 전체를 설계해주신 그분의 은혜는 말로는 다 표현할 길이 없다.

인간적인, 너무도 인간적인

- 박용주 교수

> 1964년 당시 저는 4학년 복학생 아저씨였습니다. '우리 학과 신입생 중에 실력도 대단하고 인기도 대단한 여학생이 있다더라.' 대관절 누가 우리 학과에 들어왔기에 이렇게들 법석인가? 그런데 어느 날은 박용주 선생님이 또, '너희들 정신 차려서 공부들 해.' '왜요?' '후배들 실력이 대단해.' '누군데 그렇게 대단합니까?' '안영수라고 여학생 하나 있어.'

위의 글은 대학 선배인 박태화 교수가 나의 정년퇴임을 축하하는 자리에 오셔서 한 축사의 한 부분이다. 선배님 말씀이 과장되어도 한참 과장되었지만 대학에 입학하자마자 나를 스타(?)로 만들어주신 분이 박용주 선생님이다. 나는 전교 3% 안에 드는 고등학생들 중에 장학생을 뽑는 수시 입학시험에 응시했었는데 영문과 지원자들에게는 영어면접을 하였다. 미국인 가정에서 익힌 회화를 구사한 나에게 면접관들이 후한 점수를 주셨고, 유학에서 갓 돌아와 학생들 사이에서 인기 충천이었던 박용주 선생님이 선배들에게 소문을 내셨던 것이다.

1960년대는 여자들은 고등학교를 졸업하면 대개 2, 3년 신부수업을 하다가 결혼을 하였다. 그 나이가 스물서너 살인데 나는 그 나이에 대학에 진학하였다. 너무도 오고 싶은 대학이어서 나는 공부 이외에는 관심이 없었다. 내 딴에는 산전수전 다 겪은 노처녀라고 생각하며 긴 생머리를 뒤로 묶어 올리고 까까머리 남학생들이 기피하는 강의실 앞자리에 앉아 비장한 각오를 하고 볼펜을 손에 불끈 쥐고 교수를 기다렸다. 왜냐하면 당시에는 교수님들이 교재가 없이 강의를 하는 경우가 많아서 필기가 불가피했기 때문이다.

박용주 선생님의 영어강독 첫 시간이었다.

사자의 갈기처럼 곱실곱실한 머리를 한 젊은 미남이 강의실에 들어오셨다.

얼굴은 희고 좀 큰 편이었다. 다른 엄숙한 표정의 교수들과는 달리 선생님은 눈웃음을 띠고 학생들을 쭉 훑어보았다. 그분의 눈웃음은 학생들 사이에서 트레이드마크가 되었다는 사실을 후에 알았다. 그러더니 선생님은 책을 펴지 않고 당신의 유학 시절의 에피소드를 말씀하기 시작하였다. 크리스마스 날 미국인 가정에 초대를 받아 갔었다. 며칠 제대로 먹지 못해 실컷 얻어먹자는 생각으로 기대를 잔뜩 하고 갔는데 식탁에 음식을 차려놓더니 안주인이 전쟁으로 폐허가 된 한국에서 온 가난한 유학생에게 갑자기 한국말로 하는 기도를 듣고 싶다고 청하면서 온 가족이 두 손을 잡고 고개를 숙이더란다. 선생님은 그때까지 교회 문턱에도 가보지 않았기 때문에 안주인의 기도초대에 세상이 노랗게 보였단다. 그러나 선생님의 순발력은 그때 발휘되었다. 자기도 모르는 사이에 김소월의 「나보기가 역겨워」라는 시를 읊조렸다는 것이다.

"나보기가 역겨워 가실 때에는/ 말없이 고이 보내드리오리다/ 영변에 약산 진달래꽃 아름 따다 가실 길에 뿌리오리다. 나보기가 역겨워 가실 때에는 죽어도 아니 눈물 흘리오리다. 아멘."

숨죽이며 듣던 신입생들이 모두 자지러졌다. 그렇게 선생님은 단번에 학생들과의 거리를 없앴다. 남녀 학생들 사이에 인기 톱이었다. 권위의식을 찾아볼 수 없이 편하게 학생들을 대해주셨다. 공부하라고 다그치지도 않으셨고 날씨가 좋은 봄, 가을이 되면 당신이 먼저 야외수업하자고 학생들을 꼬드겨 노천극장의 계단이나 잔디밭에 앉아 책을 밀쳐두고 높은 하늘을 올려다보거나 울긋불긋한 교정의 나무들을 바라보면서 당신 특유의 농담으로 학생들을 웃기셨다.

강의 중에 학생들이 지루해하면 당신이 겪은 6·25전쟁 경험을 들려주셨다.

인민군에서 도망 나와 부산 피난 시절에 너무 배가 고파 군인들이 쓰는 철모에 밥을 얻어 꽁꽁 언 밥을 먹었다든가, 부산 부둣가에서 노동을 했던 이야기 등 고통스러웠던 당신의 경험을 위트와 해학을 섞어 말씀하는 바람에 고생담이라기보다 무용담 같아서 들는 우리는 동정심보다는 그냥 재미가 있었다.

선생님은 학교에서 교무과장을 맡고 있어서 무척 바빴다. 언제부터인가 나는 선생님이 가르치는 과목의 중간고사와 기말고사의 채점을 도맡아 하게 되었다. 더구나 나는 학교 앞에 있는 선생님 자택과 가까운 곳에서 자취를 하였기 때문에 댁에도 드나들며 어린애들과 놀아주기도 하였다. 사모님과 선생님의 장모님도 나를 반겨주셨고 맛있는 음식을 하면 일부러 오라고 사람을 보내기도 하셨다. 추석이나 설날이면 장학사에 기거하던 가난한 특대생들을 불러 귀한 불고기와 잡채와 고깃국으로 대접을 하였다.

선생님은 영문과 학생들에게 형이고 오빠였다. 항상 격의 없이 대해 주셨기 때문에 개인적인 문제가 생기면 제일 먼저 그분에게 달려가 상의를 하였다. 4학년 때였다. 내 남동생이 밤에 과외 지도를 하고 돌아오던 길에 당시에는 황량한 석탄 공장 지대였던 석관동에서 깡패들에게 몰매를 맞았다. 밤새 끙끙 앓고 있는 동생이 아무래도 큰 탈이 난 것 같아 다음날 성바오르 병원에 갔더니 내출혈이라고 했다. 눈앞이 캄캄했다. 시골에 계신 엄마에게 연락해야 졸도만 하실 테고 돈 구할 방법이 없었다. 무작정 선생님이 계시는 교무과로 찾아가 울며 말했다. 선생님은 두 말 없이 캐비닛에서 돈을 꺼내 당장 입원을 시키라고 하셨다.

1960년대의 대학 졸업생들의 취업난은 극심했다. 영문과 졸업생들에게 제일 좋은 직장은 은행원이거나 교사였다. 선생님은 졸업생들의 취업을 위해서는 물불을 안 가렸다. 추천서를 써주시는 것부터 시작하여 직접 현장을 방문하여 부탁하기를 주저하지 않으셨다. 선생님의 친화력에 대부분 동화되어 힘든 일이 쉽게 해결되는 경우가 많았다. 병설학교에 영문과 졸업생들을 추천해서 선배들이 이미 자리를 잡고 있었다.

졸업 후 미국 유학을 계획했었던 나는 동대문 중학교 영어교사로 발령이 났지만 은근히 경희여중에 남기를 바라고 있었다. 그러나 뜻대로 되지 않자 선생님은 나를 현대- 빈넬에 타이피스트로 추천하였다. 나는 타이프 실력도 없었지만 도저히 적성에 맞지 않아 며칠 만에 그만두고 경희초등학교와 여자중·고등학교 영어강사로 밥벌이를 했다. 결혼까지 한 상태였던 나는 좌절된 꿈 때문이었는지 우울증에 시달렸다.

1970년 2월 어느 날 선생님이 호출했다. 총장 비서실에서 외국담당 비서를 찾고 있는데 지원해보라는 것이었다. 내 능력으로는 벅찬 자리였다. 우선 총장님의 영어 서신을 써야했고, 외국에서 방문하는 손님들을 안내하는 등 영어에 능통한 남자가 적격인 자리였다. 오랫동안 구해도 마땅한 사람이 없으니 너라도 지원해보라면서 여자라는 핸디캡이 문제라는 것이었다. 더구나 나는 기혼이 아닌가. 내 자격과 여자라는 사실을 문제 삼으셨던 총장님께 내가 아이를 낳지 못하는 여자라고 설득을 해서 마침내 면접을 하게 되었다.

나는 능력이 부족했지만 도전해보고 싶었다. 비정규직인데다가 안일하고 변화 없는 교직에서 탈출하고 싶었던 것이다. 무모한 도전인 줄 알면서도 겁이 났다. 그러나 선생님은 내가 할 수 있다면서, 어려운 일이 생기면 당신이 도와주시겠다면서 나의 등을 떠밀었다. 이런 선생님의 추천이 없었다면 오늘의 내가 없었으리라. 비서실 근무가 나의 운명을 바꾸어 놓았다고 믿기 때문이다.

내게 처음 주어진 영문 편지는 수제(手製) 골프채를 주문하는 것이었다. 지금은 골프를 치지 않는 사람들도 골프 용어에 익숙해 있지만 당시에 골프 치는 사람들은 극히 적었다. 총장님도 그즈음 골프를 배우기 시작하였기 때문에 미국의 '씨어스(Sears)'라는 카탈로그를 주면서 주문서를 써서 보내라는 것이었다. 아이언(iron)이나 드라이버(driver) 몇 번이니 하는 말을 도저히 이해할 수가 없었던 나는 무조건 교무과에 계신 선생님께 뛰어가서 징징거렸다. 선생님은 눈썹 한 번 찡그리지 않고 초안을 잡아 주셨다. 그렇게 선생님의 도움으로 제 자리를 찾아갔다. 나는 미친 듯이 일에 매달렸다. 세상의 모든 울분을 잊기 위해서라도 일에 미쳐야 했다. 그런 나를 보시면 선생님은 예의 그 미소로 "야, 미스 안, 좀 슬로우 다운해라. 그렇게 안 해도 돼."라고 다독여 주셨다. 마침내 총장님께서도 나의 성실성을 인정해 승진도 빨리 되었고 대학원 석사과정 등록도 허락을 받았다.

비서실에 근무하는 5년 동안 나는 영문과 친구들과 선생님 사이의 가교 역할을 충실하게 이행하였다. 복학 등록 기일을 놓쳤거나 등록금을 미처 준비 못한 친구들은 나를 통하여 선생님께 부탁하였고 선생님은 당신의 능력이 미치는 한 거의 모든 부탁을 다 들어주셨다. 지금도 친구들과 만나 술자리를 할 때면 각자가 선생님과의 인연과 선생님께 신세진 이야기들을 회상하곤 한다.

선생님과의 관계는 사제관계라기보다 친한 선후배 아니면 동료처럼 되었다. 비서실에서 지켜본 선생님은 친화력과 업무 추진력에서 타의 추종을 불허하였다. 총장실에 들어가면 누구나 위축되어 보고도 잘 못하고 퇴짜 맞기가 일쑤였는데 선생님은 총장님을 어떻게 하든 설득하여 결재를 받아냈다. 그래서 직원들 사이에 인기도 많았다. 총장님도 선생님을 무척 신임하여 중요한 업무를 맡기는 것 같았다. 선생님은 사생활도 숨기지 않으셨다. 술집에 갔던 얘기며 데이트 한 얘기 등을 남의 얘기하듯 재미있게 하셔서 선생님 주변에는 항상 사람들이 몰려들었다.

불임 진단을 받았던 내가 결혼 4년 만에 용케 임신이 되었다.

유산의 위험 때문에 살얼음판 같은 9개월을 보낸 끝에 출산이 임박해졌다.

출산을 앞둔 1974년 3월 초 쌀쌀한 어느 날 선생님이 나를 갑자기 불러내시더니 학교 앞 중국집으로 데리고 가셨다. 여느 때는 다른 동행이 있기 마련이었는데 그날은 나와 둘이었다. 선생님은 내게 묻지도 않고 해삼탕을 주문하였다. 눈이 휘둥그레진 나를 보며 빙그레 웃으시며 말했다.

“야, 애 낳기 전에는 해삼 같은 미끈미끈한 음식을 먹어야 애가 잘 나오는 거야.”

업무가 너무 벅차 힘들어하던 1975년 9월에 나는 비서실을 그만 두었다.

그리고 총장님의 추천으로 그토록 원하던 유학을 떠났다. 18개월 된 딸을 떼어놓고 와서 힘든데다가 언어 장벽 때문에 몇 차례 유학생활의 어려움을 투정하는 편지를 선생님께 보냈다. 선생님은 꼭 한 번 답신을 보내주셨다. 그런데 선생님의 편지 내용은 다른 교수들이 유학 떠난 제자에게 의례적으로 보내는 것과는 달랐다. 공부를 열심히 해서 금의환향하라는 격려 차원이 아니었다.

"떠날 때에 말했던 대로 수틀리면 훌렁 집어치우고 귀국하시오. 인생이란 그렇게 악착같이 싸워서 얻을 만한 가치가 있는 게 아니오."

계속된 선생님의 편지에는 비서실에서 두 번이나 바뀐 내 후임을 결정하는 과정을 소상하게 설명하면서도 상대방을 배려하는 당신의 마음이 담겨 있었다. 영문과 후배가 너무 힘들어 1년 만에 결혼하여 이민을 떠난다는 내용을 전하면서 "지금 비서실에서는 안선생의 후임자의 후임자에 대한 인선으로 심심치 않게 여러 사람이 하마평에 오르고 있답니다. 확실히 구관이 명관이었나 봅니다. ××이는 이제 며칠 남지 않은데다가 제사보다는 젯밥에 생각 있었던 친구라 그 고된 일과 싸움하느라 저는 저대로 고난을 받고 있고, 출전 선수가 이 지경이니 manager인 우리들에게도 이따금씩 그 고난이 돌아오기도 합니다만, 이제 몇 round 밖에 남아 있지 않는 처지라 서로 상쾌한 마음으로 footwork도 가볍게 gong을 기다리고 있습니다." (1976년 2월 5일 자)

1978년에 개최하기로 예정된 국제회의를 준비할 사람이 없어 차

질이 생겼다면서 총장님이 벨기에까지 오셔서 나의 귀국을 종용하셔서 박사과정을 시작하려던 나는 중도에 포기하고 귀국하지 않을 수 없었다. 1977년 8월이었다. 귀국해보니 선생님은 나를 이미 문리대 영문과 조교수로 발령을 내신 상태였다.

돌아오자마자 나는 강의하랴, 국제회의 준비하랴 눈코 뜰 사이 없는 바쁜 나날을 보내게 되었다. 게다가 둘째 아이까지 갖게 되어 육아, 강의, 그리고 보직 업무에 시달리다 보니 심신이 지칠 대로 지쳐버렸다. 하루가 어떻게 가는지조차 모를 정도였다. 정신없이 강의시간에 맞추어 뛰어가다가 어쩌다 교수휴게실에서 선생님과 마주칠 때가 있었다. 어느 날 선생님은 강의 시간에 쫓겨 뛰어가는 나를 불러 세웠다.

"안 선생, 좋을 거 보여줄까?" 하며 윙크를 보내신다.

"바빠 죽겠는데 뭐예요?"

"응, 이거 봐. 멋있지?" 하시며 사진 한 장을 보여주셨다. 긴 머리칼을 휼날리는 젊은 여자와 함께 오토바이에 앉아 있는 선생님! 둘 다 검은 선글라스를 쓰고 있다.

"내 여자친구야."

다시 희죽 웃으시는 선생님. 나는 소리를 빽 질렀다.

"선생님, 언제 철이 드실래요?"

선생님에게서는 권위의 냄새가 안 났다. 당신의 약점까지도 고스란히 드러냈다.

그 무렵에 나는 내 문제에 함몰되어 선생님의 신상에 커다란 변화가 있는 줄을 모르고 있었다. 내가 유학하는 동안에 선생님은 사모님과 이혼을 하고 큰 집을 팔고 조그만 아파트를 세 얻어 이사를 하셨다고 했다. 사모님이 사채를 많이 끌어 쓴 것이 원인이라고 했다. 그러한 개인적인 시련을 제자들에게 어떻게 말할 수 있었겠는가. 선생님은 나를 만나면 남의 얘기 하듯 '나 정신과에 갔었다' 혹은 '이제부터 슬슬 종교를 믿어볼까' 하는 식으로 내면의 고통을 객관화 내지 희화시키는 것이었다. 결국 선생님은 부채 때문에 학교를 그만두고 신경여자상업고등학교의 교장으로 부임하셨다. 이따금씩 선생님이 이사 가신 수유리 낡은 연립주택에 들르면 어린 4남매만 저희들끼리 끼니를 해결하고 있었다.

그런데도 선생님은 예의 그 눈웃음과 농담조의 화법을 잃지 않으시고 제자들을 대하셨다. 겉으로 내색을 하지 않으셔서 선생님의 고통이 안으로 곪고 있다는 사실을 몰랐다. 신경여상에서 다시 장안전문대학 학장으로 자리를 옮기신 후에도 여전히 제자들 일자리 만들어주는데 골몰하였다. 당시 그 대학 교수들은 거의 경희대 졸업생들로 채워졌다고 해도 과언이 아니다. 그리고 그들이 박사학위 과정을 할 수 있도록 배려하여 그 대학을 거쳐서 종합대학 교수로 간 사람들이 열 손가락도 넘는다.

1986년 7월 어느 날 선생님이 불쑥 전화를 하셔서 본교로 돌아오고 싶다고 조영식 이사장님과의 면회를 주선해달라고 하셨다. 나는 지체하지 않고 두 분의 만남을 주선했다. 그런데 선생님의 복귀를 대학원 학생들 몇이 반대하고 나섰다. 자기들은 미국에서 박사를 한 젊고 유능한 교수가 필요하다는 것이었다. 나는 학문보다 몇 배 더 중요한 것을 선생님한테서 배울 것이라고 그들을 설득하였다. 그 해 가을에 선생님은 모교의 교수로 복직하였다. 바빠서 잘 만나지 못하는 사이에 선생님이 대학원생들을 어떻게 지도하셨는지 같이 산행을 하고 식사도 자주 하는 사이로 발전해 있었다. 그 만큼 선생님의 인간적인 매력에는 누구라도 함락되지(?) 않을 수 없었던 것이다.

안으로 곪고 있던 선생님의 고통이 암이라는 복병으로 나타난 것은 1987년 2월이었다. 제자들의 충격은 컸다. 다행히 수술은 성공적이었다. 전보다 자주 선생님을 모시고 좋아하시는 생선초밥 집에 가서 식사를 하였다. 그 사이 선생님은 교회에 다니게 되었다면서 조향록 목사 얘기를 자주 하셨다.

나는 보직에서 해방되고 싶어 연구년을 신청했고 1988년 1월 미국으로 떠났다가 7월에 귀국했다. 그동안에 선생님의 암이 재발되어 연세대 의료원에 입원해있다는 것이었다. 입·퇴원을 반복하는 동안에 선생님의 얼굴은 흙빛이 되어가고 웃음과 농담도 사라졌다. 제자들은 속수무책으로 선생님의 쇠락을 지켜볼 수밖에 없었다. 1988년 9월 25일 선생님이 경희의료원 응급실에 오셨다는 연락을 받았다. 공교롭게도 나는 새로 장만한 집으로 이사하는 날이어서 바로 갈 수가 없었다. 다음날 새벽 큰아들 영민이가 전화를 했다. "아버님이 위독하세요."라고. 복수만 빼면 며칠 더 버틸 줄 알았는데… 아침 일찍 병실로 갔더니 7시 10분에 운명하셨다는 것이다. 향년 58세였다.

사흘 뒤 영결식이 학교 임간교실에서 있었다. 운구를 모신 학생들은 바로 선생님의 복귀를 반대하던 대학원 박사과정 학생들이었다. 그동안 그들과 절친(?)이 되셨다고 했다. 선생님께서 평소에 지극히 아끼던 도정일, 김용성, 한수산을 비롯하여 선생님의 도움으로 교수가 된 많은 제자들이 모란공원 묘소에 모여 많이 울었다. 가을의 따스한 햇살, 서늘한 바람, 그리고 길가의 코스모스는 선생님의 저승으로의 소풍을 배웅하였다.

돌이켜보면 선생님은 우리들에게 문학만 가르쳐주신 게 아니다. 소위 인문학적인 소양을 몸소 보여주고 가르쳐주셨다. 전쟁 직후 시골에서 올라와 문화적 체험은 고사하고 들은 적도 없는 거칠디 거친 원석 같은 우리들을 닦아 세상살이 하는데 불편하지 않게 만들어준 분이다. 선생님은 문학뿐 아니라 음악과 미술에도 조예가 깊으셨다. 나를 비롯한 학생들은 틈만 나면 학교 앞 선생님 댁으로 몰려가 귀한 커피 대접을 받으며 클래식음악을 듣고, 셰익스피어 연극의 독백을 LP판으로 들었다.

생전에 출판하신 수필집 『꿈꾸는 者의 자유』를 읽으면 19세기 영국 수필가 찰스 램(Charles Lamb)을 연상시킨다. 서민들이 일상생활에서 겪게 되는 사소한 일상이 재기와 유머가 번뜩이다가 돌연 비틀기를 하는 반전의 묘미가 가득하고, 이따금씩 문학 작품에서 인유하여 독자들로 하여금 보다 신선한 충격을 느끼게 한다. 지금도 아쉬운 것은 선생님께서 보다 많이 글을 쓰실 기회가 없었다는 점이다. 교수직보다 보직으로 일관된 학교생활 때문에 학자로서의 연구를 할 틈이 없었기 때문이리라.

선생님께서 타계하신 1988년 9월 26일부터 20년 동안 해마다 가을이 되면 영문과 16회 졸업생들로 구성된 '박사모(박용주 교수를 사랑하는 모임)'의 회원들(정회원: 박경일, 김동식, 허종)과 비회원들은 내가 준비한 제물과 각자가 준비한 낫이나 톱을 들고 선생님 묘소에 가서 벌초를 하고 그 자리에서 술을 마시며 선생님의 비석에 새겨진 비문을 큰소리로 읽었다. '어쩔 수 없는 것을 받아들이는 평온함을 주시고, 어쩔 수 있는 것을 바꾸는 용기를 주시고, 그리고 이를 구별하는 지혜를 주소서' 모란공원 높은 곳에 계신 선생님 묘소에서 우리는 햇빛으로 세례를 받은 기분으로 내려와서는 다시 천마산 곰탕집에 들러 술을 마시며 선생님이 우리들에게 베풀어주신 정을 되새김질하다가 헤어진다.

나는 30여 년 동안 선생님의 뒤를 이어 교단에서 학생들을 가르치며 상담을 많이 했다. 그들이 나에게 상담해올 때, 특히 쉽게 문제해결이 안될 때면 마음속으로 묻곤 하였다. "선생님, 이럴 때는 어떻게 하면 좋을까요?" 그런데 돌아가신 선생님은 대답이 없고 혼자 아무리 머리를 쥐어짜도 선생님의 지혜는 얻어지지 않았다. 교수라는 권위의식에서, 그리고 실낱같은 자존심에서 놓여나기가 쉽지 않아서이다. 지금도 나를 비롯한 많은 제자들은 선생님의 인간적인, 너무도 인간적인 풍모와 향기를 그리워한다. 우리가 선생님 계신 곳에 가는 날 다시 만나서 이승에서 못다 한 재미있는 대학생활을 다시 시작하고 싶다.

황순원 선생님과 양정길 여사의 추억

"안 군은 결혼해도 후회하고 안 해도 후회할거야."

황순원 선생님과의 인연은 고등학교 재학 시절부터라고 해야 할 것 같다. 중·고등학교에 다니던 시절에 도시락을 싸가지 못해서 점심시간이면 도서실에 가서 몇 십 권에 불과한 책들을 닥치는 대로 읽었다. 그중에 읽은 것이 겉표지가 낡아 너덜너덜한 황순원 선생님의 단편집 「목 너머 마을의 개」였다. 그렇게 선생님의 존함을 알게 되었지만 선생님이 얼마나 유명한 소설가인 줄은 시골 작은 학교에서는 알지 못했다. 그러다 이웃에 사는 경희대 국문과에 다니던 작고한 이상화 시인을 통해 선생님이 경희대학교 교수로 계신다는 말을 들었다. 그때부터 나는 불가능한 꿈을 꾸기 시작했다. 대학에 가서 소설 공부를 하겠다고.

고등학교 졸업 후 대학 진학은커녕 2년 동안 내 인생에서 가장 비참한 경험들을 했다. 미국인 집 가정부 생활을 거쳐 서울에 와서 입주 가정교사 등을 전전하였다. 그때 이상화 시인이 경희대학교에는 특대생 제도가 있다고 알려주어서 나는 절망의 나락에서 다시 도전해 보기로 했다. 경희대 학생이 되어서 황순원 선생님한테 글쓰기를 배우자고. 그래서 무시험 전형에 응시를 해서 1964년에 장학생으로 입학을 했다. 그런데 왜 국문과가 아니고 영문과를 택했느냐고? 나는 두 마리 토끼를 잡고 싶었다. 내가 좋아하는 영어공부도 하고 영어 소설을 많이 읽으며 글쓰기를 하리라. 참 당찬 포부였다.

황 선생님이 담당하신 문학개론 첫 강의 시간에 들어갔다. 국문과와 영문과 신입생들이 함께 수강하는 과목이었다. 나는 문리대 제일 큰 101강의실 맨 앞줄에 앉아서 침을 삼키며 선생님을 기다렸다. 어떻게 생기셨을까? 무슨 말씀을 하실까? 희끗희끗한 반백의 머리의 선생님이 들어오셨다. 갈색 양복을 입으셨던 것 같다. 피부가 유난히 하얗고 눈빛이 강하셨다. 빛바랜 강의노트를 가끔씩 들여다보시며 말씀을 하셨는데 내용은 기억에 남지 않았다.

나는 선생님 강의는 빼놓지 않고 수강을 했다. 그뿐만이 아니었다. 국문과 학생들과 어울려 선생님과의 술자리에도 끼게 되었다. 당시 여학생으로서는 드물게 주량이 센 편이어서 곧잘 선생님과 대작을 하게 되어 국문과 여학생들의 질투어린 시선을 받기도 했다. 그때부터 선생님은 나를 '안 군'이라고 부르셨다. 나이도 많고 할 말을 다하며 내숭떨지 않는 내가 편하셨던 모양이다. 외모에 신경을 쓸 겨를도, 여유도 없었을 뿐만 아니라 내 딴에는 동기들에 비해 산전수전 다 겪었다는 오만함(?)도 있었다.

장학금을 놓치지 않기 위해서는 철저한 성적관리가 필요했다. 그래서 내가 원하였던 글쓰기를 할 수 없었다. 1학년 말인가 써놓았던 단편을 갖고 선생님께 보여드렸다가 호되게 꾸지람을 받은 후로는 아예 글쓰기는 접어버렸다. 그러나 친구들과 회현동 선생님 댁에 찾아가 차를 얻어먹은 이후 선생님이 이사 가시는 데마다 찾아뵈었다.

그렇게 나는 선생님과 어울리는 자리를 일 년에 몇 차례 갖게 되었고 그때마다 선생님 앞에서 고해성사(?)를 하였다. 영국의 낭만주의 시인 컬리지(Samuel T. Coleridge)가 쓴 장시 「노수부의 노래(The Rime of the Ancient Mariner)」에서 노수부가 군중 속에서 어느 한 사람을 지정해 자신의 끔찍했던 여행 경험을 쏟아놓지 않으면 고통에 몸부림치듯이 나는 최면에 걸린 듯 선생님께 그냥 나 자신을 다 드러냈다. 대학생이 누리는 낭만과는 거리가 먼, 그 흔한 MT나 소개팅 한 번 못 하고 식구들의 생계를 위해 과외지도를 하고, 특대생 시험에 낙방할까봐 노심초사하고, 게다가 몇 차례의 사랑 병을 앓는 등 혹독한 젊음의 시련을 이겨내는 과정에서 생겨난 좌절과 울분을 선생님 앞에서 여과 없이 주절주절 엮어내곤 하였다. 물론 술의 힘을 빌려서 가능했지만.

선생님은 평소에 과묵하시다가 술잔이 몇 순배 돌면 말씀을 재미있게 하셨다. 내가 자꾸 질문을 하면 주로 문학 얘기와 당시 쓰시던 작품에 대한 말씀을 하셨다. 나는 열심히 경청하였다. 문학에의 꿈을 접은 나는 선생님과의 독 과외 시간을 통해 대리만족을 느꼈다고나 할까. 졸업 후 영어강사로 하루하루 살아가는 동안 선생님과의 만남이 유일한 해방구였던 것 같다. 나는 결혼 적령기를 넘긴 나이였지만 유학을 가고 싶었다. 그러나 여전히 친정 식구들이 발목을 잡았다. 친정으로부터의 탈출구로 결혼을 생각하고 가을 어느 날 임간교실에서 선생님을 붙잡고 하소연했다. 선생님의 말씀은 단호했다.

"안 군은 결혼해도 후회하고 안 해도 후회할거야."

선생님은 두서없이 지껄이는 푸념들을 조용히 경청하시며 고개를 끄덕이다가 가끔씩 되물으시고 내 생각을 정리해 주셨다. 선생님의 관심은 마음의 상처를 보듬어주는 진정제였다. 엄마의 손길이 닿으면 울음을 그치는 어린애처럼. 아버지의 부재를 선생님께서 채워주셨다는 사실을 훗날 깨달았다. 그래서 선생님을 뵙고 돌아온 날 쓴 일기는 길었다.

1969년 4월 17일

선생님은 당신의 개인생활에 대해서 말씀하시는 일이 없는데 오늘은 경제 사정에 대해 얘기를 하셨다. 그리고 가짜 황순원이 나타나 소녀들을 괴롭히고 있다고도 하셨다. 선생님의 유명세 때문이 아니냐고 반문하였더니 "가짜가 진짜보다 나을지도 모르지."라고 대답하셨다. 지금 저와 마주 앉은 분은 가짜가 아니냐고 물었다. 진짜라신다. 선생님은 나와의 대화가 즐거우시고 했다. 톡톡 튀는 맛이 있다나. 피난 당시 대구에서 새파랗게 젊은 상사 밑에서 일어를 번역하며 생계를 꾸려 가셨다는 선생님의 젊은 날의 모습이 내게 위안이 된다.

선생님은 내가 타인에게 자신의 불행을 거침없이 드러내면서도 속으로는 그것을 부정하고 오만하게 버티어가는 고집이 있다고, 일본의 어느 작가는 박이 저절로 갈라져 있는 모양은 자연미의 극치라고 하였다고 하신다. 나는 어쩌면 허영심 때문에 선생님께 접근했는지도 모른다고, 시골 소녀들이 가짜 황순원에 속아 넘어가는 것도 그들의 허영심에 기인하는 것이 아니겠는가라고 당돌하게 말씀드렸다.

선생님은 다른 사람에 관해서 비평을 하지 않으신다. 불평과 불만으로 가득 찬 나는 그렇지 못하기 때문에 선생님의 그런 성격을 두려워하고 존경한다.

길가에 있는 포장마차에 들어가 구은 은행을 먹었다. 선생님은 소주와 돼지고기 구이를 잡수셨다. 그리고 선생님과 헤어져 택시를 탔다. 다시 한 달을 단조롭게 사는데 활력을 얻게 된 것을 기뻐하면서 고가도로의 명멸하는 불빛을 바라보았다.

1969년 7월 9일

어제 선생님께서 만나자는 전화를 하셨다. 6시 반에 '금펑'에 갔다. 먼저 술을 청해서 마시고 계셨다. 나는 피곤해서 술을 많이 마시지 않았다. 무려 세 시간 동안 선생님과 현재 쓰고 계신 장편 「움직이는 城」의 작중인물을 가지고 논했다. 나는 창애에게 애착을 갖고 있다. 그녀를 나와 같은 위치에 놓고 싶다. 그녀의 남자 편력을 복잡하게 해놓고 불행의 씨앗이 자신 속에 내포된 까닭에 자살의 요인은 본인에 대한 증오여야 될 것이라고 했다. 그리고 준태와 지연과의 관계도 애정이라기보다는 현대인의 순간적인 교감으로 족하지 않겠는가. 필요충분조건에 의해서 말이다. 준태와 지연은 모두 어떤 의미에서 병자들이기 때문에 서로 상대방에게서 자기를 발견하고 만나는 것이 아닌가.

선생님은 내 의견을 참고하겠다고 말씀하셨다. 선생님은 2부 2장의 교정본을 갖고 나오셨다. 재교인데도 깨알 같은 글씨로 수정하신 것을 보여주시며 "황순원이 불쌍하다. 이제 폐업해야겠어." 하시는 것이었다. 나는 가슴이 뭉클했다. 우리나라에서 가장 위대한 작가인 선생님이 재교까지 넘어온 원고를 저토록 깨알 같은 글씨로 지우고 보태며 교정하는 작업 과정을 나의 나태한 태도와 비교할 때 문학을 한다는 과업이 얼마나 힘든가를 느꼈기 때문이다. 이번에도 약 50매 가량 원고에서 삭제했다고 하시며 보면 볼수록 불만이 생기니까 아예 재교가 끝나면 보시지도 않는다고 하셨다.

예수는 타살을 가장한 자살이며 인간의 자살은 엄밀한 의미에서 타살이라고 역설하셨다. 그리고 인간에게는 어떤 예정된 운명이 있어 그것을 피하기보다는 어떻게 선용하는가가 중요하다고 하시며 당신이 요즘 파산한 것도 운명이 아니겠느냐고 하셨다. 그리고 딸이 아들보다 늙어가는 부모에게 더 좋을 것 같다면서 따님이 결혼한 후 미국으로 간 서운함을 토로하셨다. 말씀이 없다가도 술을 마시면 재미있어 지신다.

나더러 암사자 같다면서 결혼할 때 주례는 서주마고 약속하셨다. 그리고 나는 일본형의 여자라나. 이유는 묻지 못했다. 가끔 눈을 꼭 감으시고 골똘히 생각에 잠겨 있다가 다시 작중인물을 화제로 삼는 것을 보면 선생님은 끊임없이 작품 생각만 하시는 것 같다. 술을 꽤 많이 마신 탓인지 밖으로 나왔을 때는 선생님의 눈자위가 붉었다. 신세계 백화점 육교를 건너 선생님과 헤어져 선생님의 뒷모습을 바라보았다. 내 시선을 의식했음인지 뒤를 돌아보시고 손을 흔드셨다. 쓸쓸해 보이는 것은 왜일까. 산다는 명제 앞에서 갖가지로 파생되는 개인적인 문제들로 우리는 약해진다. 술을 마시고 글 쓰시는 선생님이나 미래의 비전도 없이 매일 무료하게 밥벌이하는 나나 약한 인간임에는 틀림없다. 단지 선생님은 오래 살아 오셨고 독보적인 작가라는 것에서 차이가 있을 뿐이다.

1969년 가을에 선생님의 주례로 결혼을 했다. 선생님이 예언(?)하신 대로 나는 결혼한 직후에는 후회를 했다. 그러나 40년이 흐른 지금 지하에 계신 선생님께서 물으신다면 당당하게 대답할 수 있다.
"선생님! 결혼 안 했으면 정말 후회했을 거예요. 세상에서 제일 소중한 아들과 딸, 그리고 손자 손녀들이 태어나지 않았을 테니까요."

두 배의 행복

황순원문학관이 개관하던 날 나는 강의 때문에 참석하지 못했다. 선생님의 사모님께서 나를 찾으시다가 없어서 무척 서운해 하셨다는 얘기를 들었다.

작년 7월 31일 후텁지근하고 더웠다. 사모님께서 전화로 차편을 마련하였으니 소나기마을에 가자고 하셨다. 나는 연세가 많으신 사모님이 이런 날에 외출하는 것이 염려가 되었지만 사모님은 선생님을 뵈러간다는 사실이 좋으신 듯 들떠있었다. 댁에는 이미 소설가 안영 선생이 기다리고 있었다. 우리는 김종회 교수 부인의 차로 양평에 갔다. 햇살이 무자비하게 대지를 달굴 때 출발했는데 소나기마을에 도착했을 때는 장대비가 퍼붓고 있었다. 마치 선생님께서 우리의 방문을 환영하시는 듯했다.

생각보다 규모와 시설이 훌륭했다. 선생님의 유품과 영상물을 보니 감회가 새로웠다. 그래 선생님은 돌아가신 게 아니야. 우리 곁에 이렇게 있잖아. 옛 생각을 하며 산책이라도 하고 싶었다. 그러나 거동이 불편하신 사모님께는 무리였다. 촌장인 김용성 교수 등과 함께 두부전골집에서 점심을 하고 헤어졌다. 돌아오는 차 안에서 사모님을 고단해서 잠이 들었다.

선생님께서 돌아가신 다음에는 사모님께서 나를 각별하게 챙겨주신다. 당신이 먼저 대학동창인 김지혜 선생에게 연락하셔서 만남을 주선하시고, 어쩌다 음식 값을 지불하면 불같이 화를 내신다. 작년에는 용돈까지 슬며시 가방에 넣어주셨다. 무슨 복이 있어 두 분의 사랑을 받게 되었는지 모르겠다.

내가 학교에 교수로, 보직자로 있는 동안 선생님은 학교 안의 업무가 생기면 무조건 내게 연락을 하셨다. 교무과, 총무과, 경리과 등 행정 처리가 필요하시거나 의료원에 가셔야 할 때에도 내가 앞장섰다. 선생님 존함만 대면 다들 잘 도와주는데 왜 안 그러세요 하고 물으면 "아니야, 나는 안 교수가 도와줘야해."라고 하셨다. 당신으로 인해 남에게 폐가 되는 일을 제일 싫어하시는 선생님이었다. 나중에 사모님께서 선생님을 스포일시켰다는 사실을 알게 되었다. 선생님은 동회나 은행에 평생 가보신 적이 없었다는 것이다. 작품에 전념하라는 사모님의 배려였다. 선생님 뒤에 훌륭한 사모님이 계셨던 것이다.

선생님께서 뇌경색으로 경희의료원에 입원해 계신 동안 거의 매일 병실에 들른 것이 사모님과 가까워진 계기가 되었다. 후유증으로 선생님 말씀과 행동이 어눌해지고 나서는 두 분은 시간에 쫓기는 나를 배려하셔서 여의도에서 청량리 '장수원'까지 먼 걸음을 하시곤 했다. 술을 마시지 못하게 된 선생님이 등산용 술병에 마주앙을 따라 갖고 나오셔서 "자, 안 교수를 위해 가져왔다." 하시며 환하게 웃으셨다.

두 내외분과 가장 즐거웠던 한때는 1993년 7월 16일 한서대 상 기숙 교수와 같이 도선사 가는 길목에 있는 '개나리 산장'에 가서 점심을 먹었을 때였다. 장마철이어서 비가 많이 왔고 계곡에는 물소리가 요란했다. 선생님은 어린애처럼 기뻐하셨다. 아마도 사모님이 옆에 계셔서 마음이 놓여서였을 것이다. 나는 혼자 소주를 마셨다. 그리고 기분이 좋아 젓가락을 두드리며 노래를 흥얼거렸다. 그리고 내외분께 노래를 청했다. 마치 기다렸다는 듯이 두 분은 손을 잡고 '바위고개'를 평상에 앉아서 부르셨다. 사모님이 즐겨 입으시는 비취색 옷과 백발의 선생님의 행복한 모습이 한 장의 그림처럼 뇌리에 찍혔다.

정년을 하고 집에서 묵은 일기장을 들추어보면서 새삼스럽게 선생님을 추억한다. 선생님은 황순원 사단에 끼지도 못한 내게 왜 그렇게 너그러우셨을까? 그것은 아직도 풀리지 않는 의문이다. 어떻든 선생님과 사모님을 평생 동안 가까이 모실 수 있었다는 것은 축복이다. 남은 소망은 작년에 척추 수술을 하신 사모님께서 오래오래 천수를 누리시는 것이다. 덧붙여 나도 사모님의 여장부다운 용기와 포용력을 배우고 싶다.

반세기의 우정

- 반기문 전 유엔 사무총장

쌀 씻던 고등학생

1959년 6·25전쟁으로 폐허가 된 한국의 학생들에게 미국 스카즈데일 시민들이 십시일반으로 모아 보내온 성금으로 조성된 '스카즈데일 장학금'을 전국의 중·고등학교 학생들에게 주는데 충청북도에 2명이 배당이 되어 청주에서 시험을 치게 되었다. 그 시험은 영어 필기시험과 영어면접으로 선발하였는데 남녀 각각 한 명씩 뽑는데 운 좋게도 내가 선발되었다. 그 장학금을 타서 충주에 처음 생긴 'CHK 영어학원' 회화반에 등록을 하였다.

그 학원에서 반기문 전 유엔 사무총장을 처음 알게 되었다.

학원 수강생들 사이에 회화를 잘 하는 학생이 여학생으로는 안영수이고 남학생으로는 나보다 한 학년 아래인 반기문이라는 소문이 돌았다. 그가 누구인지 관심을 갖게 되었다. 당시 여학생들이 얌전하고 소극적이라는 고정관념과는 달리 나는 초등학교 시절부터 웅변으로 단련된 달변과 남 앞에서도 주눅이 들지 않는 그런 적극적인 여학생이었다.

반면에 반 총장은 소위 요즘의 표현을 빌리면 '엄친아'였다. 머리부터 발끝까지 모범생의 티가 났다. 어눌하고 수줍은 표정만으로는 그가 그렇게 뛰어난 수재라고 믿어지지 않는 학생이었다. 그가 나보다 두 살 어린 후배였기 때문에 나는 그를 처음부터 '기문아'라고 불렀고 그런 호칭에 그는 불만을 제기한 적도 없다. 지금은 무척 미안하게 생각하지만 그런 호칭은 반 총장의 외교부 사무관 시절까지 계속되었다.

누가 먼저 제안했는지는 기억이 나지 않지만 그와 나는 영어를 좋아하는 친구들을 모아 '영어회화 동아리'를 만들어 충주비료공장에 근무하는 미국인 가정에 일주일에 한 번씩 회화 공부하러 다니게 되었다. 나는 용산에 살고 있었는데 비료공장이 있는 목행리 가는 대수정 다리 근처에 사는 반 총장 집에 들러 같이 가곤 하였다. 그의 집은 허름한 초가였다. 담이 낮아 밖에서도 집안이 다 보였다. 하루는 얼기설기 엮은 나무판자로 된 담 밖에서 그를 불렀지만 대답이 없었다. 집안으로 들어가 기웃거렸지만 그가 보이지 않았다. 부엌문이 빼꼼이 열리면서 그가 나왔다. 교복차림에 모자까지 단정하게 쓴 그는 출타중인 어머니를 대신하여 동생들의 저녁밥을 하느라고 쌀을 씻고 있었던 것이다.

동아리 대장은 나였고 멤버는 반 총장을 비롯하여 허문영, 정지형, 김공, 김화숙으로 구성되었다. 다른 친구들은 회화공부에 그렇게 흥미를 보이지 않았지만 나와 반 총장과 허문영은 미국 할머니들과의 만남을 고대하였다. 회화 공부도 좋았지만 갈 때마다 할머니들이 주는 쿠키와 음료수가 맛있어서 가난한 우리는 간식 시간을 더 기다렸다. 회화 연습의 주도권은 내가 가졌던 것 같다. 반면에 조용하고 말수가 적은 반 총장은 경청하기를 좋아했다. 그러나 자기에게 기회가 주어지면 또박또박 정확하게 할 말은 다 하였다.

부인 유순택 여사와의 만남

나는 1962년 2월에 고등학교를 졸업하고 집안 사정으로 대학 진학을 하지 못하고 취직도 안 되어서 집안에만 틀어박혀 지냈다. 어느 날 그가 나를 찾아와 미국 방문하는 시험에 합격하였다고 말했다. 그러면서 선물 준비를 걱정하였다. 나는 충주여고 한 해 후배인 유순택을 떠올렸다. 유순택 여사는 내가 중학교 때부터 친하게 지낸 후배였다. 시골에 있는 그녀의 집에 가서 자기도 했고 나의 뒤를 이어 여고 학생회장으로 있었다. 그녀는 공부를 잘 하면서도 남 앞에 나서지 않는 조용하고 얌전한 학생이었다. 나는 반 총장에게 그녀를 소개하였다. 당시 가사 시간에 여학생들은 옥양목 천에 수를 놓거나 거즈의 가장자리를 예쁘게 감침질을 하고 십자수를 놓아 손수건으로 만들어 썼다. 나는 그녀에게 반 총장이 미국에 가져갈 선물로 손수건과 복주머니를 몇 십 개 만들어줄 것을 부탁하였다.

미국인 집 가사도우미를 찾아온 서울대학교 학생

나는 대학 학력고사에 붙었지만 돈이 없어 대학 진학을 하지 못하고, 취직도 못하고 집에서 빈둥거리고 있었다. 바느질품을 팔아 생계를 이어가는 어머니를 위해서 무슨 일이라도 해야 할 입장이었다. 평소에 나를 아껴주시던 음악 선생님이 10월 어느 날 나를 불러 충주비료공장에 파견된 미국 엔지니어들 중의 한 가족이 가정부를 급히 구하고 있으니 영어를 잘 하는 나더러 가보라고 권하셨다. 더구나 그 주인이 한국어를 공부하고 싶어 한다고 영어로 의사소통이 가능한 내가 적임자라고 강력 추천하셨다.

공부 잘 한다는 핑계로 집안일을 거의 동생들한테 맡기고 소설책 속에 머리를 파묻고 청소년기를 보냈다. 그리고 결손가정 아이의 열등감과 반비례로 자존심이 강해서 누구에게도 뒤처지기를 싫어했던 나였다. 그러나 당장 끼니를 걱정해야할 처지에서 선택의 여지가 없어진 나는 1962년 가을에 유배당하는 심정으로 목행리 벌판에 서 있던 충주비료공장 미국인 사택으로 갔다. 그 후 몇 달 동안 내 기억에서 지우고 싶은 가사도우미 생활을 하였다.

1963년 가을 어느 날 가사도우미로 일하고 있는 나를 서울대학교 교복을 입은 반 총장이 찾아왔다. 같은 과 친구와 함께였다. 대학생이 된 그를 보는 것이 내게 고문이었다. 지금도 그때 찍은 사진을 가끔 꺼내보면서 불쑥 나를 찾아와 엄청나게 변한 내 모습을 본 그의 마음이 어땠을까를 상상하곤 한다. 주인여자는 그가 내 남자친구라고 놀리기도 하였다.

반 총장이 내 외삼촌이 된 사연

가정부 생활은 일 년을 버티지 못했다. 지방 신문에 난 기사 때문이었다. 수석으로 고등학교를 졸업한 재원이 미국인 가정의 가사도우미가 된 것이 기사거리가 된 모양이었다. 더 이상 고향에 머물 자신이 없어진 나는 무작정 서울로 와서 지인의 소개로 부부가 초등학교 교사로 있는 집에 일곱 살짜리 남자를 돌보는 보모로 들어갔다. 숙식은 해결되었지만 용돈을 벌기 위해 하루에 몇 차례 전철을 타고 과외를 하러 다녔다. 대학 진학을 위해 상경하였지만 돈을 모을 수가 없었다.

나의 심신은 절망으로 점점 피폐해졌다. 아는 사람이라곤 없는 서울에서 가끔씩 반 총장만이 나를 찾아왔다. 그는 당시에 을지로에서 입주 가정교사로 있었다. 만나면 내가 주로 신세한탄을 늘어놓았고 그는 담담히 나의 불평을 들어주거나 자신의 일상을 얘기하면서 시간을 보냈다.

서울에 있는 동안 소화불량과 불면증이 심해지고 무릎이 아파서 걷기가 힘들어졌다. 하루에 서너 차례 전차를 타고 과외지도를 다니는 것이 불가능했다. 결국 나는 다시 좌절하고 자살의 충동에 시달리다가 고향집으로 내려갔다.

우여곡절 끝에 나는 이듬해 운 좋게 무시험 전형으로 경희대학교 장학생으로 대학에 진학하였다. 학교 근처인 회기동에서 동생과 자취를 하게 되었고 그 이후에는 반 총장과의 왕래가 잦아졌다. 그와 나는 모두 서울에 연고가 없었기 때문에 가족처럼 가깝게 지냈다.

무릎 통증이 심해져서 1964년 여름 나는 반 총장과 함께 을지로 6가에 있는 국립의료원에 가서 진료를 받았다. 병원에서는 정밀 검사를 하려면 입원을 하여야 된다는 것이었고 보호자의 서명날인이 필요하다는 것이었다. 나와 같이 갔던 반 총장이 내 외삼촌으로 급조되어 입원서류에 서명했다. 그 후 그는 가끔 자기를 외삼촌으로 부르라고 농담을 하곤 하였다.

생일의 추억

대학에 다니는 동안 시골에 있던 동생들이 상경하여 세 자매가 자취를 하였다.

가난한 대학생들이 으레 그렇듯이 반찬이라곤 콩나물과 김치뿐이었는데도 반 총장은 시간이 나면 우리 집에 놀러왔다. 그도 서울에 일가친척이 없었기 때문에 여동생들과 함께 집 가까이 있는 학교 캠퍼스에 놀러가서 사진을 찍기도 하였다.

3학년 때였던 1966년 11월 16일이 내 생일이었지만 특대생 시험 준비로 마음의 여유가 없어서 미역국 끓이는 것도 잊었다. 동생들도 잊고 있었는데 마침 반 총장이 놀러왔다가 나를 나무랐다. 생일이란 것을 알고 온 듯했다. 늦가을 비가 추적추적 내리고 있었는데 우리는 시장에 가서 국거리와 반찬거리를 사다가 동생들이 생일상을 차려주었다.

그가 돌아가고 난 다음에 생일선물이라고 책상에 말없이 두고 간 목각으로 된 목걸이를 발견하였다. 그만큼 그는 속 깊게 우리 자매들에게 마음을 써주었다. 그와 우리는 가족처럼 끈끈한 유대감을 갖고 있었던 것이다.

외교관이 된 후의 첫 만남

우리는 각자의 길을 치열하게 개척했다. 나는 졸업하고 대학 비서실에서 근무를 하게 되었고 그는 외교관 시험에 합격하고 후배인 유순택과 결혼을 하였다. 비서실에서 국제 업무를 담당하였기 때문에 그의 도움을 많이 받았다. 설립자이신 조영식 총장께서도 그의 성실성과 근면성을 높이 평가하시며 크게 될 사람이라고 칭찬하셨다.

반 총장은 인도로 발령받아 외국 생활을 시작하였고 나는 1975년에 벨기에로 유학을 떠났다가 1977년에 귀국하였다. 비슷한 시기에 귀국하여 나는 수유리에 살게 되었고 반 총장 내외도 화계사 근처에 셋방을 얻어 살림을 차렸다. 그 당시 모두가 그랬듯이 외국생활을 하다가 귀국하게 되면 돈 가치가 나가는 물건들을 사다가 팔아 살림살이에 보태는 것이 상례였다. TV, 냉장고, 카펫 등이 주로 외교관들이 가져오는 물품들이었다. 어느 날 반 총장 댁에 초대를 받았다. 그들도 그런 외제 물건들이 있으리라 짐작을 했으나 좁은 방안을 둘러보아도 아무것도 눈에 뜨이지 않았다. 큰딸 선용이를 안고 있던 그의 아내는 남편이 절대로 그래서는 안 된다고 호통을 쳐서 아무것도 가져오지 못했노라고 말했다. 부창

부수라고 반 총장이나 남편의 말이라면 무조건 순종하는 유순한 그의 아내 유순택 여사의 고지직함이 그대로 드러났다. 나만 만나면 돈 없다고 불평을 하면서도 공무원의 근무 수칙을 철저하게 지키는 그의 모습은 한결같았다.

경희의료원 입원

서울에 같이 있다고 해도 둘 다 일에 함몰되어 자주 만날 수는 없었다.

그러나 크리스마스 때에는 나보다 먼저 카드를 보내 안부를 전했다. 외국의 임지를 나갈 때나 귀국할 때도 빠짐없이 먼저 소식을 전해 주었다. 한 번은 그가 외국 출장을 갔다가 열병에 걸렸다. 다른 병원에 입원하여 치료를 받았으나 좀처럼 회복되지 않았다. 조 총장님은 그를 경희의료원에 입원을 시키고 최선을 다해 치료하라고 지시하셨다. 당시 내과 과장이신 최영길 전 의료원장께서 주치의를 맡아 마침내 고열을 떨어트렸다. 그 후 두 분은 아주 친하게 되어 가끔 회식을 갖게 되었고 나도 동참하는 횟수가 늘어났다.

그리고 반 총장의 모친께서도 의료원에 입원하신 적이 있었다. 충주에 살 때도 자주 뵈었기 때문에 잘 알고 있었는데 하루는 내가 문병을 갔더니 당신 아드님이 나와 결혼할까봐 걱정하셨다는 말씀을 하셨다. 나는 어이가 없었다. 어머님의 말씀을 통해 그와 내가 사귄다는 소문이 꽤나 많이 퍼졌었다는 사실을 알았다. 그만큼 우리는 오랫동안 자주 만나서 남매처럼, 가족처럼 지냈기 때문이었으리라.

부친의 사망과 남북회담

1991년 12월 반 총장이 외무부 미주 국장으로 판문점에서 북한과 '한반도 비핵화 공동선언' 협상에 참석하고 있었다. 협상의 막바지에 그의 부친이 뺑소니차에 치어 별세하셨다. 그러나 그는 협상이 끝날 때까지 자리를 뜨지 않았을 뿐만 아니라 아무에게도 그 사실을 말하지 않았다. 그리고 회담이 종료된 후에야 충주의 빈소로 달려갔다. 후에 만난 그가 담담히 아버님의 부음을 말하기에 나는 그의 비정함을 나무라며 어떻게 그렇게 할 수 있느냐고 다그쳤더니 개인의 일로 회담 분위기를 망칠 수는 없지 않느냐고 오히려 반문하였다. 그처럼 사적인 일과 공적인 일을 철저히 구분하는 사람을 본 적이 없다. 그의 두 딸 결혼식 때도 내게조차 연락을 하지 않아 무척 섭섭했다.

오스트리아 대사관저에서

1999년 7월 조정원 경희대학교 총장 내외, 남기영 교수 내외와 함께 우리 부부는 유럽 여행을 하였다. 벨기에에서 유학생활을 한 우리는 벨기에 방문을 마치고 오스트리아 대사로 있는 반 총장의 초대로 7월 15일 비엔나에 도착하였다. 반 대사 내외와 딸 선용이가 공항에서 우리를 영접해주었고 우리 부부가 묵는 호텔 방에 꽃바구니와 과일을 미리 전달해주어 나를 감동시켰다. 저녁에는 고색창연한 그의 관저에서 만찬이 있었는데 누구보다도 그의 내외와 나는 감회가 깊었다. 우리는 찢어지게 가난했던 유년 시절을 견디어내고 자수성가하여 아름다운 음악의 도시 비엔나에서 조우한 사실에 감동하여 나는 술을 많이 마셨다.

비엔나에서 체류하는 동안 기억에 남는 것은 우리 일행과 대사관 직원들과 갔던 산행이다. 조 총장의 제안으로 가게 된 산행이었다. 대개 유럽을 방문하는 인사들은 골프를 친다는데 조 총장은 등산 마니아여서 가까운 곳으로의 산행을 부탁해서 대사관 직원이 수소문해서 차로 한 시간 반이 걸리는 'Puchberg'라는 마을로 떠났다. 대사관 직원들과 우리는 리프트를 타고 30여 분 올라가 산행을 시작했으나 흙이 마구 흘러내려 여자들은 산장에 남고 반 총장과 조 총장 그리고 직원만이 끝까지 종주했다. 갑자기 기온이 떨어지고 비가 내려 우리는 초조하게 일행을 기다렸다. 산행에 서툰 반 총장은 하산 길에 걷기를 포기하고 미끄럼타고 내려와 바지가 찢어지는 해프닝도 있었다.

오후 늦게 마을로 내려온 우리는 작고 예쁜 식당에서 기분 좋게 폭탄주와 포도주를 마셨다. 식당 주인이 폭탄주 두 잔에 기분이 좋아 자기네 식당에 아껴둔 살구술까지 마구 퍼주어서 유쾌한 파티가 되었다. 반 대사 내외의 소탈하고 꾸밈없는 태도로 인해 대사관 전 직원들이 모두 가족 같은 기분이 들게 하였던 모임으로 기억된다.

외무부 차관 낙마하던 날

반 총장의 외교관 재임 기간 중에 가장 큰 시련은 외무부 차관을 타의로 밀려난 사건이라고 생각한다. 2001년 2월 당시 김대중 대통령과 푸틴 러시아 대통령의 정상 회담을 앞두고 몇 달 전부터 외교부에서는 회담준비를 했다. 한국과 러시아가 회담에서 결의한 내용을 공동성명 형식으로 발표했는데 그 공동성명서에 정부가 탄도탄 요격 미사일 조약을 지지하는 내용이 들어있었다. 엄청난 실수였다.

정부의 뜻과 달리 오해의 소지가 충분한 공동선언문 작성에 좀 더 신중하지 않았기 때문에 빚어진 실수였다고 한다. 대통령은 미국 정부에 사과를 했고, 그 책임을 물어 반 총장을 퇴임시켰다. 일요일까지 반납하며 평생을 외교관으로서 성실하게 봉사해온 그에게는 치명적인 충격이었다. 언론을 통해 그의 불명예스러운 퇴임을 알게 된 나는 그에게 연락할 수가 없었다. 그가 먼저 연락해오기만을 기다렸다. 왜냐하면 그는 개인적인 변화나 걱정이 있을 때면 먼저 연락을 해왔고 이번에도 그러리라고 믿었기 때문이다. 예측한 대로 그가 연락을 했고 그와 나는 인사동 한적하고 조그만 한정식집에서 만났다. 그를 만나러 가기 전에 나는 지하철 정기권 만 원짜리를 샀다. 외교 업무 외에는 사회 물정을 전혀 모르는 사람이었기 때문에 버스나 지하철 탈 줄도 모르고 시장에 나가 물건 값 흥정도 못할 것이었다. 당장 기사 없이 외교안보연구원에 다니려면 지하철 타는 연습부터 해야된다는 생각이 들었던 것이다.

이제는 진짜 백수가 되었다며 의료보험증도 사라져서 회사에 다니는 아들의 부양가족으로 등록했다며 허탈하게 웃는 그를 보니 가슴이 미어졌다. 그는 자기의 외교관 일생이 이렇게 불명예스럽게 끝났다는 사실을 받아들이기 힘들어했다. 워크 홀릭의 전형으로 일요일이나 공휴일도 없이 집과 사무실만을 시계추처럼 살아온 30여년이 아니었던가. 그가 하는 유일한 운동은 '숨쉬기 운동'이라고 그의 아내가 놀릴 정도로 일 밖에 모르던 사람이었다. 나뿐만 아니라 그를 알고 아끼던 많은 이들이 그의 억울함을 느꼈던 모양이다. 『월간조선』 5월호에 정부의 부당한 인사에 관해 비판한 '반기문 인물연구'라는 특집 기사가 게재되었다.

평소와 달리 감정이 격해서 자신의 억울함을 호소하던 그날의 모습이 진짜 사람답게 비쳐졌다면 지나칠까. 그날 우리는 술을 많이 마셨다. 나는 노는 것도 연습이 필요하다고 강조했다. 놀아본 사람들이 잘 노니까 이제부터라도 부인 손잡고 지하철도 타고, 시장도 다니며, 골프도 치라고 권했다. 우리는 그가 뉴욕으로 떠나기 전 몇 달 동안 자주 어울렸다. 고향 선후배들과 지인들이 그를 위로하기 위해 자리를 주선했고 나도 그 자리에 합석하였기 때문이다.

유엔총회의장 비서실장으로 발탁되어

그러다가 6월에 유엔으로 그것도 국장급 자리에 간다고 알려왔을 때 나는 극구 말렸다. 차관까지 한 사람이 어떻게 비서실장을 맡느냐고, 더구나 내가 비서직을 해보았기 때문에 그 직책의 긴장과 고단함을 누구보다도 잘 알고 있었기 때문이다. 그러나 그는 직책이나 지위 고하를 막론하고 일이 필요한 사람이었다. 세상에서 가장 행복할 때가 일하는 순간이라고 말하곤 했으니까. 돌이켜 보면 그의 일생을 통해 전화위복이 된 결정이었던 셈이다.

조영식 총장께서는 유엔으로 떠나는 그를 위해 조선호텔 Nineth Gate에서 오찬을 하시면서 그의 장도를 축하했다. 조 총장님도 반 총장에게 관심을 기울여주신 분 중의 하나이지만 그의 가장 큰 장점은 그가 모신 역대 외교부 장관들이나 상사들이 하나같이 그를 아끼고 걱정해준다는 사실이다. 그의 성실성과 충성심은 타의추종을 불허한다. 외교부에서는 그런 그의 업무 태도에 대해 많은 일화가 회자된다고 한다. 하여튼 보통 사람이라면 불가능할 정도의 인내와 성실성을 타고난 것 같다.

그해 7월 말 나는 학교업무로 뉴욕을 방문하였다. 나의 친구인 이경희 교수의 부군이 뉴욕 총영사로 재직하고 있었기 때문에 이 교수 내외와 반 총장 내외를 만나 Korea Palace라는 한국 식당에서 유쾌한 시간을 가졌다. 서울에서보다 훨씬 밝고 의욕이 넘치는 반 총장의 모습을 보니 유엔에서의 업무를 즐기는 것 같았다. 그때의 경험과 유엔에서 쌓은 많은 나라 사람들과의 인맥이 후일 사무총장이 되는데 많은 도움이 되었다고 했다. 그는 내가 미국에서 출국할 때 공항까지 데려다 주었다. 자신의 과거와 미래는 생각하지 않고 오직 현재의 삶에 충실한 그의 생활 자세는 항상 경이로웠다.

장관 발령을 받고도 저녁약속을 지키다

유엔에서 비서실장 임무를 마치고 귀국한 반 총장과 나는 가끔 만나 서로의 근황을 안주삼아 술잔을 기울였다. 정치에는 문외한인 나는 그를 통해 국제적인 현안에 대해서 많은 것을 듣고 이해하게 되었다. 당시 노무현 정부는 미국과 원만한 관계가 아니었던 모양이다. 외교통상부 장관 후임으로 자주 거론된 반 총장과 노정권은 코드가 맞지 않았다. 어느 날 저녁 그를 만나 식사를 하는데 미국 정부에서 반 총장이 외통부 장관으로 적임자라고 추천하니까 국정원에서 기분 나쁠 정도로 자신의 뒷조사를 한다고 불평을 했다. 그러나 이상하게도 야당과 국회에서조차 호의적인 태도를 보여준다고 했다.

마침내 그가 2004년 1월 16일 장관으로 임명되었다는 뉴스를 들었다. 공교롭게도 장관으로 임명된 다음날 저녁 반 총장을 비롯하여 몇 사람이 식사를 하기로 선약이 되어있었다. 우리는 저녁식사를 취소하리라고 예상하고 그에게 전화를 했다. 그는 약속은 지킬 수 있으니 장소만 정부종합청사 뒤의 식당으로 옮기자고 했다. 모두 감동했다. 웬만하면 그런 상황에서 개인적인 약속을 취소하였거나 연기했을 것이다. 그러나 장관 임명식이 있는데도 불구하고 그는 끝까지 약속을 지켰다. 그런 그가 고맙고 자랑스러웠다.

유엔사무총장이 된 날 점심시간을 할애한 부부

반 총장에 관한 책들을 통해서 그가 어떻게 세계 대통령이 되었는지는 많은 사람들이 알고 있다. 나도 언론을 통해서 긴장의 연속이었던 선출 과정을 전해 들었다. 마침내 2006년 10월 8일 차기 유엔사무총장 당선이 확실하다고 발표되었을 때 나는 직접 그와 통화를 하고 점심 약속을 했다. 그날 수많은 언론사의 취재 일정에도 불구하고 반 총장 내외는 나의 초대에 응해서 롯데호텔 일식집에서 만났다. 개인적으로 큰 영광이었다. 두 내외는 사무총장이 되기까지의 애로사항과 후일담을 담담하게 들려주었다. 그들의 공통점은 과장할 줄 모른다는 사실이다. 자랑이나 허황된 표현이 그들의 DNA에는 없는 것 같다. 본인뿐 아니라 대한민국의 명예를 드높인 쾌거인데도 불구하고 항상 겸손하게 말하고 처신한다.

그의 첫 마디는 겁이 난다고 했다. 그러면서 미국의 라이스 국무장관을 비롯한 외국의 많은 지인들이 그를 도와주리라고 상상하지 못했다고 하였다. 그러나 그날 자신을 가리켜 카리스마가 없어서 유엔의 수장을 하기에 부적합하다는 유럽 쪽의 비판에 대해서는 불쾌감을 드러냈다. 그러면서 자기가 항상 마음에 담고 있는 말은 '칼날의 빛을 감추고 어둠 속에서 힘을 기르라'는 뜻의 중국의 고사 성어인 '도광양회(韜光養晦)'라며 앞으로 유엔에서 자기의 역량을 어떻게 발휘할 것인가를 지켜보라고 했다. 그는 세계의 유일한 분단국가인 한국에서, 그리고 최빈국에서 OECD의 하나가 된 발전된 국가의 외교관으로서 30여 년을 세계의 정치와 국제관계의 전문가이기 때문에 빈곤퇴치와 분쟁 해결에 최우선을 두고 싶다고 하였다.

한국의 모든 언론에서 반 총장에 관한 정보를 수집하면서 그의 유년 시절에 대하여 별로 알려진 것이 없었던 탓에 내게 많은 인터뷰 요청이 들어왔다. 반 총장이 몇 사람에게 나의 이름을 알려준 것이 빌미가 되어 나까지 덩달아 유명인사가 된 기분이었다. 그러나 그에게 누가 될까봐 대부분 거절하고 아리랑 TV와 조선일보 안용균 기자와의 인터뷰는 허락하였다. 안 기자와의 인터뷰 내용은 그가 공저한 「조용한 열정, 반기문」에 게재되어 있다.

반 총장 내외는 뉴욕으로 떠나기에 앞서 내게 선물도 보내왔다. 그리고 어디에 가더라도 우리의 우정은 변하지 않는다고 강조하였다. 2007년 사무총장직을 수행하면서 공식, 비공식적으로 서울을 방문할 때면 반드시 연락을 하여주는 반 총장! 바쁜 일정을 쪼갠 틈새를 이용해 30분이라도 만나 회포를 푸는 반 총장! 만날 수가 없으면 공항에 가는 길에 전화를 걸어 안부 인사를 하면서 안하고 가면 안 교수한테 혼날 것 같아서 한다고 소탈하게 웃는 반 총장! 그가 내 친구인 것이 자랑스럽다.

유엔 사무총장에 만장일치로 연임이 되고 나서

아래는 반 총장이 유엔 사무총장에 연임되었다는 뉴스를 보고 보낸 나의 이메일 축하편지와 반 총장의 답장이다.

2011. 6. 22

존경하는 반기문 사무총장님께

21일 친구들과 충주에 도착하여 거리마다 '반기문 연임축하' 현수막이 곳곳에 걸린 것을 보았습니다. 50여 년 전부터 많은 추억을 공유한 내 친구가 이렇게 화려한 부활을 하였다는 것이 믿어지지가 않았습니다. 정말 자랑스럽습니다.

22일 아침 탄금대 친구 집에서 연임확정 발표와 선서하고 수락 연설하는 장면을 TV를 통해 지켜보았지요. 서울에서 보고 듣는 것보다 더 각별한 감동이 드는 것은 총장님의 영광스러운 순간을 고향에서 들었기 때문이 아닐까 싶습니다. 총장님의 그 엄청난 노력과 겸손, 그리고 절제의 열매가 이렇게 세계인의 인정을 받았습니다. 조선일보 기사에도 '따뜻한 카리스마'와 '집요한 추진력'을 연임 성공의 키워드로 썼더군요.

총장님과 같은 인물은 하늘이 내는 것입니다.

더구나 동양적인 리더십의 본보기를 세계에 보여주신 혜안과 행동은 다음 5년의 임기를 통해서 더욱 빛을 발할 것입니다. 다시 한 번 연임을 축하드립니다.

2011. 6. 23

존경하는 안 교수님,

따뜻하신 격려와 축하의 말씀에 감사드리며, 오늘의 결과가 안 교수님을 비롯한 한국 국민 여러분들의 뜨거운 성원에 크게 힘입었다고 생각합니다.

지난 5년간 국제사회의 평화와 안전, 개발과 인권을 위하여 나름대로 많은 노력을 해왔고 제법 성과도 많이 올렸다고 생각하며, 아울러 느낀 바도 많았다고 봅니다.

그러한 차원에서 저에게 맡겨진 역사적 소명을 최선을 다하여 마무리하고자 겸허한 마음으로 감히 제2기에 계속해서 국제사회를 위해 봉사하겠다는 뜻을 밝힌 바 있습니다.

다행히 국제사회와 유엔 회원국 여러분들이 그간의 저의 노력에 대해서 호의적인 의견을 가지고 있고 적극적인 지지의사들을 보여주어 지난주의 안보리 만장일치 결의에 이어 어제는 총회가 만장일치로 저의 연임을 결정하여 줌으로써 제 전임자 Kofi Annan이 약 3개월에 걸쳐 진행했던 연임절차를 단 2주 만에 마무리하는 영광의 기록을 누리게 되었습니다.

이 모든 것이 국제사회가 가지는 유엔, 특히 사무총장의 책무에 대한 높은 기대를 상징한다고 생각하며, 전 인류의 미래를 위한 노력을 배가하고자 하는 저의 결의를 더욱 다지고자 합니다.

다시 한 번 성원에 감사드리며 댁내 건강과 행운이 늘 함께 하시기를 기원합니다. 안녕히 계십시오.

유엔을 방문하다

2016년 12월 말에 유엔사무총장의 임기가 끝난다고 그 전에 한 번 뉴욕에 다녀가라는 초대를 오래전에 받았다. 그러나 2014년 7월에 오른쪽 어깨 수술을 받는 등 건강이 허락하지 않아 여행을 미루고 또 미루었다.

2014년 8월 국제영어대학원대학교 총장으로 부임하면서 학교의 홍보를 위해서라도 유엔을 방문하여야겠다는 결심을 하고 반 총장에게 언제 방문하는 게 좋은지 타진하였다. 그는 2016년 3월 세계여성주간이 열리는 기간 중에 방문하는 게 좋겠다고 연락을 했다. 부랴부랴 유엔 방문 팀을 꾸렸다. 경희대 국제교육원 부원장인 이 정희 교수, IGSE 교육원 원장 박혜옥 교수 등을 포함하여 셋이 뉴욕을 방문하기로 하였다.

우리는 3월 12일 토요일 인천을 출발하여 당일 오전 10시 뉴욕에 도착하였다.

예약된 호텔에 도착하니 유엔사무총장이 보낸 꽃바구니가 내 방에 미리 와 있었다. 감동이었다. 같이 갔던 여 교수들이 환호를 했다. 반 총장의 배려에 여독이 풀리는 것 같았다. 같은 날 저녁 우리는 유엔사무총장 관저 만찬에 초대되었다. 반 총장 내외는 나와 가까운 친지들까지 초대하여 융숭한 대접을 베풀어 주었다. 반 총장은 만찬 중에 자기가 외무부 사무관이었을 때까지 '기문아'라고 이름을 불러 유순택 여사가 싫어했다는 일화까지 웃으며 말했다.

나의 체류 기간 중에 중국의 봉황 텔레비전에서 '반 총장의 하루'를 다룬 다큐멘터리를 찍는데 그의 청소년기와 가족생활에 관해서 내게 영어로 인터뷰해주기를 요청했고 그들과 같이 찍은 옛날 사진들도 갖고 오라고 부탁했었다. 우리는 식사 후에 그 사진들을 돌려보며 잠시 60여 년 전의 일들을 회상했다. 그리고 관저의 곳곳을 돌아보았다. 놀라운 것은 엄청난 숫자의 초상화들이었다. 10년 동안 세계 각 나라를 방문할 때마다 초상화들을 선물해주어 어떻게 보관해야할지 걱정이라고 말했다. 그리고 그가 승진시킨 유엔의 고위직 여성들 60여 명을 모아 액자로 만든 사진을 보여주며 자기가 있는 동안 여성들을 고위직에 임명한 사실을 자랑스러워했다.

3월 14일 월요일 우리 일행은 제60차 유엔 여성지위위원회 연례총회 개막식에 참석했다. 그는 개막식에서 유엔 회원국 중 의회에 여성이 없는 국가는 5개, 내각에 여성이 없는 나라는 7개국이고 "출장을 갈 때마다 여성이 겪는 고충, 특히 정치에서 배제되고, 여성의 인권이 침해당하는 한 분쟁은 계속될 것"이라며 "남녀노소, 부자와 가난한 자 모두가 존엄성을 갖고 살 수 있도록 여러분들의 강력한 리더십과 의지를 촉구한다."고 역설하였다. 유순택 여사와 VIP석에서 그의 힘찬 연설을 듣고 유 여사에게 오늘 연설 참 잘한다고 칭찬했더니 언니 덕분이라고 농담을 해서 웃었다.

그날 오후에 중국 봉황 TV에서 가난했던 청소년기에 우리가 얼마나 영어공부에 열중했는지, 미국 방문하게 되었을 때 갖고 갈 선물을 걱정해서 후배인 유순택 여사를 소개하여 손수건을 만들어 주도록 한 것이 두 사람의 인연의 시작이었다는 이야기를 했다. 옆에 있던 유엔 직원들은 'handkerchief love story'가 제일 재미있다며 박수를 쳤다.

그 다음 날에도 반 총장은 우리 일행을 위해 안내원까지 배정하여 유엔빌딩의 곳곳을 돌아보는 기회를 만들어주고 바쁜 일정에도 불구하고 사무총장실 옆방에서 오찬을 주재하였다. 유엔빌딩의 38층에서 뉴욕 시내를 내려다보며 세계 대통령, 반 총장과 부인, 그리고 아들까지 참석하여 오찬을 하게 되니 그런 친구를 가진 내가 정말 행복한 사람이라고 생각했다. 나와 동행한 여 교수들은 반 총장의 환대에 입을 다물 줄 모르고 나를 다시 보게 되었다고 말했다.

그뿐이 아니었다. 10년 동안 교민들 초대에는 한 번도 가지 않았던 반 총장이 김영길 회장의 즉석 초대에 응하여 목요일 저녁 뉴저지 김 회장의 자택으로 내외가 참석했다. 김 회장의 아내인 내 후배 유선종 사장은 밤에 화분에 꽃을 심는 등 밤 세워 손님 맞을 준비를 하였다. 더구나 경호원들이 일곱 명이나 되어 그들을 위한 식사까지 준비하였다. 아무튼 일주일이라는 짧은 방문 기간 중에 나의 일행은 반 총장 내외를 세 번이나 만나서 식사하는 영광을 누렸다. 현직에 있는 동안 반 총장을 보겠다고 뉴욕까지 갔던 나의 여행은 얼마나 값지고 풍요로운 추억이 되었는지 모른다. 두 내외의 친절은 두고두고 잊을 수가 없을 것이다.

에필로그

뉴욕을 방문했을 때 나는 친구 자격으로 그가 대선에 출마하지 않기를 바란다고 말했다.

평생 동안 어느 누구한테서도 욕을 먹거나 비난을 받아보지 않고 살아왔는데 정치판에 들어서는 순간 온갖 모략과 시련에 시달릴 것이고, 반 총장의 기질에 그런 수모를 견디지 못할 것이라 여겼기 때문이다.

그러나 그는 금년 1월에 귀국 일성으로 대선에 출마한다고 선언한 이후 갖은 곤욕을 치렀다. 그에 관한 뉴스를 들을 때마다 내 마음도 타들어갔다. 나의 예측대로 그는 온갖 루머에 견디지 못하고 3주 만에 뜻을 접었다. 2월 1일, 수요일이었다. 그 다음날 아침 출근 전에 이메일을 보냈다. 마음이 안정되면 소주 한 잔 살

테니 연락하라고. 그날 오후에 그의 전화를 받았다. 금요일 저녁에 집 근처로 오겠다는 것이었다. 내가 근무하는 학교가 조용하니 학교에서 만나기로 했다.

금요일 오후 5:30. 경호팀이 미리 와서 둘러보았다고 했다.

나는 전직 유엔사무총장이 경호를 받고 있는지 모르고 있었기 때문에 당황했다. 하여튼 내 근무처인 국제영어대학원대학교는 비상이 걸렸고 모든 교직원들이 흥분했다. 전 유엔사무총장 내외가 우리 학교를 방문한다는 사실이 믿기지 않는 듯했다. 반 총장 내외가 도착하자 모두 사진들을 찍느라고 난리가 났다. 퇴근했던 외국인 교수들조차 다시 학교로 와서 사진을 찍었다. 우리 학교의 영광이었다. 내 단골 일식집에 가서도 손님들과 주방 조리사들도 박수로 환영하였다. 그리고 출마 포기를 아쉬워했다. 그의 내외와 나는 오랜만에 청주를 마시며 더 이상 가짜 뉴스로 마음 졸이지 않게 되어 다행이라고, 이제부터 회고록이나 쓰면서 제2의 신혼을 즐기라고 덕담을 건넸다.

반 총장과 나의 60여 년 가까운 우정을 생각하면 그 공은 반 총장에게 있을 것이다. 어쩌면 우리는 전생에 남매였을지도 모르겠다. 나는 그를 남동생으로 생각할 만큼 항상 그의 안위를 걱정하였고 그는 언제, 어디서나 내게 연락을 하고 아무리 바빠도 나와의 약속을 칼같이 지켰다. 사람들은 남자와 여자 사이에 어떻게 우정이 가능하냐고 의문을 제기하지만 우리 두 사람의 오랜 관계야말로 우정의 금자탑이 아닐까.

두 여자 이야기

- 엄마와 딸의 삶의 기록

- 신창 표씨 을필 여사 약력

· 1921년 5월 18일(음력) 출생하시다.

· 1940년 스무 살에 안용복과 결혼하시다.

· 1941년 장녀 정희 출산 이후 42년 영수, 44년 경자, 46년 경옥, 48년 경숙, 그리고 1949년 장남 복현을 출산하여 슬하에 5녀 1남을 두시다.

· 1950년 6월 24일(음력) 남편 안용복이 빨치산에 총살당하여 서른 살에 홀로되시다.

· 생계를 위하여 바느질, 잡화가게, 양품점, 세탁부, 가사도우미 등 온갖 허드렛일로 6남매를 키우시다.

· 1984년 4월 19~29일 동맥경화로 고려병원에 입원하시다.

· 1988년 11월 29일 뇌경색으로 경희의료원 입원하시다.

· 1996년 치매증세가 나타나시다.

· 1998년 방광암이 발병하시다.

· 1999년 3월 28일(음력) 향년 79세에 별세하시다.

기억의 뜰에 들어서며

어느 날 내 딸이 외삼촌(안복현 전 제일모직 사장)의 홈페이지에 들어갔더니 거기에 어머니(할머니)를 회상한 대목이 있다고 알려주었다. 서둘러서 검색을 하였더니 동생은 아래와 같이 엄마를 추억하는 글을 남겼다.

한 시에 공부하다 졸리면 밖에 나가 장독대 위의 하얀 눈으로 세수하고는 들어와 다시 공부하던 일들이 기억난다. 내가 눈 세수하던 날 나는 나로 하여금 눈물을 흘리게 만드셨던 돌아가신 나의 어머니를 잊을 수가 없다. 2학년말 그 추운 겨울 석 달 열흘을 매일 새벽 1시에 내가 잠든 것을 확인하고 나의 합격을 위해 장독대에 정한수 한 그릇을 떠놓으시고 백일기도를 하시곤 했던 어머니를 나는 보았다.

그날도 어머니는 새벽 1시에 내가 잠든 줄 알고 장독대에 쌓인 하얀 눈 위에 물을 떠놓고 하늘을 바라보시며 두 손으로 이 아들을 위해 애타게 빌고 계셨던 것이다. 오늘의 나는 어머니 덕분에 있다고 하겠다.

엄마(생전에 이렇게 불렀다)가 별세하신 지 벌써 18년째다.

내 나이도 벌써 여든을 바라본다. 살기에 급급하여 엄마의 생전 모습도 가물가물해지고 있는데 작가 최인호와 신경숙의 소설 「어머니는 죽지 않는다」와 「엄마를 부탁해」를 읽었다. 나는 불에 덴 듯 잊혀져가는 엄마에 대한 기억의 끈을 붙잡으려는 자신을 발견했다.

34년간의 교직생활을 마감하고 나니 신산하였던 젊은 날의 일들이 주마등처럼 스쳐간다. 그 중심에 엄마가 계시다. 내 육체뿐만 아니라 영혼의 시작과 끝이라고 할 수 있는 분이다.

나는 엄마를 통해서 세상의 이치를 배웠다. 참을성과 포기하지 않는 끈기를 배웠다. 그리고 주변 사람들에 대한 이해와 배려를 전수받았다.

마음의 갈피를 한 장 씩 헤집어보며 엄마에 대한 기억을 더듬는다. 그리고 떨어진 꽃잎을 줍는 어린애처럼 엄마에 대한 그리움들을 한 가지씩 건져본다.

1950년 한반도를 초토화시킨 6·25전쟁이 대문 밖을 모르고 살아온 엄마에게 가난과 인고의 기나긴 터널의 시작이었다. 꽃다운 서른 살에 혼자가 되어 연년생으로 낳은 육남매를 당신을 온전히 희생하면서 길러내신 엄마. 자식이 당신에게 땅이고 하늘이었던 엄마. 엄마는 우리 6남매에게 골고루 당신의 추억의 흔적을 남기고 떠나셨다.

여기에 정리하는 기억의 편린들은 나와 관련된 엄마의 이야기이다. 다른 형제들의 기억과 상충되는 것이나 잘못 기억하고 있는 것들도 있을지 모르겠다. 그러나 엄마와 관련된 추억들이 망각의 너울이 덮치기 전에 마음 갈피를 들추어 흔적들을 정리하기로 하였다.

감꽃 피던 봄날

내 유년의 기억은 충주시 지곡이라는 마을에서 시작된다.

호암지라는 저수지가 멀지 않은 나지막한 산을 끼고 있던 한적한 곳이었다. 동네 한가운데 연못이 있어 여름이면 연꽃 위의 이슬이 보석처럼 아침 햇살에 눈부시고, 동네 앞개울에서는 빨래하는 아낙네들의 방망이 소리가 정적을 깨던 곳이었다. 우리 집은 기역자로 지어진 흙담 벽의 초가였다. 세 개의 방을 장작더미가 둘러싸고 마당 한가운데 펌프가 있었다.

아버지와 엄마가 같이 계시던 기억은 많이 남아 있지 않다. 아버지가 아홉 살에 돌아가셨기 때문이다. 내 기억 속에 가장 아름답게 남아 있는 것은 두 분이 텃밭에서 함께 일하시던 모습이다.

1950년 감꽃이 흐드러지게 피어 있던 화창한 날이었다. 두 분은 집 뒤 낮은 둔덕에 있는 밭에서 파를 심고 있었다. 햇살은 투명하게 나뭇잎들 위에 부서져 내리고 있었다. 벌들이 윙윙 거리고 나비들도 훨훨 날아다녔다. 아버지는 경찰서에 근무하셨기 때문에 퇴근 후나 일요일에 밭에 나와 채소를 가꾸어 부식거리를 조달하였다. 나와 동생들은 옹기종기 모여 감나무 밑에 떨어진 감꽃들을 주워 실에 꿰어 목걸이를 만들고 있었다.

아버지는 서른두 살, 엄마는 서른 살이었다.

스무 살에 결혼한 엄마는 연년생으로 딸만 다섯을 낳아 아버지에게 시앗을 보라는 시어머니의 등쌀에 마음고생이 심했다고 한다. 아들을 낳으려는 엄마의 노력은 눈물겨웠다. 일찍 혼자가 되신 외할머니는 불심이 깊으셔서 집에서도 보살들이 입는 회색 승복을 입고 계실 정도였다. 외할머니는 엄마를 데리고 절에 백일기도를 다니셨다.

내가 대여섯 살쯤 외할머니와 엄마를 따라 절에 따라 갔었다.

충주 남산에 있었던 절이어서 절 이름은 모르지만 꼬불꼬불한 산길이 어린 내게 힘이 부쳤다. 그래도 산을 온통 붉게 물든 진달래 꽃잎을 따먹으며 걸었다.

마침내 1949년 음력 9월 19일 새벽 4시에 남동생이 태어났다. 쌀쌀한 가을 새벽이었다. 엄마가 출산의 기미를 보이자 할머니는 우리를 모두 깨워 한 방에 모아 놓았다. 외할머니가 부엌에서 군불을 지피고 물을 끓이며 방을 들락거리시더니 마침내 아기가 태어났는지 외할머니가 외쳤다.

"이 고추 어디 갔다 인제 왔니?"

그 소리에 아버지가 어디 계셨는지 쏜살같이 달려오셨다.

어른들의 흥분에 전염이 되어 우리는 찬 새벽에 밖에 나가 노래를 불렀다.

새벽달이 또렷이 서쪽 하늘에 빛나고 있었다. 동네 사람들도 우리 집의 소란에 밖으로 나와 웅성거렸다.

"안경사님 댁에 경사 났네."

엄마가 산후조리를 하는 안방은 우리에게 출입금지 구역이 되었다.

아기를 보려면 뒷방을 거쳐야 했다. 아버지는 안방으로 바람이 들까봐 문창호지로 겹겹이 발랐다. 어른들이 직접 말씀은 안했지만 우리는 남동생이 집안의 특별한 존재인 줄 알고 있었다.

스무 살에 결혼한 엄마는 그 다음 해부터 줄줄이 딸을 낳았다.

첫째로 태어난 언니 정희가 태어난 뒤 6개월 만에 나를 임신한 엄마는 할 수 없이 언니를 외할머니 댁에 맡겼다. 언니는 6·25

전쟁이 날 때까지 외할머니 댁에서 지냈기 때문에 언니와 같이 놀았던 기억이 전혀 없다.

둘째 딸로 태어난 나는 집안에서 환영을 받지 못했던 모양이다.

아들을 기대했는데 딸이 태어났으니 이름도 나만 남자 이름을 지어주었다. 처음에는 경수라고 불렀다. 그런데 어느 때부터인가 영수로 바뀌었다. '영수'의 영자도 '영(英)'이었다가 다시 '영(榮)'자로 바뀌었다. 엄마의 설명에 의하면 호적이 있던 면사무소(단양군 매포면)에 화재가 나는 바람에 면 서기들이 마음대로 이름을 바꾸었다니 그야말로 나는 요즘 표현으로 '무수저'라고 해도 과언이 아닐 것이다.

엄마의 바람과는 달리 내 뒤로도 계속 딸이 태어났다.

경자, 경옥, 경숙이가 연년생으로 태어났다. 엄마는 다섯 째 딸 경숙이를 낳고 보니 또 딸이어서 무서운 시어머니의 얼굴이 떠오르면서 요강에 집어넣고 싶은 충동이 생겼다고 한다. 딸만 낳은 엄마가 못마땅한 할머니가 아버지에게 시앗을 봐서라도 아들을 낳기를 권하셨기 때문이란다. 그러다가 여섯 번 째 아들을 낳았으니 아버지와 어머니의 기쁨과 흥분은 짐작하고도 남을 것이다.

이렇게 연년생으로 태어난 동생들 때문에 나는 본의 아니게 큰딸 노릇을 하였다.

언니는 외가에서 살고 있었기 때문이다. 당연히 육아에 지친 엄마를 도와 청소도 하고 등에는 항상 아기가 업혀 있었다. 어른들 말씀에 의하면 밖에 나가 놀 줄도 모르고 어른들 시키는 대로 심부름을 잘하는 온순한 아이였다고 한다. 우리 앞집에 사는 기와집

아주머니는 내가 크면 며느리 삼고 싶다고까지 하셨단다.

특히 엄마는 금이야 옥이야 아들만 챙기니까 그 위에 세 살짜리 여동생은 자연히 내 차지였다. 힘에 부치는데도 내가 업거나 힘들면 다리 위에 눕혀놓고 할머니가 하시던 대로 자장가를 흥얼거리면 동생이 잠들곤 했다.

동생들 돌보느라고 아버지는 나를 아홉 살에 초등학교에 입학시켰다. 그래서 초등학교 들어가기 전에 한글을 다 깨우쳤다. 학교에서 돌아오면 동생을 업고 먼지가 풀풀 나는 자갈 깔린 신작로에 나가 퇴근하는 아버지를 기다리는 것이 내 일과였다. 아버지는 그런 나를 특별히 귀여워하셨다. 가게에 들러 눈깔사탕을 사서 슬며시 내 손에 쥐어주시기도 하였고 연필도 깎아 필통에 가지런히 정리해주셨다. 아버지는 많은 자식들 때문에 눈코 뜰 새 없이 바쁜 엄마를 위해 장보기도 기꺼이 하셨다. 가을이면 장작을 패서 ㄷ자로 된 집 주위를 빙 둘러쌌다. 조용한 시골 마을에서 세끼 배불리 먹고 여섯 남매와 도란도란 한창 자식들과 재미있게 살 때였다.

감꽃으로 목걸이를 만들며 놀던 그 화창한 6월의 산들바람과 햇살을 방해한 것은 갑자기 나타난 비행기였다. 비행기는 요란한 굉음을 내며 우리 머리 위를 스쳐 지나갔고 아버지와 엄마는 일하던 것을 멈추고 몸을 일으켜 한참이나 비행기가 하얀 꼬리를 만들며 지나간 자리를 눈으로 좇고 있었다. 그것이 6·25전쟁을 알리는 불길한 전조였음을 우리는 몰랐다.

전쟁과 아버지의 피살

소박하고 단란했던 우리 집의 행복은 북한의 남침으로 깡그리 무너졌다.

전쟁이 발발하자 경찰서 경사였던 아버지는 동료들과 함께 남쪽으로 피난을 떠나셨다.

엄마는 한 살부터 열 살까지 올망졸망한 아이들을 데리고 떠날 엄두조차 낼 수 없었다.

북한군(당시 우리는 괴뢰군이라고 불렀다)이 충주를 점령하자 우리 집은 반동분자로 낙인이 찍혀서 식량을 비롯한 값나가는 것들을 모두 몰수당했다. 그리고 수시로 붉은 완장을 찬 인민군이 들이닥쳐 어린 우리들을 회유하고 협박하며 아버지의 행방을 꼬치꼬치 묻곤 했다. 엄마는 우리들에게 아버지가 장사꾼이라고 말하라고 시켰다. 그리고 아버지의 경찰서 정복을 땅 속에 묻었다.

식량을 몰수당한 우리 집은 끼니조차 이을 수가 없게 되었다.

쌀밥은 고사하고 꽁보리밥도 먹을 수가 없었다. 감자를 썰어 넣고 밀기울로 수제비를 끓여먹는 게 고작이었다. 그해 여름 나는 밀가루에 체해서 배가 맹꽁이처럼 부풀어 올라 무척 고생을 했다. 약을 쓰지도 못했지만 죽을 팔자가 아니었던지 시나브로 살아났지만 지금도 밀가루 음식은 별로 당기지 않는다.

전쟁이 막바지에 이르러 유엔군의 공습이 시작되었다.

공습이 잦아지면서 우리 마을에도 사상자가 생겨났다. B-29 비행기가 날아오면 우리는 방구석에 이불을 뒤집어쓰고 숨었다. 쾅

하고 폭격 소리가 나면 천장에서 뿌연 먼지와 흙덩이들이 머리 위로 쏟아져 내렸다. 어느 날엔가는 파편에 맞은 장독대의 항아리가 깨져 간장이 콸콸 쏟아졌다. 공습이 끝나 밖으로 나가보면 마을 앞 논이 호수처럼 움푹 패어 있었다. 앞집 새댁도 파편에 맞아 죽고, 공습을 피해서 호암지 토굴에 숨었던 사람들이 굴이 무너져 몰살당했다. 그렇게 6・25전쟁은 평화로운 시골 마을을 초토화시키면서 무덥고 긴 여름을 지옥의 아비규환으로 바꾸어 버렸다.

그런데 남쪽으로 피난을 떠나셨던 아버지가 대열을 이탈하여 혼자 집으로 돌아오시다가 괴산군 살미면에서 인민군에게 잡혔다. 가족들 다 죽이고 혼자 살아남으면 무슨 소용이 있느냐고 이탈을 감행하였다는 것이다. 만약 갓난아기였던 남동생이 없었다면 돌아오지 않았을 것이라는 게 엄마의 추측이었다. 고문과 구타에 갈비뼈가 부러지고 온몸은 구렁이 감은 듯 퍼렇게 멍이 든 아버지를 보도연맹에 관련되어 있던 외가의 친척 도움으로 빼내 집으로 모셔왔을 때에는 폐인이 되어 있었다. 집에 오신 아버지는 요를 몇 장 깔고도 누워있지 못하고 고통스러워 하셨다.

아버지가 돌아가신 날은 연꽃이 흐드러지게 핀 여름날 오후였다.

음력 6월 24일이었으니 더위가 가장 기승을 떨던 후텁지근한 날이었다.

나는 연못가에서 친구들과 땅따먹기 놀이를 하고 있었다.

키가 훌쩍 큰 아버지가 구부정하게 걸어 나오는 것이 보였다.

나는 달려가 아버지에게 매달렸다. 그것이 마지막이었다.

빨치산이었던 경찰병원 의사가 치료받으러 간 아버지를 밀고했던 것이다.

그들은 아버지를 병원에서 곧장 호암지 야산으로 끌고 가서 총살을 했다.

같은 시간에 엄마는 펌프 물을 놋대야에 받아 햇볕에 놓아두었다가 남동생 목욕을 시키고 있었다. 나는 그런 엄마를 도와주고. 그때 동네 주민이 헐레벌떡 대문 안으로 뛰어 들어와 소리쳤다. 아버지가 총살당하였다고.

엄마는 거의 실신 상태로 할머니와 같이 황망히 뛰어나갔다.

그토록 맑고 무더웠던 그날 오후에 갑자기 소나기가 내려 빗물이 내 발목에 찰 만큼 마당에 흥건히 고였다. 이웃집 어른이 집에 와서 멀건 수제비를 끓여주셨다. 그런데 소나기가 그치고 석양이 빨갛게 하늘을 물들였다.

핏빛 노을이 무심하게 어린 육남매를 지켜보았다. 지금도 그날의 기억이 무선영사기에서 돌아가는 화면처럼 선명하다. 엄마는 이웃사람들의 도움으로 아버지의 시신을 홑이불과 거적으로 둘둘 말아 매장했다고 하였다.

6·25전쟁은 화목했던 한 가정을 쑥대밭으로 만들었다.

그리고 죄 없는 젊은 아낙네와 어린이들을 길고도 고달픈 가난의 터널 속으로 몰아넣었다. 9·28수복까지 우리 가족은 굶주림이 무엇인지 몸으로 체득하였다.

꽁보리쌀조차 구경할 수 없었다. 넋이 나간 엄마 대신에 외할머니께서 살림을 도맡아하셨는데 할머니는 방앗간에 가서 밀기울을 얻어다가 감자를 썰어 멀겋게 국을 끓여 우리들에게 주셨다. 내가 밀가루에 체해서 배가 맹꽁이처럼 부풀어 올라도 아무도 신경 쓸 겨를이 없었다.

남쪽으로 피난을 떠났던 외삼촌들이 돌아오셨지만 우리 집은 그 이후로 그저 망망한 대해에 버려진 난파선 같았다.

결혼 전의 엄마

엄마의 어린 시절은 유복하였다고 한다.

제천군 수산면 신창 표씨 집성촌에서 3남 1녀 중 장녀로 1921년 5월 18일(음력) 태어나셨는데 머슴들 몇 사람이 농사를 짓는 부농이었다. 다만 외조부가 일찍 돌아가셔서 엄마는 할아버지 밑에서 충청도 여인의 부덕을 배웠다.

엄마 밑의 외삼촌 두 분은 청주농고와 충주사범을 나오셨다.

그러나 엄마는 엄격한 할아버지 때문에 학교 문턱에도 가보지 못했다. 이것이 엄마의 평생의 한으로 남았다. 남동생들 어깨너머로 한글을 겨우 깨우쳤을 뿐 당시 규수들이 으레 그렇듯이 예의범절과 음식, 바느질 등을 배웠다. 엄마의 바느질 솜씨는 마을에서 칭송이 자자할 만큼 뛰어나서 나중에 밥벌이의 수단이 되었다.

엄마는 동글납작한 얼굴과 박꽃 같은 피부를 가진 자그마한 키의 통통한 모습을 한 처녀였다. 나는 엄마가 흑단 같은 긴 머리를 빗어 넘겨 쪽찌는 모습을 지켜보기를 좋아했다. 그리고 모시 치마저고리를 입고 외출하는 모습을 보면 가곡 '그네'의 가사가 생각난다.

처녀 시절에 엄마에게 반한 청년이 있었다고 했다. 사범학교를 다니던 그는 엄마네 집이 내려다보이는 빙현동 개울둑 위에서 몰래 훔쳐보며 가끔 연애편지를 던져 외할아버지한테 들켜 불호령이 떨어지기도 했다. 엄마는 속으로 그 청년한테 시집가고 싶었다고 한다. 그러나 외조부의 반대로 단양군 매포면에 사는 안용복이라는 청년과 혼사가 이루어졌다.

아버지는 4형제 중 막내였고 위로 누님이 한 분 계셨다.

아버지를 뺀 위 형제들은 학교 문턱에도 가보지 못하였다. 아버지만 당신이 혼자 급사로 일 하면서 초등학교나마 마쳤다고 한다. 허기진 배를 너무 졸라매서 결혼 후에도 졸라맨 자국이 남아 있었다고 한다. 아버지는 집을 떠나 운전기술을 배워 트럭 운전사가 되었다. 당시로서는 인기 있는 직종으로 돈도 제법 버는 직업이었다고 한다. 엄마는 큰 트럭의 운전석에 앉아 검은 안경을 쓰고 머리는 포마드를 발라 뒤로 넘긴 핸섬한 20대의 앳된 아버지의 사진을 보물처럼 간직하고 계셨다.

아버지를 잃고 우리가 어쩌다 친할머니 댁에 가면 당시에도 장판이 아닌 가마니 위에서 살고 있었다. 친할머니는 키가 크고 항상 긴 장죽을 물고 계셨는데 일찍 아들을 잃어서인지 어린 친손녀들에게 눈길 한 번 주지도, 다정한 말씀 한 번 하신 기억이 없다. 우리에게는 그저 무서운 할머니였다.

갓 스무 살에 엄마는 결혼하고 충주에 신접살림을 차렸는데 행복했다.

아버지가 알뜰히 모은 돈으로 집 한 칸도 마련했고 손재봉틀도 장만하셨다. 친정집이 풍족했던 엄마의 혼수는 발재봉틀과 모본단, 양단, 비로도, 깨끼 등 한복을 바리바리 싣고 시집와서 나는 초등학교 6학년 때까지도 엄마의 헌옷을 뜯어 만든 치마저고리를 입고 다녀야 했다.

10년 동안 엄마의 결혼 생활은 아이 낳기로 점철되었다.

아들 낳을 때까지 줄기차게 출산을 하였다. 그러나 아버지는 전혀 내색하지 않고 딸들을 귀여워 하셨고 엄마도 무척 아꼈던 것 같다. 의처증에 가까울 만큼 마누라의 바깥출입을 싫어해서 반찬거리나 심지어 애들 옷감도 시장에서 사다 주셔서 아버지가 흉탄에 쓰러지실 때까지 엄마는 울타리 밖의 세상을 모르고 살았다.

겨울피난

아버지의 피살로 인한 충격과 혼란에서 헤어나기도 전 겨울에 닥친 1·4후퇴에 우리 가족은 잃을 것도 없는 집안이었지만 그 지겹던 여름의 공포를 되풀이하고 싶지 않다고 피난을 떠나기로 하였다.

외할머니 댁에서 일하는 일꾼이 커다란 고리에 짐을 지고 외할머니와 엄마는 머리에 보따리를 이고 6남매를 이끌고 피난길에 나섰다. 한 살 위인 언니는 두 살 된 남동생을 업고 아홉 살인 나는 막내 여동생을 업고 눈 덮인 산길을 걸었다. 그러나 하루 종일 가도 십리도 가지 못했다. 게다가 괴상한 풍문이 피난길의 아낙네들을 괴롭혔다. 코 큰 미군이 젊은 여자만 보면 겁탈한다는 소문에 주변에 미군이 나타났다는 소문이 나면 엄마는 얼굴에 숯을 바르고 헛간에 숨느라고 피난길이 자꾸만 더디어졌다.

열흘 동안 걸어서 겨우 피난 보따리를 푼 곳이 괴산군 청천면이었다.

식구들이 많다고 어느 집에서도 방을 빌려주지 않아 겨우 빈 집이었던 강가의 외딴 집에 우리 식구들은 거처를 잡았다. 헛간 같은 집이었다. 방안에 있으면 바람소리가 어찌나 크게 들리던지 지금도 겨울이면 가끔씩 문풍지가 바람에 윙윙 소리를 내던 환청이 들리곤 한다.

황량한 강바람이 몰아치던 높은 언덕의 그 집에서 아래를 내려다보면 꽁꽁 얼어버린 강과 그 위를 휘젓고 있는 바람뿐이었다. 인적이라고는 없고 어쩌다 지나는 사람들은 홍역으로 죽은 자식들을 지게에 지고 강가를 따라 걸어가던 어른들뿐이었다. 우리 집에도 남동생과 여동생이 한꺼번에 홍역에 걸렸다. 어른들은 여동생은 죽어도 괜찮다고 얼음장 같은 윗목으로 밀쳐놓고 남동생에게 매달려 페니실린 구하려 동분서주하였다. 나는 어린 마음에도 뒷목에 밀쳐져서 색색거리고 있는 여동생이 너무 가여워서 한참씩 들여다보곤 하였다.

그해 겨울은 유난히 길었다. 겨울이 끝날 무렵 우리는 충주로 돌아왔다.

집까지 없어져서 마땅히 살 곳이 없었던 우리는 외가에 얹혀살았다. 외갓집은 읍내의 일본 적산 가옥이었다. 집이 꽤 크고 넓었다. 안채와 바깥채를 연결하는 마당은 비를 피하기 위해 양철지붕으로 덮여 있었다. 햇빛이 들어오는 곳이 없어서 밤낮 어두컴컴했다. 어디에서 읽었는지 기억이 나지 않지만 탐정 소설에 나오는 검은 고양이가 긴 복도 끝에 있는 화장실에 나타날 것 같아 소변을 쌀 정도까지 참았던 기억이 난다.

큰외숙은 광산을 한답시고 항상 외지에 나가 있었고 작은외숙은 폐결핵으로 고생을 하면서도 사진관을 운영하였다. 그 어두운 집에서 어두운 표정으로 그림처럼 앉아 있는 엄마와 우리는 한 집에서 신혼이었던 큰 외숙모의 눈칫밥을 견디어야 했다. 부농이었던 외가는 큰외삼촌의 연이은 광산 실패로 점점 기울어가고 있었기 때문에 외할머니와 외숙모가 항상 도끼눈을 뜨고 조무래기 육남매를 못마땅하게 흘겨보는 것 같았다.

졸지에 잃어버린 남편 때문에 삶의 의욕을 잃어버린 엄마였지만 외숙모의 눈칫밥을 견디어내기는 힘들었던 것 같다. 마침내 엄마는 독립을 선언하고 충주경찰서 옆에 구멍가게를 차렸다. 아버지가 살아계실 동안에는 대문 밖을 몰랐던 엄마가 장사 수완이 있을 턱이 없었다. 하루하루 고된 장사의 결과는 빚만 늘어나고 있었고 우리는 늘 허기가 져서 가게 주변을 얼쩡거리며 엄마 모르게 눈깔사탕을 슬쩍 훔쳐 먹기도 했다.

새파랗게 젊은 아낙네가 차린 가게에는 수상한 남자들이 들락거렸다.

경찰서에 근무하는 아버지의 동료며 친구들이라고 하였다. 우리 식구는 가게에 달린 쪽방에서 살았는데 자다 깨어보면 엄마의 손에 담배가 타고 있었다. 작은외숙이 홀로된 누이에게 담배를 가르쳤다고 한다. 불면의 밤에 담배 연기를 마시면 어지러우면서 잠을 잘 수가 있었다고 훗날 엄마가 말씀하셨다. 당시 엄마의 고통은 먹고사는 문제만이 아니라 남자들의 유혹이었다고 했다. 돌아가신 아버지의 친구들조차 유혹의 손길을 뻗쳤고 그런 엄마가 바람이라도 날까봐 외삼촌들은 엄마를 쥐 잡듯이 감시했다는 것이다. 그런 엄마에게 담배가 유일한 위안이 되었던 것이다. 구멍가게는 오래 가지 못했다.

분유사건

내남없이 가난하던 시절이었다. 초근목피로도 허기를 면하기 어려운 시절이었다. 우리는 농사짓는 집이 아니었기 때문에 세끼 해결이 엄마에게는 지상 최대의 과제였다. 꽁보리밥이라도 아이들에게 배불리 먹이고 싶었을 것이다. 그나마도 힘들어서 점심은 멀건 감자 수제비로 먹었다. 오직 남동생에게만은 꽁보리밥 가운데 흰쌀을 한 줌 넣었다가 먹이곤 했다.

이렇게 배를 곯으면서도 엄마는 우리를 모두 학교에 보냈다.

전쟁 직후에는 학교의 건물이 대부분 파괴되어 헛간이나 야외에서 수업을 했다.

이동식 칠판을 들고 이리저리 옮겨 다녔다. 봄부터 가을까지는 야외수업이 그런대로 가능했지만 겨울에는 남의 집 헛간 같은 데를 빌려서 공부를 했다. 필기도구는 물론 종이가 귀해서 교재와 노트를 구하기도 어려웠다. 나는 나이도 동급생들보다 한 살 많아서 항상 반장을 맡았다. 그보다는 나이에 비해 조숙하고 말 없고 혼자 있기를 좋아하는 성품 때문이 아니었을까?

당시에는 미국에서 원조해준 분유를 학교에서 배급을 받았다.

그 가루를 양철 도시락(소위 벤또)에 담아 밥에 찌면 딱딱하게 굳어지는데 그것이 유일한 간식이었다. 돌덩이 같은 우유조각을 입안에 넣고 우물거리며 허기를 달랬다. 우리 반에 아버지가 은행에 다니는 부잣집 딸이 있었다. 그녀는 머리를 곱게 빗어 뒤로 두 갈래로 땋아 내렸고 비단 한복에 두루마기까지 갖추어서 남루한 나머지 학생들과는 너무 차별이 나는 옷차림이었다. 그 애는 친구들을 경멸하는 듯이 혼자만 다녔다.

하루는 교실 바닥에 쏟아진 가루우유를 손가락으로 찍어먹는 나를 보고 거지라고 손가락질을 하였다. 반장을 맡은 모범생이었던 내가 그녀에게 달려들었다. 순하고 말이 없던 내가 어떻게 그런 돌발적인 행동을 했는지 지금도 믿을 수가 없다. 초·중·고등학교 생활 통 털어서 머리카락을 쥐어뜯으며 싸운 유일한 기억이다. 어린 마음에도 그녀의 말에 모멸감과 수치심을 느껴서 그런 극단적인 행동으로 나오지 않았나 싶다. 그리고 그녀의 경멸에 찬 모욕이 평생 지워지지 않는 상처로 남았다.

어릴 때부터 나는 집에서 혼자 놀기를 좋아했다.

전쟁이 나기 전에는 엄마가 모아 놓은 색색의 천 조각들과 수놓는

색실을 모아 정리하는 게 즐거움이었고 글자를 배우고부터는 책 읽는 것을 좋아했다. 동무들과 숨바꼭질한 기억도 없고 어울려 몰려다닌 기억도 없다. 아버지가 돌아가시고 밀기울조차도 구하기 힘든 시절부터는 배만 고픈 게 아니라 마음도 고팠다. 책은 배고픔과 마음의 허기를 잊게 하는 마력을 지니고 있었다. 나는 손에 잡히는 것은 닥치는 대로 읽고 또 읽었다. 어린이 도서나 문학전집을 구할 수 없었던 그 당시에 김내성, 김말봉, 정비석씨 등의 소설과 「야담과 실화」와 「아리랑」 같은 성인 잡지도 내가 즐겨 읽던 것들이다. 초등학교 4학년 때는 청주에서 열린 백일장에서 추석 무렵의 쌀쌀한 날씨에도 여름옷 차림으로 학교를 다니던 내 이야기를 써서 입상하기도 했다. 겨울에도 엄마가 입던 헌옷을 뜯어 만든 한복을 입고 코트는 감히 생각도 못하고 한겨울을 나야 했으니까.

외갓집에서 나온 우리는 빙현동 허름한 초가집에 세를 얻었다.

엄마는 읍내에 양품점을 차려서 낮에는 집에 안 계셨다. 외할머니는 자주 들여다보셨지만 주로 애들만 오글오글 남아 있었다. 당연히 밥은 우리들이 해야 했다. 나는 일하는 게 싫었다. 밥 당번이 되면 보리쌀을 솥에 넣고 제재소에서 얻어온 젖은 생나무쪼가리와 톱밥을 때서 밥을 짓는데 아궁이에서 불길은 쉽게 안 붙고 연기만 자욱했다.

나는 밥솥에 신경을 쓰기보다 불쏘시개로 얻어온 신문지나 찢어진 잡지를 읽는데 정신이 팔려서 어떤 때는 밥이 타는 줄도 몰랐다. 밖에서 돌아오신 할머니가 밥 타는 냄새에 놀라 부엌으로 쫓아 들어오시면 나는 소스라쳐서 도망을 갔다. 등 뒤에서 할머니가 이를 악물고 외치는 소리가 들렸다.

"이 소 잡아먹고 죽은 귀신아!"

학교에는 도시락 싸갈 형편도 되지 못했다.

꽁보리밥과 된장찌개가 전부여서 가져갈 반찬이 없었기 때문이다.

꽁보리밥이라도 실컷 먹고 싶었다. 막내 남동생만을 위해서 한 줌의 쌀을 보리밥 가운데 얹었다가 퍼주면 우리는 하얀 쌀이 섞인 밥이 너무 먹고 싶었다. 양품점도 일 년을 버티지 못하고 문을 닫았다. 엄마가 잘할 수 있는 일은 바느질뿐이었기 때문에 바느질품을 팔아 생계를 꾸렸다. 큰외삼촌마저 광산 하다가 쫄딱 망해서 종적을 감추셨다. 외갓집도 풍비박산이 나서 외숙모는 친정으로, 작은외숙은 초등학교 교사로 발령이 나서 외할머니와 같이 단양의 오지에 있는 학교로 떠나셨다.

어느 해인가는 형편이 너무 어려워지자 엄마가 우리를 잠시 큰댁에 맡기려고 단양에 갔지만 큰아버지는 엄마가 재가하려는 줄 알고 매몰차게 우리를 쫓아내더란다.

젖은 양말

남산초등학교를 졸업하고 나는 충주여중에 합격이 되어 입학식 날 학교에 갔다.

하필 비가 내렸다. 입학식장은 양초를 먹여 바닥이 유리알처럼 반들반들한 강당이었다. 윤이 나는 강당 마루에 나의 젖은 빨간 양말이 걸을 때마다 붉은 무늬를 그리던 부끄러운 기억이 생생하다. 1학년 신입생들 이름을 호명하는데 내 이름을 부르지 않았다. 누군가 내게 입학금을 내지 않았으니 집으로 돌아가라고 했다.

나는 집으로 바로 가지 않고 상당히 먼 호암지까지 비를 흠뻑 맞으며 걸었다.

처음으로 죽고 싶다고 생각하였다. 그리고 집에 돌아와 어두운 골방에서 하루 종일 훌쩍거리며 울었다. 다음 날 엄마가 학교를 찾아가 사정사정하여 입학금 날짜를 연기시켜서 중학교를 다닐 수 있게 되었다.

엄마는 당신이 공부를 하였다면 밑바닥 인생은 안 되었을 것이라고 푸념을 하셨다.

6남매를 먹이고 입히기 위해 남의 집 밥을 해주거나 삯바느질을 하는 등 험한 일은 하지 않았을 것이라고 했다. 그래서 딸이라도 가르쳐야 한다는 확고한 믿음을 갖고 계셨다. 단양에 사시는 큰아버지는 그런 엄마를 비웃었다. 딸년들은 초등학교만 마치고 식모로 보내 입 하나라도 덜라고 충고를 하였다. 먹을 것도 없는데 무슨 말라비틀어진 공부냐며 추수하면 조금씩 보태주는 식량을 갖고 올 때마다 엄마에게 강조하였다. 그런 큰아버지 말에 엄마는 흔들리지 않았다. 나와 언니를 가르쳐놓으면 두 애가 동생들을 책임지고 가르칠 것이라고 하셨다. 먹을 양식도 없고 심지어 학교 갈 때 도시락도 싸주지 못하면서도 엄마의 교육열은 식지 않았다. 아니 오히려 집념이 되었다고나 할까.

나는 조숙했다. 중학교 때도 계속 반장을 맡았다.

도시락을 싸갈 수 없었기 때문에 점심시간이면 도서실이라고 팻말이 붙은 조그만 교실에 들어가 서가에 꽂힌 책들을 꺼내 읽었다. 전쟁 직후였기 때문에 제대로 된 책들이 별로 없고 거의 대부분 겉표지가 낡거나 찢어진 책들이었다. 도서실에서 우연히 집어든 책들 중의 하나가 황순원 선생님의 단편집 「목 너머 마을의 개」이다. 읽던 책을 읽고 또 읽으면서 나도 크면 소설가가 되겠다고 생각했다.

그 외에도 반공 웅변대회 등 각종 외부 행사에는 내가 학교 대표로 나갔다.

특히 아버지를 6·25전쟁에서 잃어버린 나는 원고도 직접 써서 웅변을 하면 청중들의 박수소리가 컸다. 친구들과 몰려다니는 것보다는 혼자 있기를 좋아했고 특히 영어 과목에 몰입을 해서 교과서를 빌려다가 필사본을 만들어 혼자 외웠다. 그러면서 영어를 쓰는 나라에 대한 동경을 갖게 되고 일기를 영어로 써보기도 했다.

고상한 세탁부

내가 중학교에 들어가고 나서 엄마가 충주비료공장의 세탁부로 취직이 되었다.

생전 처음 적지만 고정 월급을 받게 된 엄마는 끼니를 걱정하지 않아도 되었다며 행복해하셨다. 공장은 목행리라는 읍에서 십리는 떨어진 허허 벌판에 세워져 있었다. 우리 집은 용산에 있었다. 엄마는 한 시간 이상 걸어야 하는 공장까지 새벽에 나가서 저녁 늦게 돌아오셨다. 막일하는데도 불구하고 엄마의 옷차림과 쪽을 찐 머리는 흐트러짐이 없었다.

아름드리 느티나무가 있던 군청 앞 길가 초가에 살 때였다.

엄마가 30대 중반이었을 것이다. 작은 키와 아담한 체구를 가진 화장기 없는 얼굴은 희고 고왔다. 쪽을 반듯하게 찐 뒷모습이 김홍도의 그림에 나오는 여인의 모습 같았다. 풀 먹인 적삼과 인조치마를 구김살 없이 다려 입고 허리띠로 묶고 도시락을 싼 조그만 보따리를 손에 들고 나가는 엄마 모습을 볼 때면 궂은 일 하러 가는 게 아니라 소풍이라고 가는 것 같았다. 사뿐사뿐 걷는 뒷모양은 남자들의 시선을 끌기에 충분했다.

엄마를 누나라고 부르는 남자가 우리 집에 드나들었을 때 나는 본능적으로 그 젊은 남자가 엄마에게 관심을 갖고 있다는 것을 느꼈다. 그래서 그가 집에 오면 좌불안석이 되어 그를 감시했다. 그가 말 건네는 것도 싫어했다. 다른 애들은 안 그런데 나만 유난히 심술을 부렸다고 엄마가 후에 말했다. 이성관계가 무엇인지도 모르면서도 혹시라도 엄마를 잃을까봐 두려워했는지도 모르겠다.

어떻든 엄마가 세탁부로 일하시는 동안은 세끼를 해결할 수 있었다.

가난해도 밤이면 형제들이 모여 웃음꽃을 피웠다. 엄마는 소리 내어 웃거나 호들갑을 떠는 분이 아니었다. 철없는 우리들은 어쩌다 엄마가 초콜릿, 비스킷 같은 간식을 얻어올 때면 환호했고 엄마는 여섯 몫으로 골고루 나누어 배급을 하였다. 우리들 중 누가 잘못을 하거나 거짓말을 하면 회초리로 가차 없이 매질을 하면서 아비 없는 후레자식 소리는 듣지 말아야 한다고 호되게 꾸중을 하였다.

중학교 졸업반이 되었을 때 엄마는 나더러 사범학교에 가라고 하셨다. 사범학교 나와서 초등학교 교사가 되면 살림에 보탬이 되리라는 계산이 깔려 있었다.

그러나 왠지 사범학교에 가기가 싫었다. 우리 집 형편을 잘 아시는 담임선생님도 입학금을 대주시겠다면서 권하셨다. 나는 원서를 내놓고는 시험 보러 가지 않았다. 대형 사고를 친 것이다. 엄마는 몹시 화를 내셨다. 훗날 대학을 졸업하고 당시의 담임선생님을 찾아뵈었을 때 굵게 짧게 살다죽겠다는 나의 결연한 태도에 더 이상 사범학교 가라고 권할 수가 없었다고 껄껄 웃으셨다.

다행히 나는 충주여고에 수석으로 입학이 되어 졸업할 때까지 등록금 걱정을 하지 않아도 되었다. 충청북도 지사 장학금을 받게 되었고 2학년 때부터는 전쟁으로 피폐한 한국의 고등학생들에게 미국 뉴욕 주의 스카즈데일 시민들이 보내온 장학금을 전국 8도에 2명씩 배정하여 영어만 필기와 구두시험으로 수혜자를 선발하였는데 충청북도에서는 여학생으로 내가 선발되는 기쁨을 맛보았다. 학교에서도 자랑스럽게 생각하였다.

나는 더욱 영어에 자신감을 갖고 엄마를 졸라 충주에서 영어 회화 학원으로 인기 있다는 CHK학원에 등록을 하였다. 그 학원에서 반은 달랐지만 반기문 전 유엔 사무총장도 영어에 출중하다는 소문을 듣게 되고 3학년 때는 내가 주축이 되어 충주비료공장 미국인 엔지니어 가족들의 집을 방문하여 영어회화를 배우기도 하였다.

고등학교 재학 중에 나를 가장 괴롭힌 것은 빈혈이었다.

나는 점심시간이 되면 도시락이 없어서 도서실에 가서 시간을 보냈다. 영양실조에 걸리는 것이 당연할 수밖에. 빈혈 때문에 조회 시간에 쓰러진 적이 몇 번 있었다. 이승만 대통령 환영 행사에 동원되어 청주까지 화물차에 실려 가다가 더위에 지쳐 쓰러졌고 무용 시간에 졸도를 해서 응급실에 실려 가기도 하였다. 그래서 교직원 조회에서 고등학교 1학년인 나를 부유한 외과 의사네 집에 입주가정교사로 보내기로 결정하였다. 가정교사로 간 나는 가난에 찌든 우리 집 형편과는 너무도 다른 풍요한 생활에 충격을 받았다. 먹을 것이 지천인 그 집 애들과 영양과다로 뚱뚱하게 살찐 주인 내외를 보면서 사춘기였던 나는 잘 사는 사람들에 대해 적개심까지 들었다.

그러나 그 집에서 두 달도 버티지 못했다.

현기증이 심해서 2층 오르내리기도 힘들어하는 나를 주인집 의사가 수상하게 생각하고 진찰을 하였다. 심한 영양부족에다가 아랫배의 오른쪽에 계란만한 혹이 잡힌다는 것이었다. 주인집 여자는 나를 은밀하게 불러 취조하듯이 결혼한 여자라면 임신 2개월 정도 되는 크기라고 하면서 충주에서 수술하기가 거북하면 청주에 가서 하라고 일러주었다. 내가 임신한 것으로 오해하는 것 같았다. 나는 당장 짐을 챙겨 그 집을 나왔다.

1년 동안 나는 종양을 제거하지 못했다.

병원 갈 돈도 없었지만 엄마는 결혼도 하지 않은 내가 수술하는 것을 반대하고 한약으로 치료해보자고 하셨다. 생리 때가 되면 아파서 방바닥을 굴렀다. 가난한 사람들이 가난한 자의 아픔을 안다고나 할까. 엄마의 딱한 사정을 들은 비료공장 노무자들이 십시일반으로 돈을 모아 나를 수술시키라고 주었다. 엄마는 수술비의 절반도 안 되는 돈을 가지고 엄 외과에 가서 통사정을 하였고 나는 1961년 2월 난소낭종이라고 진단이 난 물혹을 제거하였다. 자식들 앞에서 우는 모습을 보이지 않았던 엄마는 수술실로 걸어 들어가는 나를 붙들고 통곡을 하셨다. 여원사의 투병기 응모에서 입상한 투병기의 일부를 여기 소개한다.

> 여러 개의 메스와 핀셋, 가위가 눈에 확 들어 왔다. 그러나 내게는 공포감이 하나도 일지 않았다. 입원실 문을 열려고 두드리는 어머니의 통곡소리가 귓전을 스쳤다. 이만큼 자라도록 어머니의 통곡소리를 처음 들었다. 세상의 어머니들이 모두 우리 어머니 같으실까? 어머니의 희생을 먹고 나는 여기까지 살아온 것이다. 어머니는 나의 소생은 모든 사람들의 덕택이라고 하셨다. 물심양면으로 도와준 친지들의 은혜! 세상이 아무리 삭막하다 하여도 인정은 있는 것이다. 아니 삭막하면 삭막할수록 인정은 존재한다. 그래서 사람은 고립해서 살 수 없고 서로 의존해서 살아간다.

평소에는 엄하고 무뚝뚝하던 엄마가 수술한 나에게 보여주신 정성스러운 간호는 엄마의 자식 사랑도 유난하다는 걸 깨달았다. 육남매 먹이고 입히기에 벅차 그 좁은 어깨가 늘 처져있고 고단해도 자식들 앞에서는 큰소리 한 번 치지 않던 의연한 엄마였다. 더구나 힘들다고 우는 모습을 우리들에게 한 번도 보인 적이 없으셨다.

미국인 집 가사도우미와 상경

고등학교를 졸업하고 국가고시를 거쳐 대학에 합격까지 했지만 나는 진학의 꿈을 접어야 했다. 2년 동안 충청북도 장학금과 미국 스카즈데일 장학금을 받아서 진학을 위해 계를 들었던 엄마가 그 돈을 떼이고 말았던 것이다. 게다가 빚까지 얻어가며 간호대학에 진학시켰던 언니가 졸업 전에 도피결혼을 해버려 엄마의 희망을 무참히 깨버렸다. 위로 딸 둘만 공부시켜 놓으면 나머지 동생들을 도우기를 바랐던 엄마의 기대도 무너졌다.

60년대의 한국의 경제 사정이나 우리 집의 사정은 비슷했다.

일자리가 없어 젊은이들의 취직은 하늘의 별 따기였다. 고졸 출신들은 연고자가 있어야 경리 자리라도 얻을 수 있었지만 나에게는 부탁할 친지라고는 하나도 없었다. 초등학교 교사가 되기를 바랐던 엄마의 명령을 거역한 나를 엄마가 원망하며 면박을 주었다. 밤낮으로 재봉틀 앞에 쭈그리고 앉아서 한복을 만드는 엄마를 속절없이 바라보며 나는 세상을 헤쳐 나갈 자신을 잃고 좌절의 나락으로 떨어졌다.

그 무렵 무슨 일이라도 해야만 하는 막다른 골목에 처한 나는 고등학교 은사의 추천으로 충주비료공장에 파견된 미국인 엔지니어들의 관사에 가정부로 가게 되었다. 1960년대 초만 해도 처녀들은 여학교 졸업과 동시에 결혼하는 게 관례였다. 대부분의 내 친구들은 공부보다는 결혼에 관심을 갖고 있었지만 나는 독신으로 살면서 소설가가 되는 꿈을 갖고 있었다. 가정부로 가게된 것도 영어회화를 할 수 있었기 때문에 그 주인에게 한국어를 가르치는 조건이었다.

집에서는 공부한다는 핑계로 허드렛일을 하지 않던 나였다.

그러던 내가 미국인 가정에서 하루 종일 싱크대를 닦고, 넓은 응접실과 침실, 화장실을 청소하고, 빨래하고, 다림질을 하였다. 일에 서툴렀기 때문에 밤이면 근육통 때문에 울었다. 그해 겨울은 유난히 눈이 많이 내렸다. 통유리로 된 응접실에서 바깥을 내다보면 외국영화에나 나오는 서양식 건물들이 들어선 주택단지의 풍경은 이국적이었고 아름다웠다. 그러나 나는 감옥에 갇힌 한 마리 짐승 같았다. 생전 처음 보는 전자제품이나 다양한 서양음식들도 내 마음을 사로잡지 못했다. 밤이면 주인이 건네주는 진빔이나 버본 위스키에 취해 짐짝처럼 쓰러져 잤다. 점점 더 머리가 비어가는 느낌이었다.

6개월을 그렇게 살았다. 그런데 고등학교 수석졸업자가 미국 집 가정부로 일하는 것이 지방 신문의 기사거리가 되었다. 내 친구 오빠가 기자로 있던 대한일보에 내 얘기를 사진과 함께 게재하였다. 나를 돕고 싶어서 한 일이었지만 나는 창피해서 더 이상 고향에서 살 수 없다고 생각했다. 그래서 무작정 상경하였다. 성공하기 전에는 죽어도 고향에 돌아오지 않겠다는 비장한 각오와 함께. 1963년 1월이었다.

서울에 와서는 지인의 소개로 공덕동에 있는 초등학교 교사 댁에 입주하였다.

주인이 월남해서 늦게 재혼하여 일곱 살짜리 아들을 두었는데 그 아이의 보모 겸 가정교사가 내가 맡은 일이었다. 매일 그 아이를 미동국민학교(초등학교)에 데리고 가고 오는 일과 공부를 봐주는 일이었는데 그 아이의 성격이 괴팍해서 다루기가 힘들었다. 지금 돌이켜보면 내가 어린이 지도하는 방법을 몰라 시행착오를 한 탓도 있지만 당시에는 견디지 못할 일들이 많았다. 잘못을 지적하면 그 어린애가 연필을 반토막내고 온 방안을 굴러다니며 떼를 썼다. 그런 아이를 퇴근한 그 애의 엄마는 나무라기는커녕 감싸고돌았다. 하루 종일 통제 불능인 아이와 싸우다 지치면 마포 강나루까지 걸었다. 그리고 강물에 뛰어내리고 싶은 충동을 눌러야 했다. 괴로운 나날이었다. 게다가 용돈을 벌기 위해서 마포에서 충무로 4가까지 전철을 타고 과외지도를 다녔다. 그러나 대학 입학금을 모으기는 고사하고 나는 점점 지쳐갔다. 그러는 사이에 불면증과 신경통이 심해지고 자살의 유혹이 끊임없이 나를 따라다녀 수면제 몇십 개를 사서 모으기도 했다.

굿

충주비료공장 세탁부를 그만 두신 엄마는 바느질품을 팔거나 은행 직원들이나 친구네 집에서 밥을 해주는 등 닥치는 대로 일을 했다. 우리 집 형편이 제일 나빴던 시기였다. 세상살이가 피폐할수록 사람들은 무속에 몰입하는 경향이 있는 것 같다. 당시의 엄마도 그랬을 것이다. 어떻게 하면 이 저주 받은 가난의 질곡에서 벗어날 수 있는지 알고 싶어서 엄마는 용하다는 점쟁이들을 찾아다녔다.

장마가 계속되던 1963년 무더운 여름이었다. 갑자기 충주에 다녀가라는 동생의 편지를 받았다. 굿을 하니 식구들이 모두 참석하여야 한다는 것이었다. 고향에 갔더니 엄마의 반대를 무릅쓰고 결혼해서 인연을 끊었던 언니도 아들을 데리고 와 있었다. 온 가족이 굿판에 가기 위해 출동을 한 것이다. 하늘에는 검은 구름이 오락가락 금세 비라도 쏟아질 듯한 날이었다. 우리 가족들은 버스를 탔고, 어느 산골에 내려 산길을 따라 어둑어둑할 무렵 굿을 한다는 작은 암자에 도착하였다. 지금은 그곳이 어디인지 모르겠다.

그날 밤 김동리 선생님의 「무녀도」를 연상시키는 장면이 연출되었다.

캄캄한 밤에 마당 한가운데 횃불이 타고 무당이 울긋불긋한 옷을 입고 귀신들을 불러냈다. 가끔씩 번개가 번쩍거리고 천둥이 멀리서 쿠-웅 울었다. 아버지의 혼이 실린 무당은 엄마를 쓸어안으며 넋두리를 하였다. 설움에 복받친 엄마도 무당의 푸념에 혼을 빼앗겨 통곡을 하였다. 시간은 정지되고 캄캄한 산속의 암자에서는 엄마의 통곡소리만이 메아리가 되어 돌아왔다. 그날 밤 무당은 엄마의 한 많은 인생 드라마를 무대 위의 배우의 독백처럼 풀어냈고 우리는 겁에 질려 몇 시간 계속된 엄마의 한풀이를 지켜보았다.

굿을 마치고 집에 돌아온 엄마의 표정은 밝았다.

흡사 사이코드라마의 주연으로 마음 속 응어리를 풀어낸 표정이었다. 그리고 엄마는 들뜬 목소리로 말씀하셨다. 꿈에 할아버지가 커다란 양푼에 옥수수를 가득 담아주셨으니 이제 굶는 일은 없을 것이라면서.

그런 엄마가 불쌍해서 어떻게든지 안정된 직장을 구하고 싶었다.

그러나 나의 바람과는 달리 서울에서의 내 생활은 꼬이기만 했다. 과잉보호로 버릇이라고는 없는 어린애에게 시달리면서 용돈을 벌기 위해 충무로 가는 전차에 시달리면서 "이건 아니야, 이건 아니야" 하며 속으로 울부짖었다. 나를 미국인 집 가정부로 추천해주었던 고등학교 은사가 서울에 오셨을 때 그분을 만나자마자 나는 죽을 수밖에 다른 도리가 없는 것 같다고 울었다. 선생님은 네가 엄마를 두고 어떻게 그런 못된 생각을 하냐고 나를 꾸짖었다.

결국 나는 서울생활 열 달 만에 엄마 곁으로 돌아갔다.

엄마는 폐인이 된 듯한 내 몰골을 보고 놀라셨다. 나는 신경통과 불면증으로 고통스러운 나날을 보냈다. 치료는 엄두도 낼 수 없기 때문에 가시나무를 솥에 넣고 소주를 부어 삶은 물을 한 대접씩 마시고서야 잠이 들었다. 엄마는 아랫방에서 늦게까지 재봉틀을 돌리고 나는 온기라고는 없는 뒷방에서 조그만 트랜지스터라디오를 끼고 멍하니 천장을 응시하며 세상을 다 살아버린 사람처럼 절망의 늪에서 허우적거렸다.

추위가 맹위를 떨치던 겨울밤이었다.

방안에 있는 걸레도 꽁꽁 얼었고 대접에 담긴 물도 살얼음이 덮인 그런 날이었다.

밤 12시 넘어 엄마가 잠드신 것을 확인하고 나는 울었다. 얼마나 흘렀을까. 별안간 미닫이가 열리면서 벼락같은 고함소리가 들렸다.

“이년아 어미가 너 같으면 지금까지 살아 있겠냐? 아직도 젊은 년이 무엇 때문에 밤에 울고불고 난리냐?”

엄마가 내 울음소리에 깨신 것일까?

그 정도로 크게 소리를 내어 울지는 않았었는데….

다음날 엄마는 꿈 얘기를 하셨다. 당신이 일하던 비료공장의 계단식 강당에서 일곱 살 정도의 어린 내가 계단을 깡충깡충 뛰어오르다가 힘에 부쳐 쪼그리고 앉아 울기 시작하더란다. 그런데 울음소리가 점점 크게 들려 깨어보니 진짜 나의 울음소리가 들리더라는 것이다.

더 이상 떨어질 데가 없는 절망의 끝자락에 닿으면 인간은 본능적으로 일어서고 싶어지는 것일까. 그날 나는 절망의 종을 쳤다. 다시 일어서야겠다는 내면의 소리가 들렸다. 한겨울 추위가 맹위를 떨치던 날 라디오에서는 케네디 대통령의 암살을 알리는 뉴스가 내 귓가를 울렸다. 그날 나는 편지를 받았다. 행운의 편지였다.

충주비료공장에서 근무하던 존스(James Jones)씨가 막일을 하면서도 품위를 잃지 않던 엄마가 무척 인상적이어서 한국을 떠나 그린랜드(Greenland)로 직장을 옮긴 다음에도 엄마의 집안 사정을 알아보았다는 것이다. 그리고 공부를 계속하고 싶어 하는 딸이 있다는 것을 듣고는 기꺼이 대학 입학금을 대주겠다는 제의를 해온 것이다.

대학진학

갑자기 찾아온 행운을 놓칠 수는 없었다.

그러나 졸업한 지 두 해가 지났으니 입시공부를 하지 못했다.

그래서 고등학교 성적으로 입학이 결정되는 경희대학교 특차시험에 지원했다. 마침내 나는 1964년 스물세 살에 그렇게도 원하던 대학생이 되었다. 내 인생의 궤도에 제대로 진입했다는 안도감이 생겼다.

하왕십리 달동네에 셋째 동생과 방을 구해 냄비, 밥공기와 숟가락 두 개를 놓고 자취를 시작했는데 세상을 얻은 것 같았다. 비록 밥과 김치가 유일한 반찬이었지만 미용학교에 다니는 동생 경자와 오순도순 붙어 의지하며 시작된 서울생활이 행복했다. 내가 그토록 하고 싶었던 대학공부를 시작했고 끼니 걱정을 하지 않아도 된 내 생활에 비로소 안정이 찾아왔다.

입학식이 끝나고 개나리가 흐드러지게 핀 4월에 엄마를 모시고 학교 캠퍼스에 가서 찍은 사진을 보면 쪽찐 머리와 단정한 한복을 입은 엄마의 표정이 밝다. 둘째 딸의 새로운 미래를 낙관하신 듯하다. 나는 장학금을 받았고 과외지도를 하여서 시골 엄마에게 송금도 할 수 있었다. 4년 동안 악착같이 공부하고 과외를 해서 월세에서 전세로 옮겼다. 집안의 유일한 희망인 남동생이 고등학교를 졸업하고 대학에 입학을 하던 해에 시골 살림을 정리하고 가족 모두가 서울로 모였다. 여섯 식구가 좁은 방 두 칸에서 복작거리며 살게 된 것이다.

대학 학자금을 지원해주는 존스 씨는 3학년이 되자 강력하게 유학을 권했다.

집안을 확실하게 도와주는 방법은 내가 전문적인 직장을 가져야 한다는 것이 그분의 주장이었다. 이번에는 엄마가 나의 발목을 잡았다. 억척스럽게 자식들을 위해 닥치는 일은 다 하시던 엄마였는데 서울로 오신 후로는 전적으로 내게 의존하셨다. 딸의 장래보다 당신의 앞날이 더 걱정이 되셨는지 스물일곱 살인 내가 남자친구 사귀는 것도 달가워하지 않으셨고 시집도 가지 말라고 했다. 사주팔자가 세어 독신으로 살면 크게 출세하리라는 무당의 말을 믿고 계셨다.

진로 문제로 갈등을 겪는 와중에 다른 복병이 나를 기다리고 있었다.

왼쪽 난소에 또 물혹이 생긴 것이다. 스물일곱 살 때였다. 의사는 더 늦기 전에 결혼을 해서 아이를 갖도록 해보라고 충고했다. 당시만 해도 여자가 아이를 못 낳는다는 것은 칠거지악에 속한다는 유교적인 생각이 대학생인 내 머리 속에도 꽉 차 있었다. 엄마를 뿌리치고 유학을 훌쩍 떠날 수도, 그렇다고 시집도 갈 형편이 되지 못해서 엄마와의 신경전은 극도에 달했다. 어떻든 나는 엄마에게서 도망을 가고 싶었다. 엄마의 울타리 노릇을 더 이상 하고 싶지 않았다.

이런 나의 대학생활은 젊음의 특권인 치기나 낭만도 없었다.

그 흔한 MT도 가지 못했고 연애감정을 느낀 남자와도 공부에 지장이 될까봐 헤어져야 했다. 장학금을 놓치게 될까봐 겁이 나서 연애도 마음대로 할 수가 없었다. 학점관리에 목숨을 걸었던 덕분에 수석졸업을 하였지만 졸업식에 참석하는 외할머니의 교통비까지 마련해야 하는 내 형편이 서러워서 밤새 울어 졸업식 사진에는 얼굴이 퉁퉁 부어 있다.

결국 유학을 포기하고 중학교에서 영어 강사를 하게 되었다.

그리고 지금의 남편과 결혼을 했다. 사실 남편과는 8년 동안 알고 지낸 사이로 처음에는 문학을 좋아하는 문우로서, 그 다음에는 서로 비슷한 처지의 가난한 가정환경 때문에 서울에 있는 동안에 의지가 되어준 남자였다. 그러나 대학 입학을 하고 공부에 방해가 된다는 이유로 헤어졌다. 그러다 3학년 때 버스에서 우연히 만났는데 3년이라는 공백이 있었는데도 그는 변함없는 태도로 나를 대했다.

엄마는 장남에다가 가진 것도 없다는 이유로 그와의 결혼을 반대하셨지만 아이를 낳지 못할 수도 있다는 딸의 약점 때문에 마지못해 결혼을 허락하셨다. 동생들은 제각기 일자리를 얻어 생계를 도왔고 남동생은 공인회계사 시험을 준비하느라고 엉덩이에 못이 박일 만큼 도서관에서 살았다.

남동생을 위한 엄마의 뒷바라지는 눈물겨웠다.

엄마의 유일한 외출은 정릉 산골짜기에 있는 작은 암자에 가서 기도하는 것이었다. 딸들에 대해서는 매몰찰 정도로 차가운 분이었지만 아들을 위해서는 온갖 정성을 다 해서 뒷바라지를 하셨다. 아들이 친구들을 데리고 와도 하다못해 김치 볶음밥이라도 해서 대접했다. 그런 아들이 3학년 때 공인회계사 시험에 합격하였다. 본인의 노력도 있었으려니와 엄마의 헌신적인 뒷바라지 덕분이라고 남동생은 믿고 있다. 동생이 대기업에 취직이 되었을 때 엄마는 아들이 장원급제라고 한 듯이 기뻐하셨다.

상계동 신혼 시절

결혼을 하겠다는 결정을 한 직후 나는 바로 후회하였다.

현실적으로 결혼할 준비가 되지 않은 상태였다. 당시로서는 노처녀에 속하는 스물여덟 살이었지만 결혼 자금도 한 푼 없었고 그저 친정에서 도망가고 싶다는 일념에서 무모하게 결혼이라는 도피처를 생각해냈던 것 같다.

결혼을 취소할까 말까 밤잠을 이루지 못하고 고민하는 동안 결혼식 날은 다가왔다. 그래서였는지 결혼식 열흘을 앞두고 폐렴에 걸려버렸다.

아무튼 1969년 10월 31일 스물여덟 살 되던 해에 나는 황순원 선생님의 주례로 결혼식을 올렸다. 신혼여행은커녕 빚을 내어 장만한 결혼반지도 사흘 뒤에 전당포에 가서 팔아버렸다. 내 앞날이 너무 암담해서 결혼 첫날밤에도 많이 울었다. 그런 나를 남편은 말없이 지켜보았다.

대학 졸업 후 원하는 대로 된 것이 없었다. 유학의 꿈 때문에 발령이 난 중학교 교사 자리를 거절하였기 때문에 경희초등학교와 여중에서 영어강사로 주저앉았다. 시댁이 있는 상계동에서 출근버스를 타려면 전쟁터에 나가는 기분이었다. 출근 시간의 버스 정류장은 아비규환이었다. 서로 먼저 타려고 싸우고 심지어는 버스

유리창을 깨고 들어가는 승객도 있었다. 나는 거기에 끼어들 기력도 없었다. 그래서 합승 택시를 이용하였는데 청량리까지 가서 다시 홍릉까지 오는 버스를 타고 와야 했다.

심신이 피폐해진 나는 이러한 전투적(?)인 출근을 감당할 수가 없어서 주중에는 친정에 머물다가 주말에 시댁에 갔다. 시집간 딸이 짐스러우셨는지 엄마는 결혼 전의 태도와 완전히 달라지셨다. 시집간 딸이 친정에 와서 개개는 것 자체가 못마땅하셨을 테고 더구나 매일 아프다고 찡그리는 딸의 모습에 짜증을 냈다. 사위라도 오는 날에는 아예 이불을 뒤집어쓰고 밥도 하지 않으셨다. 쥐꼬리 같은 월급을 쪼개서 친정을 도와야 했던 나는 시댁과 친정에 끼어 힘든 나날을 보냈다. 모든 걸 포기하고 싶었다.

취 직

그렇게 힘들어할 때 지도교수인 박용주 선생님이 나를 불렀다.

조영식 총장 비서실에 외국어 담당 비서를 당장 구해야 하는데 적임자가 없어 애를 태우니 나더러 갈 수 있느냐고 하셨다. 그 자리는 원래 남자 비서가 필요한 자리였다. 총장 편지를 쓰는 업무 외에 외국 손님이 오면 공항 영접부터 안내 등을 전담하는 직책이었다. 내가 영문 편지를 잘 쓰리라는 자신도 없었다. 그러나 나는 그만두는 한이 있더라도 당시에 처한 상황에서 도망치고 싶었다. 무조건 하겠노라고 대답했다.

문제는 조 총장께서 여자라고 꺼리셨다. 능력도 검증되지 않았고 젊은 여자가 하기에는 무리한 자리였기 때문이다. 그러나 시간이 지나도 마땅한 인물을 구하지 못하자 박 선생님은 내가 불임이라고 말씀드렸다고 했다. 그래서 면접을 거쳐 1970년 3월 2일부터 출근하기 시작하였다.

타이프 치는 것도 익숙하지 않았고 총장님 서신을 쓰는 것은 더욱 버거운 일이었다.

내게 무슨 배짱이 있어 그 일을 하겠다고 덤벼들었는지 지금 생각해도 어이상실이다. 내가 믿는 곳은 박용주 선생님이었다. 선생님이 도와줄 테니 맡으라고 격려를 해주셨기 때문이다.

아! 일에 미칠 수 있게 되어서 천만다행이었다.

남편의 공장은 망했고 남편은 빚쟁이를 피해 한동안 몸을 피했다. 더 이상 상계동에 살 이유가 없어져서 중곡동으로 이사를 했다. 방 두 개짜리 전세를 얻어 시어머니와 결혼하지 않은 시누이와 함께 살았다.

아침 일찍 출근해서 밤늦게 돌아오는 일자리가 있는 게 나에게는 구원이었다.

일에 미치다보니 업무 파악이 빨리 되어 쉽게 업무에 적응이 되었다. 비서실에서는 일요일이나 명절에도 출근하는 경우가 많았다. 외국 손님들이 오면 어쩔 도리가 없었다. 오히려 출근하는 게 좋았다. 집에 있어야 어른들끼리 나눌 대화도 없이 싸운 사람들처럼 데면데면하게 종일을 보내는 건 고역이었다.

이렇게 열심히 일하는 모습을 좋게 보신 조영식 총장님이 어느 날 나를 불러 대학원에 진학하라고 하셨다. 갑작스러운 제안이어서 어리둥절했다. 그러나 아이도 없는 집에서 밤낮으로 일하고 공부한다면 더 이상 바랄 게 없다는 생각이 들었다. 그래서 1972년에 대학원 석사 과정에 입학하여 일과 공부를 병행하게 되었다. 정말 눈코 뜰 새 없었다.

더구나 총장님께서는 세계대학총장회의(International Association of University Presidents: IAUP) 발기인으로서 제2차 총회를 서울에서 개최한 이후 3차 총회를 튜니지아에서 개최하려고 준비 중이었기 때문에 각국 대학 총장들에게 회람을 보내고 잡지를 발간하는 일 등은 혼자서는 너무 벅찬 업무였다. 다행히 교수들이 도와주셔서 겨우 업무를 진행할 수 있었다.

나의 열정적인 업무 수행은 응분의 보상이 따랐다.

총장님께서 대학원 석사 과정 등록뿐 아니라 월급도 파격적으로 인상해 주셨다. 나는 몸이 부서져도 좋다는 마음으로 일에 몰두했다.

임신과 유산

업무에도 익숙해지고 대학원 공부도 순조롭게 진행되고 있을 무렵 1971년 경희의료원이 개원되었다. 학교 설립자인 조 총장님은 한마디로 워크홀릭이었다. 의료원 개원과 더불어 캠퍼스에는 각종 공사가 진행되었다. 아침 10시쯤 출근하시면 퇴근 시간은 없었다. 여름이고 겨울이고 토요일도 없었다. 어떤 때는 일요일도 출근할 경우가 있었다.

그래도 나는 행복했다. 일과 공부를 진행하고 있었고 내 월급으로 빚지지 않고 생활할 수가 있었기 때문이다. 게다가 졸업과 동시에 남동생은 삼성그룹에 취직이 되어 친정에 생활비를 도와주지 않아도 되었다.

어느 날 경리과에 근무하던 여직원이 시어머니의 성화에 못 이겨 의료원에 가서 불임검사를 받아야 하는데 같이 가줄 수 없냐고 내게 부탁했다. 어차피 나는 아이 못 낳는 여자로 찍혔기 때문에 전혀 검사 받을 생각이 없었다. 친구 따라 강남 간다고 의료원 방사선과에 같이 갔던 나는 안치열 당시 과장님에게 붙잡혔다. 한 번 불임검사를 해보라는 것이었다. 그래서 검사를 받게 되었고 그 결과로 막혔던 왼쪽 나팔관이 뚫리는 이변이 일어났다.

그해 겨울 나는 대학원 석사 논문 준비 때문에 더 바빴다.

그런데 임신이 되었다. 황당했다. 기뻐해야 할지 슬퍼해야 할지 어안이 벙벙했다. 어떻게 내가 임신을 할 수 있단 말인가? 여태껏 불가능하다고 생각했던 임신을 하였지만 마냥 좋아할 수 있는 처지가 아니었다. 산적한 업무에다가 입덧도 심했다.

1972년 2월이었다. 당시에는 통금이 있었는데 한밤중에 하혈이 시작되었다. 임신 8주 만이었던 것 같다. 시어머니가 계신 방과는 떨어져 있었기 때문에 어른을 부를 수도 없었다. 요강에 피를 한 바가지 쏟았다. 새벽 4시 통금이 해제되어 택시를 불러 경희의료원으로 갔더니 의사는 남편을 나무랐다. 출혈이 너무 많아 큰일 날 뻔했다는 것이었다.

그렇게 기다리던 아이를 잃은 대신에 석사 학위를 받았다.

첫딸 출산

엄마와의 연락은 뜸했다.

삼성에 취직한 남동생은 사귀던 여자친구와 27세에 결혼하자마자 딸을 낳아 엄마는 손녀 키우는 재미에 푹 빠지셨다. 올케도 미술선생으로 출근을 하며 두 사람이 맞벌이를 하게 되니 1년 만에 뜰이 있는 신림동 집을 사서 이사를 했다.

나는 내 생활에 바빠 1년에 서너 번 친정에 갔다.

설날, 추석, 아버지 제사와 엄마 생신 때만 가서 여동생들과 만나 수다 떨고 돌아왔다.

직장에서 가끔 엄마와 통화를 했는데 그때마다 엄마의 음성은 들떠 있었다. 아드님이 승승장구하고 살림도 팍팍 일어나니까 엄마는 친손녀와 가사도우미 등과 열심히 쓸고 닦고 화초 가꾸는 재미에 얼굴에 화색이 돌았다.

그런 엄마에게 내 생활이 얼마나 고단한지 말할 수가 없었다.

어느 날에는 남편이 내게 미안하다면서 헤어지자고 말했다. 너를 너무 힘들게 해서 미안하다면서. 그의 말을 듣는 순간 올 것이 오고야 말았다는 생각이 들었지만 나는 고개를 저었다.

그런데 1973년 7월에 덜컥 임신이 되었다.

아기 낳기를 포기했는데 운명의 여신이 내게 축복처럼 아기를 보내주었다.

자궁이 약해서 또 유산될 확률이 많다는 의사의 진단에 하루하루가 살얼음판을 걷는 것 같았다. 비서실 업무가 많아 종일 타자기 앞에 앉아 편지를 쓰는 직업인지라 눕지도 못했다. 3일의 휴가를 받아 당시 을지로 3가에 있던 차경섭 산부인과에 가서 절대 안정하라는 말과 함께 주사를 맞았다.

마침내 1974년 3월 27일 출근 준비를 하고 있는데 양수가 터졌다.

급히 택시를 타고 경희의료원에 입원하였다. 당시로서는 가장 나이 많은 임산부였기 때문에 출산을 도와주는 권 박사님도 신경을 무척 쓰셨다. 하늘이 노래진다는 말이 실감이 났다. 오후 5시 2.8kg의 여자 아기가 태어났다. 원숭이처럼 쭈글쭈글하고 털이 많아서 보는 순간 실망을 했다. 아들이 아닌 것도 서운했다. 그러나 아이를 낳지 못한다던 여자가 출산했다고 학교 직원들은 떼로 몰려 와서 축하를 해주었다. 그때는 꽃도 귀했는데 병실이 영산홍 화분으로 둘러싸일 정도였다.

퇴원하고 중곡동 셋방으로 돌아와 아기를 눕히니까 실감이 났다. '아! 내가 진짜 엄마가 되었구나.' 그리고 눈물이 솟았다. 얼마나 기다리던 아기였던가!

일생을 통해 3주간 출산 휴가를 받고 있었던 때가 제일 행복했다는 생각이 든다. 그러나 학교에서는 비싼 백색전화기를 설치하여 급하면 전화를 걸어 업무에 관해 물어보는 바람에 제대로 쉴 수가 없었다. 게다가 모유 수유를 하지 않겠다고 젖을 동여매는 바람에 젖몸살을 되게 앓았다. 출산의 고통보다 젖몸살의 고통이 더 심해 항생제를 한 달 이상 먹었던 기억이 난다.

딸의 이름을 유진이라고 지었다. 출산 3주 만에 출근하였다. 육아는 시어머니가 맡아 주셨지만 밤에는 남편이 딸의 우유를 먹이고 기저귀를 갈아주었다. 지극정성이었다. 아이 없어도 좋다고 말했던 남편이 진심으로 딸의 출산을 기뻐한다는 걸 느낄 수 있었다. 그리고 딸의 출산으로 인해서 집안에 화기가 돌았다. 딸을 출산하기 전에는 식구들의 공통 화제가 없어서 마치 싸운 사람들 같았다. 식사만 끝나면 각자 자기 자리로 가서 책을 읽거나 눕거나 라디오를 듣는 등 서로 맹숭맹숭하게 지냈는데 아기의 출현은 계속 지껄이게 만들었다.

퇴근해서 돌아오면 시어머니는 그날 아기의 변화를 일일이 보고(?)하셨다.

뒤집기를 했던 날, 기기 시작했던 날 등은 모두 손뼉을 치며 좋아했고 아기가 열이라도 나면 모두 기겁을 해서 병원으로 달려갔다. 백일이 지나서 남편은 비슷한 시기에 낳은 작은시누이 딸과 함께 개관한 지 얼마 되지 않은 어린이대공원에 데리고 가기도 했다. 햇빛이 눈이 부셔 사뭇 찡그린 얼굴의 사진을 보면 지금도 웃음이 난다.

그러나 학교생활이 바빠 나는 딸과 놀아줄 시간이 많지 않았다.

집에 오면 누워 쉬어야 했다. 출산 휴가를 충분히 갖지 못하여서인지 항상 허리가 아팠다. 그러나 딸의 존재는 모든 괴로움을 상쇄시켰다. 나는 딸에게 뛰어 놀 수 있는 마당이 있는 집에 살게 하고 싶었다. 나의 유년은 일 년에 한 번 꼴로 이사를 다녀야 했기 때문에 집 없는 설움을 누구보다도 잘 알고 있었다. 무리해서라도 집을 사야겠다고 마음먹고 은행 융자를 끼고 면목동에 집 장사가 지은 새 집을 샀다.

내 집을 갖게 되니 마치 세계를 얻은 것처럼 기뻤다.

딸은 돌이 되기 전에 걷기 시작했고 돌잔치를 할 때는 사람들의 귀여움을 더 많이 받았다. 날이 더워지기 시작하자 딸은 러닝셔츠만 입고 마당을 누비고 다녔다. 조그만 인공 연못가를 빙빙 돌기도 하고 대문 밖으로 사라져 애를 태우기도 했다. 장난기도 많아서 서가에 꽂힌 책을 꺼내 연필로 마구 낙서를 해놓기도 했지만 그런 것조차 예쁘게 보였다. 남편과 나는 그야말로 '딸바보'가 되었다.

그런데 1975년 봄, 딸의 재롱에 푹 빠져있는데 아이 낳기 전 73년에 필리핀으로 유학을 보내달라고 졸랐을 때는 허락을 하지 않던 총장님이 자매결연을 맺은 벨기에 루벤대학으로 유학을 가라고 하셨다. 마음으로는 뛸 듯이 기뻤지만 딸을 두고 간다는 생각에 마냥 좋아할 수가 없었다. 내게는 더 없이 좋은 기회였다. 남편도 가라고 했다. 결정을 한 순간부터 딸만 보면 눈물이 났다. 눈에 넣어도 아프지 않은 내 딸을 두고 어떻게 떠난단 말인가!

해외유학

유럽에서, 아니 세계에서도 가장 오래된 대학 중의 하나인 루벤대학(Katholieke Universiteit Leuven)은 10월에 개강한다. 나는 울면서 유학 준비를 하였다. 밤이면 자는 아기를 껴안고 울었고 출근할 때도 안으면 눈물이 났다. 그러나 모질게 마음을 먹고 1975년 9월 하순에 혼자 유학길에 올랐다. 아무것도 모르고 아빠 품에 안겨서 김포공항에 나온 딸이 엄마에게 빠이빠이를 하며 손을 흔들었을 때 모든 것을 포기하고 싶었다. 그냥 공부도 집어 치우고 딸하고 살면 되지 않겠는가 하는 후회가 밀려왔다.

대학에서 보내준 비행기 표대로 벨기에까지 가는 데는 몇 군데를 경유해야 했다.

홍콩에서 일박하고 태국에 가서 저녁에 떠나는 벨기에 국적기로 갈아탔다. 참으려 해도 딸의 생각 때문에 자꾸 눈물이 났다. 당장 돌아가고 싶은 마음에 갈피를 잡기가 힘들었다. 그러나 서른다섯 살에 그토록 원하던 공부를 하러 머나먼 유럽까지 가는 기회를 어떻게 놓친단 말인가. 마음을 굳게 먹고 브뤼셀에 도착하여 지인의 차로 루벤으로 갔다.

그림에서만 보던 중세 도시였다. 낡고 웅장한 교회 건물이 많은 조그만 대학도시였는데 루벤대학은 15세기에 세워진 550년의 역사를 가진 유명한 대학이라고 했다. 등록금 면제와 생활비, 그리고 부양가족에게도 수당을 주는 좋은 조건의 장학금을 받고 간 것이었다. 그러나 언어 문제로 많은 고생을 했다. 벨기에는 경상북도 크기의 작은 나라인데도 세 개의 다른 언어를 쓰고 있는 것이 독특했다. 수도를 중심으로 불어권, 상업 중심 지역의 네델란드어권과 독일어권으로 나뉘어 학교 안에서는 영어로 소통이 가능했지만 캠퍼스 밖으로 나가면 귀머거리와 벙어리가 된 느낌이었다.

같이 간 두 분의 교수들은 가족들이 있어 아파트를 얻었지만 혼자인 나는 기숙사 5층에 방이 배정되어 혼자 생활하게 되니 더욱 딸이 보고 싶어 벽을 딸의 사진으로 도배하다시피 해놓고 밤이면 포도주를 마시며 울었다. 석사 학위를 다시 받기 위해 강의를 듣기 시작했는데 지도교수의 엘리엇 강의는 무슨 소리인지 도무지 이해할 수가 없었다. 강의를 따라가지 못한다는 사실에 더 주눅이 들고 집 생각만 나서 우울증에 빠질 지경이었다.

결국 남편을 설득하여 다음 해인 1976년 2월 말에 보고 싶었던 딸을 품에 안게 되었다. 그때부터는 몸은 힘들어도 학교생활에 적응을 하고 열심히 살았다. 여름 방학 동안에는 네덜란드어 초급반에 들어가서 3개월 동안 공부하여 떠듬떠듬 쉬운 말을 하게 되니 그곳 생활이 훨씬 편해졌다. 지도교수도 나의 이런 노력을 높이 평가해주었다. 나는 다른 유학생들과 어울리지도 않고 오직 학교와 집과 도서관만을 오가며 1977년에 석사 학위를 마치고 박사과정을 하려고 생각했다.

그때 마침 조영식 총장이 루벤에 오셔서 내게 귀국을 종용하셨다. 2년 동안에 비서가 두 번 바뀌었는데 1978년에 있을 IAUP 총회 준비가 하나도 진척되지 못하고 있으니 귀국해서 회의 준비를 도와달라고 하셨다. 나도 공부에 지쳐서 귀국하기로 결정했다. 다시는 영시 공부를 하지 않을 작정으로 그동안 복사했던 참고 문헌들을 다 찢어 버렸다.

엄마의 손편지

2년 동안의 유학생활 중에 엄마 생각을 거의 하지 못했다.

내리 사랑이라고 딸이 오기 전에는 딸 생각에 눈물 마를 새가 없었고 딸과 남편이 온 이후에는 공부와 살림을 병행하는 게 힘이 들었다. 자동차도 없이 항상 걸어 다니다보니 살이 빠지고 얼굴은 햇빛에 그을려 직장 다니던 때의 모습과는 너무 달라졌다. 가끔씩 엄마를 생각하면 미안했다. 하루는 동생의 편지를 받았는데 엄마가 너무 연락이 없어서 서운해 하신다며 딸년들은 다 소용없다고 한탄하신다는 내용이 적혀 있었다.

막내 여동생도 내가 떠나던 해에 미국인과 결혼하여 미국으로 가버렸기 때문에 엄마는 외국에 나가 있는 두 딸의 안부에 노심초사하셨던 것 같다. 그래서인지 좀처럼 글을 쓰시지 않던 엄마한테서 편지를 받았다. 엄마의 유품으로 아직도 소중하게 간직하고 있다. 철자법이나 띄어쓰기가 안 되어 읽기가 힘들지만 엄마가 쓰신 대로 옮겨본다.

1976년 6월 12일

보고시픈영수야너도경숙이도소식엇ㅂ어이것들이무슨일이인나천장만바라보고말헛ㅂ이가슴만태우고대문애밸만울어도우채분가하고기달이는차우채부가도장가저오라은소리애엄마가너머반가워서다황하여다영수니편지경숙이편지함개바다보니목이메인다영수야엄마가그럴수박개더인니느이들육나매을눈물속애서길은엄마인대꿈잘이만

수선하여도무슨일이인나십고어린애들도아인대나이가삼십식다너문중년인대엄마은항상마음이어린거만갓다할머니도엄마을생각하실때엄마갓튼생각을하실게다부모은자식이나이가만튼작든가슴속애품고인은애정은이즐수가엇ㅂ다영수니편지애유진이가재롱을 부린다하니얼마나 대경스럽재정스방도별일엇ㅂ다니반갑다….

엄마가만날골이아파서편지도자주못쓴다멀좀드려다뵤면머리가무거워진다약방에가서혈앞을재니가130애80이라고한다별누너푼편은안이라고하든대골은항상무겁고아프다한방약도먹고양약도먹고하여도별바능이엇ㅂ다엄마체중은59,60이다엄마은이정도아모쪼록몸건강하기을바라면서팬을논는다

(보고 싶은 영수야 너도 경숙이도 소식 없어 이것들이 무슨 일이 있나 천장만 바라보고 말없이 가슴만 태우고 대문에 벨만 울어도 우체부인가 하고 기다리는 차 우체부가 도장가져오라는 소리에 엄마가 너무 반가워서 당황하였다. 영수 네 편지 경숙이 편지 함께 받아보니 목이 메인다. 영수야, 엄마가 그럴 수밖에 더 있니. 너희들 육남매를 눈물 속에서 기른 엄마인데 꿈자리만 어수선하여도 무슨 일이 있나 싶고 어린애들도 아닌데 나이가 삼십씩 다 넘은 중년인데 엄마는 항상 마음이 어린 것만 같다. 할머니도 엄마를 생각하실 때 엄마 같은 생각을 하실게다. 부모는 자식이 나이가 많든 적든 가슴 속에 품고 있는 애정은 잊을 수가 없다. 영수 네 편지에 유진이 재롱을 부린다하니 얼마나 대견스러운지. 정서방도 별일 없다니 반갑다.... 엄마가 만날 골이 아파서 편지도 자주 못쓴다. 무엇을 좀 드려다 보면 머리가 무거워진다. 약방에 가서 혈압을 재니 130에 80이라고 한다. 별로 높은 편은 아니라고 하던데 골은 항상 무겁고 아프다. 한방약도 먹고 양약도 먹고 하여도 별 반응이 없다. 엄마 체중은 59.60㎏이다. 엄마는 이 정도. 아무쪼록 건강하기를 바라면서 펜을 놓는다.)

1976년 9월 6일

영수야 편지사진 잘 보았다 답을 진작못하여 미안하다 엄마가 단채로 관광버스로 단양에 고수굴이 조타히에 구경갓섯다 엄마는 구경하고서 매포에서 하차하여 단양할머니한태 다녀왓다 할머니 게서도 안녕하시고 웨삼촌은 단양으로 정근이 되고 할머니하고 웨삼촌는 단양애 있고 식구들은 청주로 다이사를 하여들아 아히들교육문재로 청주로 먼저 갓다고한다 할머니는 웨삼촌식사 때문에 단양애 게신다고하신다 우덕 느큰집애도 다들별일업들아 영수야 내년애 귀국한다니엄마는반갑다만은니가거기애서의생활이윤택한모양인대 귀국하면 한국생활이 아직은너도잘아는바와갓치골치아픈일도한은거신대 사람이 야튼생활을하다가 놉흔생활은 불편이 업서도 높흔생활하다 야튼행활속애는 불편이딸은거시인생애 심리다. 너도 공부하여가면서 생활이 편한모양갓흔대 엄마한대 과장해서편지하는지는모르갯다만은 아모쪼록몸건강해유이하고공부하여라엄마도별일은 없다 복현도출근잘하고 수진어미가 우연히 유방에 혹이 생겨서 혹시암이아닌가식구들이긴장하여섯다다행으로암은안이라고하여서안심하고간단한수술을하엿다 영수야너애개편지자주안하여서섭섭하지엄마도수잔이하고시간애쪼기다보니그나마도못한다 경자은 이태원애전애단이든 미장원삿다 자번도 없시 빗을내가지고 산모양이다 남애고용살이가지겨워서 산모양인대 요즈음애 쪼기는모양이더라 지기술이 잇스니가 당분간좀고통은밧지만 전망은잇는것갓다

경옥이가너한태 9-18경애편지을하여는대 답이없다고한다 엄마가 경옥이내집에 갓드니 말한다 경옥이도 딸나아잔니 이름이정아다 차스방이세상없다고하면서회사애가서일하여도정아가눈애아름더린다고한다 가정애충실하는거슬보니 머보다도개견스럽고고맙다

유진랄머니가 8-20경애왓다갓다 잠실아파트가육개월기한도 되고 세도100000원을더내라고하고집도 만날 비워노면서 한달애지출비도 23천원식 내기만하여서 둘재딸내 집으로간다고하더라 내년애 느이들이온다하니 단분간잇다가 집은산다로한다 편지를할나면둘재내집으로하라고하더라 경숙하고서는 편지열낙을자주한다니 반갑다 인는동안만이라도 한국보다 각가우니 서로가타국애서잇스니 자주열낙하여라 내일모래가 추석이다 엄마젓을 떠난지도일년이된 모양이다 영수너도 경숙이도보고싶다 불과일년박애 안도어는채 몃십년된거갓다 일요일날수진어미가(아범도) 시장애나가자하드니 엄마한복을 끈어바누질집애 맛치고 그길노경자내집애가서저녁먹고 집애돌아와서탤애비좀보고너한태이편지을썻다 수지이는 띠어노코갓다왓더니집애돌애돌아오니가 수진이가 할미보고반갑다고무루애서발을 동동거리면서온갓재롱을다부린다 엄마는 수진의재롱애정신이팔여다 아무쪼록건강애유이하고유진이잘보호하여라

(영수야, 편지 사진 잘 보았다. 답을 진작 못하여 미안하다. 엄마가 단체로 관광버스로 단양의 고수동굴이 좋다하여 구경 갔었다. 엄마는 구경하고서 매포애서 하차하여 단양 할머니한테 다녀왔다. 할머니께서도 안녕하시고 외삼촌은 단양으로 전근이 되고 할머니하고 외삼촌은 단양에 있고 식구들은 청주로 다 이사를 하였더라. 아이들 교육문제로 청주로 먼저 갔다고 한다. 할머니는 외삼촌 식사 때문에 단양에 계신다고 하신다. 우덕 큰집에도 다들 별일 없더라. 영수야, 내년에 귀국한다니 엄마는 반갑다마는 네가 거기에서의 생활이 윤택한 모양인데 귀국하면 한국 생활이 아직은 너도 잘 아는 바와 같이 골치 아픈 일도 많은 것인데 사람이 얕은 생활을 하다가 높은 생활은 불편이 없어도 높은 생활하다 얕은 생활 속에는 불편이 따르는 것이 인생의 심리다. 너도 공부하여 가면서 생활이 편한 모양 같은데 엄마한테 과장해서 편지하는지는

모르겠다마는 아무쪼록 몸 건강에 유의하고 공부하여라. 엄마도 별일은 없다. 복현도 출근 잘 하고 수진 어미가 우연히 유방에 혹이 생겨서 혹시 암이 아닌가 식구들이 긴장하였다. 다행으로 암은 아니라고 하여서 안심하고 간단한 수술을 하였다. 영수야, 너에게 편지 자주 안하여서 섭섭하지. 엄마도 수진이하고 시간에 쫓기다 보니 그 나마도 못한다. 경자는 이태원에 전에 다니던 미장원을 샀다. 자본도 없이 빚을 내가지고 산 모양이다. 남의 고용사리가 지겨워서 산 모양인데 요즈음에 쫓기는 모양이더라. 제 기술이 있으니까 당분간 좀 고통은 받지만 전망은 있는 것 같다.

경옥이가 너한테 9월 18일 경에 편지를 하였는데 답이 없다고 한다. 엄마가 경옥이네 집에 갔더니 말한다. 경옥이도 딸을 낳았잖니. 이름이 정아다. 차서방이 세상없다고 하면서 회사에 가서 일하여도 정아가 눈에 아른거린다고 한다. 가정에 충실한 것을 보니 무엇보다도 대견스럽고 고맙다. 유진 할머니가 8월 20일 경에 왔다 갔다. 잠실 아파트가 육 개월 기한도 되고 세도 100,000원을 더 내라고 하고 집도 만날 비워놓으면서 한 달에 지출비도 2, 3천 원씩 내기만 하여서 둘째 딸네 집으로 간다고 하더라. 내년에 너희들이 온다하니 당분간 있다가 집을 산다고 한다. 편지를 하려면 둘째네 집으로 하라고 하더라. 경숙이 하고 편지 연락을 자주 한다니 반갑다. 있는 동안만이라고 한국보다 가까우니 서로가 타국에서 있으니 자주 연락하여라. 내일 모레가 추석이다. 엄마 곁을 떠난 지도 일 년이 된 모양이다. 영수 너도 경숙이도 보고 싶다. 불과 일 년밖에 안 되었는데 몇 십년된 것 같다. 일요일 날 수진 어미가(아범도) 시장에 나가자 하더니 엄마 한복을 끊어 바느질집에 맡기고 그길로 경자네 집에 가서 저녁 먹고 집에 돌아와서 텔레비전 좀 보고 너한테 이 편지를 썼다. 수진이를 떼어 놓고 갔다 왔더니 집에 돌아오니까 수진이가 할미보고 반갑다고 무릎에서 발을 동동거리면서 온갖 재롱을 다 부린다. 엄마는 수진의 재롱에 정신이 팔렸다. 아무쪼록 건강에 유의하고 유진이 잘 보호하여라.)

1977년 7월 19일

영수야너볼날이 얼마안나마구나 7월18일날 사돈한대서전하가 왓는대 8-18일날온다고편지가왓다고반가운목소리더라 논문쓴다고 하드니반갑다 사돈하고농담을하엿다며누리잘바서 조캣다고 유진이도잘놀고정스방도별일엇ㅂ다하니 양면으로반갑다엄마가추카하는 마음애서편지를쓴다 엄마도 수진하고더운날씨애 별일섯ㅂ고복현이송희도학교출근잘하고 경자경옥다들별일엇ㅂ고 즈이들생활쪽기다보니언니한태편지도한장재대로못한다고하더라 엄마도경숙이한태갈 신원조해해갓다 또교양교육을 닷는다나 20일날교육드로간다 8월그믐 9월초애나갈가한다 영수야경숙이는사람못만나스면저새상사람이될번해엿지 엄마가생각만하여도끔빅하다 수척한모습이논애선하다 안탁가운엄마마음은 말노표현할수없다 더녀개편지가옷는대 애기사진하고요새는 좀회복된거갓다 영수야느시모님이집때문애고생이만앗다 유진이망내고모부가말해서 은행애서잡은집을기약첫다고엄마보고과서보라고하기애가서보아드니 집은조터라 480이면 싼집이더라 수리나좀하면집은내중애팔아도 56백은 바들거갓더라 니가출근하기가좀불편할거갓더라그러나모든조건이마즌대가어디인니 당분간고생은좀해야지 이만주린다엄마씀

(영수야, 너 볼 날이 얼마 안 남았구나. 7월 18일 날 사돈한테서 전화가 왔는데 8월 18일 온다고 편지가 왔다고 반가운 목소리더라. 논문 쓴다고 하더니 반갑다. 사돈하고 농담을 하였다. 며느리 잘 봐서 좋겠다고. 유진이도 잘 놀고 정 서방도 별 일이 없다하니 양면으로 반갑다. 엄마가 축하하는 마음에서 편지를 쓴다. 엄마도 수진하고 더운 날씨에 별일 없고 복현이, 송이도 학교 출

근 잘 하고 경자, 경옥 다 들 별일 없고 저희들 생활에 좇기다보니 언니한테 편지도 한 장 제대로 못한다고 하더라. 엄마도 경숙이 한테 갈 신원조회에 갔다. 또 교양교육을 받는다나. 20일 날 교육 들어간다. 8월 그믐이나 9월 초에 나갈까 한다. 영수야, 경숙이는 사람 못 만났으면 저 세상 사람이 될 뻔했지. 엄마가 생각만 하여도 끔찍하다. 수척한 모습이 논에 선하다. 안타까운 엄마 마음은 말로 표현할 수 없다. 드디어 편지가 왔는데 애기 사진하고 요새는 좀 회복된 것 같다. 영수야, 네 시모님이 집 때문에 고생이 많았다. 유진이 막내 고모부가 말해서 은행에서 잡은 집을 계약했다고 엄마보고 와서 보라고 하기에 가서 보았더니 집은 좋더라. 480만원이면 싼 집이더라. 수리나 좀 하면 집은 나중에 팔아도 56백은 받을 것 같더라. 네가 출근하기가 좀 불편할 것 같더라. 그러나 모든 조건이 맞은 데가 어디 있니. 당분간 고생은 좀 해야지. 이만 줄인다. 엄마 씀)

편지들을 다시 읽으니 가슴이 먹먹하다.

편지에 이미 엄마가 고혈압이라는 사실을 쓰셨는데 당시에는 무심하게 넘기고 말았다.

판피린과 펜잘을 상용하며 늘 머리가 무겁고 아프다고 불평을 하셨지만 우리는 그냥 일상적인 불평이라고 심드렁하게 넘겼다. 남동생의 승진과 병행하여 역삼동에 뜰이 넓은 저택에서 손녀들의 재롱을 보며 노후를 편안하게 보내는 엄마가 복이 많다고 생각하면서 살기에 급급한 우리 자매들은 엄마의 고혈압을 가볍게 생각하고 지냈던 것이다.

게다가 내가 귀국한 후에 막내딸의 초청으로 두 번씩이나 미국을 방문하시면서 엄마는 쪽진 머리를 자르고 파마를 하고, 양장 차림에 굽이 있는 구두를 신고, 입술도 연하게 칠하는 서양 할머니로 변신하였다. 친척들은 청상과부로 갖은 고초를 겪으며 자식들을 훌륭하게 키워내신 엄마를 칭송하고 부러워했다.

집안에서의 엄마의 위치는 위풍당당했다. 엄마가 재혼할까봐 접근도 못하게 하던 큰집에서는 남동생에게 취직 부탁하느라고 뻔질나게 드나들었다. 농사꾼으로서 제법 살면서도 자식들 교육에는 등한시했던 큰아버지들에게 엄마는 당신의 판단이 얼마나 옳았는지를 증명해 보인 것이 흡족하신 듯했다. 친정아버지 성묘를 갈 때면 나와 남동생을 데리고 가는 것을 좋아하셨다. 친척들 앞에서 자랑하고 싶어서였을 것이다.

조교수 발령과 아들 출산

1977년 8월에 귀국했다. 시어머니가 편지로 집을 수유리에 샀다고 하셔서 얼마나 기뻐했는지 모른다. 남편이 내게 올 때 집을 팔아 융자를 갚고 남은 돈을 은행에 예금하고 왔다고 들었고 학교에서는 휴직으로 처리해서 시어머니 생활비로 충당할 만큼 충분한 월급이 나왔다. 집을 장만해준 시어머니가 고마워서 유학 중에 알뜰히 모은 돈 천 불($1,000)을 어머니 드리려고 갖고 귀국했다.

그런데 알고 보니 화계사 근처 낮은 산과 맞닿은 집을 경매로 샀던 것이다.

은행에 두었던 돈을 작은시누이가 장사한다고 빌려가서 갚지 못하고 있다고 했다. 430만원에 산 집 값은 연말까지 갚는 조건이라니 기가 막혔다. 그동안 참았던 서운함과 분노가 폭발했다. 결혼 후 처음으로 시어머니에게 내가 청운각 기생이냐? 어떻게 그렇게 큰돈을 일 년에 다 갚느냐고 울면서 대들었다. 시어머니는 유구무언이라고 하셨다.

조교수의 임명과 동시에 총장 보좌관이라는 보직을 맡게 된 나는 몸이 천 개라도 모자랄 지경으로 업무가 폭주했다. 그러나 9시간 강의하는 것이 즐거웠다. 유학 중에 교재 분석 방법(textual analysis)을 통한 영시 읽기는 새로운 영역이어서 학생들에게 인기가 많았다. 그러나 목전에 닥친 세계대학총장회의 준비로 아침 8시에 출근하면 밤에 퇴근하기 일쑤였다. 어쩌면 다행한 일이었다. 시어머니와 마주치지 않아도 되었기 때문이다.

설상가상으로 두 번째 임신이 되었다. 다시 아이가 생기리라고는 예상치도 않은 일이어서 당황했다. 서른일곱이라는 당시로서는 늦은 나이의 임신이어서 초기에는 유산의 위험이 있었지만 다행히 1978년 5월에 제왕절개로 아들을 낳았다. 아들의 출산은 서먹서먹했던 가족들을 결집시키는 계기가 되었다. 무엇보다도 아이를 낳지 못 하리라던 며느리가 장손까지 낳으니까 시어머니의 태도가 달라지셨다.

아들은 무럭무럭 자랐다.

낮에는 할머니가, 밤에는 아빠가 육아를 전담하였다. 나는 과중한 학교 업무 때문에 항상 지친 상태여서 퇴근하고 집에 오면 누워야 했다. 결국 편두통에 시달리게 되고 고통을 참다 못 해 입원을 하였다. 주치의는 남편의 면회도 금지하고 며칠 동안 혼자 쉬게 하는 극 처방을 내렸다.

아들을 낳은 다음해 총장님은 나에게 박사 과정에 등록할 것을 명령(?)하셨다.

과중한 업무에 아이 볼 시간조차 없고 항상 피곤한 상태에 있어서 더 이상 공부를 하지 않겠다고 말했더니 앞으로 교수를 하기 위해서는 박사 학위는 필수라며 대학원장을 불러 지시를 하시는 것이었다. 생각해보면 정말 나는 운이 좋았다. 주변 사람들의 도움이 없었다면 오늘의 내가 존재하지 못했을 것이다.

이 당시의 내 역할이 몇 개였는지 스스로의 정체성에 혼란을 느꼈다. 집에서는 엄마, 아내, 며느리, 밖에 나오면 교수, 보좌관, 그리고 다시 학생 신분이 되는 1인 6역을 번갈아 맡는 배우 같았다. 이렇게 되니 건강을 유지하기가 힘들었다. 항상 시간에 쫓기고 타이프라이터 앞에 앉는 시간이 많았다. 결국 이때부터 평생을 괴롭히는 요통과 목디스크가 생겨 시간만 나면 한방병원에 가서 물리치료를 받았다.

1981년 총장님이 전두환 정권이 들어서자 총장직에서 타의에 의해서 물러났다.

그분을 모시던 교수들 두 사람 모두 외국으로 연수를 떠나고 나만 남아서 총장님의 업무를 도와드렸다. 다시 4차 세계총장회의 준비에 몰두하게 되고 이원설 대학원장과 함께 코스타리카까지 수행하게 되었다. 미국과 남미 여행은 처음이었지만 전혀 즐기지 못했다. 몸 상태가 안 좋아서 귀국하자마자 병원에 입원하였다. 디스크가 심해서 다리를 매달고 몇 주 동안 있었지만 효과가 없었다.

게다가 박사 논문도 써야하는 부담 때문에 하루도 편할 날이 없었다.

논문을 쓰려면 학교 연구실에서 시간을 많이 보내야 하기 때문에 수유리 집을 팔고 학교 근처 회기동 연립주택을 사서 이사를 하였다. 그러나 심신이 피폐해져서 출근조차 못하게 되어 6개월 동안 휴직을 하였다. 여행의 후유증인 줄 알았는데 하혈이 계속되어 산부인과에 갔더니 자궁근종이어서 수술하여야 한단다. 세 번째 개복 수술을 해서 자궁을 들어냈다. 우울증까지 겹쳐 불면증에 시달리다보면 2층에서 뛰어내리고 싶은 충동을 자주 느꼈다. 고물고물 자라는 아들, 딸을 보면 눈물만 났다. 살아갈 용기가 사라졌다. 병원 출입이 잦아져서 친해진 외래 간호감독이 나를 정신과에 데리고 가서 MMPI테스트까지 받았다.

겉으로는 멀쩡한 것처럼 보였지만 정신적으로는 가장 힘든 시기였다.

항상 진통제를 복용하여야 할 정도로 요통으로 시달렸다. 애들만 아니라면 모든 것을 포기하고 싶었다. 그러나 박사 논문을 써야 했기 때문에 나는 이를 악물고 연구실에 침대를 놓고 아프면 눕고 괜찮으면 일어나 타이프를 두드리며 1년을 버티었다. 이렇게라도 하지 않으면 모든 것을 던져버릴 것 같은 절망감을 견디기 힘들었기 때문이다.

마침내 논문이 통과되어 1983년 2월에 박사학위를 받았다.

학위를 받은 그날 나는 다시 입원하였다. 수술부위가 계속 덧나서 논문을 쓰는 1년 동안 일주일마다 외과 외래에 가서 고름을 짜야 했는데 재수술을 받고 그 고통에서 해방되었다. 네 번이나 같은 곳을 개복한 사람 나와 보라며 내 배는 지퍼를 달았다고 농담하곤 한다.

그러는 사이 딸은 경희초등학교에 입학하였다. 아들은 누구를 닮았는지 제자들이 집에 오면 혼자 만물박사가 된 듯 공룡이야기를 쉴 새 없이 지껄여 귀여움을 독차지 하였다. 내 건강만 호전되면 그런대로 안정된 생활을 할 수 있게 되었다.

엄마의 뇌경색과 치매

남동생은 효자였고 엄마는 딸네 집에도 거의 오시지 않았다. 오로지 아들뿐이었다. 그런 아들이 회사에서 승승장구하니 엄마가 계시는 안방은 값비싼 자개장롱과 문갑으로 꾸며져 있고 방에 달린 화장실도 널찍하여 욕조와 벽에는 온통 거울이 차지한 호화로운 집이었다.

고생 끝에 낙이 온다고 엄마는 충분히 그런 대접을 받으실 자격이 있었다.

얼마나 지극정성으로 키운 아드님인가! 그 아드님이 성공하여 엄마에게 잘 해드리니 누이들은 신경 쓸 일이 없다고 생각했다.

우리 살기도 빠듯하니 엄마가 어디가 아픈지 생각하지 못했다.

엄마가 동맥경화로 처음으로 고려병원에 입원하신 것은 1984년 4월이었다.

고혈압으로 서서히 엄마의 혈관에 혈전이 쌓이고 있었던 것이다. 가사도우미가 있어도 당신이 직접 살림을 맡아하시며 손녀 손자들 재롱에 시간가시는 줄 몰랐다고 생각했는데 환갑을 넘기면서 부터는 힘이 부치신 모양이었다. 형제들은 엄마가 더 이상 젊지 않다는 사실을 실감하였다. 자식들이 엄마 건강에 신경을 써드려야 했는데 강북 삼성병원에 입원해 계실 동안에만 뻔질나게 드나들었다.

엄마의 입원을 계기로 전보다는 자주 문안 전화를 했지만 직접 갈 형편이 되지 못했다. 그냥 전화로 엄마 담배 좀 그만 피라고 하면 "니년들이 뭘 안다고 그러냐? 담배는 내 애인이다. 그만 전화 끊자."라고 소리를 지르며 수화기를 내려 놓으셨다. 목소리가 전보다 달라졌다는 생각이 들었다. 엄마는 좀처럼 큰소리를 내는 분이 아니었는데….

1988년 11월 29일 엄마의 뇌경색이 재발하였다. 이번에는 입이 돌아가고 왼쪽이 마비되었다. 언제나 의연하시던 엄마가 거동이 불편해지시자 절망하시고 당신은 집지키는 개였다고 한탄하면서 우셨다. 우리가 올케 흉이라도 볼라치면 '딸년들은 소용없다. 그냥 가만히들 있어라'라고 우리 입을 막으며 호통을 치시던 엄마였다. 강북 삼성병원에 입원해 있던 엄마는 굳이 경희의료원으로 옮겨 달라고 하셨다. 아무래도 딸이 근무하는 곳이 편해서였나 보다. 2주일 입원하신 동안에 나는 그동안 소홀했던 죄를 뉘우치듯 매일 근무만 끝나면 엄마 곁을 지켰다. 의료원에는 아는 간호사들과 의사들이 있어 친절하게 대해주니까 엄마는 무척 기분이 좋으신 모양이었다. 감정의 변화가 잦아진 엄마는 아기처럼 변하였다.

딸네 집에서 하룻밤도 주무시지 않았던 엄마, 친구도 없고 유일한 외출은 정릉에 있는 절에 가시는 것뿐이었던 엄마, 도우미가 있어도 한시도 가만히 앉아 있지 않고 집안일을 하시던 엄마, 며느리도 딸 같다고 하시면서 도시락을 싸서 학교에 갖다 주시던 엄마, 화가 나서 단식 농성을 하다도 아들이 애교 떨면 금세 풀어지시던 엄마, 뜰이 넓은 저택에 살면서도 쉰밥을 물에 헹궈 잡수시던 엄마, 아들 잘 둔 덕에 청와대 안주인도 부럽지 않다고 자랑하시던 엄마.

이게 우리가 아는 엄마의 모습이었다.

그런데 뇌경색으로 투병하시면서부터는 점점 변했다. 의사의 지시에 따라 좋아하시던 담배를 끊고 나서는 짜증이 심해 딸들이 가도 반가워하지 않았다. 무엇보다도 우리를 당황스럽게 한 것은 엄마의 치매 증상이었다. 추석 때 친정에 갔더니 올케가 단골 약국에 가셨다가 집을 못 찾고, 30여 년 동안 다닌 절을 다녀오시다가 길을 잃어버려 파출소에서 전화가 와서 모셔왔다고 했다. 남동생 식구들이 여름휴가를 하와이로 갔을 때 호텔에서 엄마를 잃어버려 혼비백산을 하기도 했다는 것이다.

엄마에게 혈관성 치매가 진행되고 있었다는 사실을 우리는 모르고 있었다.

1996년부터는 치매증세가 심해지셨다. 방학 중인 무더운 여름날 직원들과 점심 먹고 오다가 학교 정문 앞에서 쪼그리고 앉아 있는 엄마를 발견하였다. 한방병원에 오셨는데 찾을 수가 없어서 전화하실 생각도 못하고 무작정 딸을 기다리고 있었던 것이다.

깔끔하다 못해 결벽증까지 있던 엄마의 흐트러진 모습을 보는 것은 고통이었다.

음식을 손으로 집어먹는가 하면 무엇이고 장롱 깊숙이 감추는 버릇이 생겼다. 낮에는 주무시고 밤이면 소꿉장난하는 애기처럼 담요를 뒤집어쓰고 방에서 마루로, 마루에서 방으로 들락거렸다. 솜을 사탕으로 알고 입에 넣기도 하고 오줌도 쌌다.

1998년 5월 어머니날에 남편과 친정에 갔다.

식구들은 모두 외출하고 가사도우미가 엄마를 지키고 있었다.

점심에 탕수육을 잡수시겠다고 하셨다. 중국 음식을 시켜드렸더니 탕수육을 손으로 집어 게걸스럽게 잡수셨다. 며칠 굶은 사람처럼 다른 사람들에게 눈길도 한주시고 먹는 데만 열중하는 것이었다. 치매 노인들에게 흔히 나타나는 식탐이었다. 게다가 엄마에게서 퀴퀴한 냄새가 났다. 올케와 도우미가 자주 씻겨드린다는데 이유를 알 수 없었다.

집에 돌아와 여동생들에게 전화로 이 사실을 알렸다.

다음날 넷째 동생 경옥이가 엄마를 모시고 화장실에 갔다가 변기를 들여다보고 기겁을 하였다. 변기가 피로 물들여져 있었다고 했다.

동네 병원에 모시고 가서 검사를 하니 말기 방광암이라는 것이었다. 이럴 수가! 청천병력과 같았다. 우리들은 엄마의 치매증세가 악화되는 것만 걱정을 했지 암이라는 사실을 모르고 있었던 것이다.

별 세

지금도 풀리지 않는 수수께끼는 왜 엄마는 통증을 호소하지 않았을까 하는 것이다.

통증을 못 느끼신 것일까? 아니면 치매로 인하여 말씀을 못하신 걸까? 병원에서는 손을 쓸 수가 없다며 수술을 권하지 않았다. 자식들은 나름대로 최선을 다 한다고 했지만 이미 때는 늦었다. 우리는 살기가 바쁘다고 엄마를 홀로 내팽개쳤다는 자책으로 괴로웠다. 미국에 사는 여동생도 귀국하여 엄마와 시간을 보내고 번갈아 가면서 엄마의 밤을 지켰다.

때늦게 호들갑을 떤다고 잃어버린 엄마의 건강을 되찾을 수는 없는 것이다.

돌이켜보면 치매의 원인은 엄마를 혼자 너무 오랫동안 방치한 때문이다. 넓은 저택 아래층에는 엄마와 손자들이 살았고 동생 내외는 2층에서 살았다. 모두 출근하면 온종일 혼자 지내시고 말동무가 없었다. 우리는 엄마가 정원에서 꽃가꾸기와 장독대 닦는 일 등 항상 혼자 있기를 좋아한다고 생각했다. 수다스러운 것을 질색하시어 사람들과 사귀기가 힘든 노인이라고 생각했다.

엄마가 당신은 집지키는 개였다고 한탄하시던 기억이 났다.

대쪽 같은 엄마의 성격에 맞게 효도한다고 생각했는데 엄마를 이 지경에 이르게 한 것은 자식들의 무관심 때문이었다. 너무 죄스러웠다.

돌아가시기 전 열흘 동안은 혼수상태로 계셨는데 딸들이 아무리 불러도 눈을 뜨지 않던 엄마는 아드님의 목소리에는 반응을 보이셨다. 퇴근한 아들이 "엄마, 나 왔어요." 하고 귀에 대고 부르면 눈을 뜨셨다. 혼수상태에 빠지기 전에 엄마는 유언처럼 딸들에게 "너희들은 어디까지나 복현이 울타리 노릇을 잘 해라." 하셨으니 엄마에겐 아들만이 당신의 삶의 이유였고 목적이었다는 것을 혼수상태에 계시면서도 몸으로 보여주셨다. 그래서인지 남동생은 엄마의 심각한 상태를 믿으려하지 않았다. 곧 엄마가 자리를 털고 일어나실 거라고, 자기를 보는 엄마는 정상이라는 우겼다.

5월 12일 엄마의 이승에서의 마지막 밤을 내가 지켰다. 2, 3일은 더 버티실 것처럼 보였다. 그냥 곤히 잠드신 것 같았다.

아침에 동생도 방에 들어와 보고 출근했고 나도 사촌 여동생에게 부탁하고 늦게 학교로 출근하였다. 그러나 오후에 임종의 낌새를 챈 사촌동생이 남동생한테 연락하였고 엄마 인생의 전부였던 아드님의 품에 안겨서 오후 2시에 운명하셨다. 1999년 5월 13일 (음력 3월 28일) 향년 79세였다.

엄마를 모신 영안실은 엄마가 그토록 좋아하시던 꽃들로 장식되었다.

전문경영인으로 성공한 아드님 덕분에 문상객들이 줄을 이었다.

입관하던 때의 엄마의 모습은 노인이 아닌 청순한 소녀였다. 고운 피부와 주름살 없는 얼굴에는 미소가 번지는 듯 편안했다. 전혀 고생하신 분 같지가 않았다. 저 세상에 가셔서 아버지와의 해후를 고대하시기 때문이었을까.

엄마와 가까운 친척들이 고인을 추억하면서 내린 결론은 엄마가 여장부라는 것이었다. 체구는 작고 목소리도 나긋나긋했지만 철의 심장을 가진 외유내강의 여장부. 나름대로의 원칙을 고수하시고 자존심이 강하셨던 분, 없는 사람들에게 너그러웠던 분, 남에게 폐를 끼치지 싫어했던 분. 흉보는 것과 이간질을 제일 싫어하셨던 분.

엄마는 형제들끼리 다툼이 있어도 중간에서 이말 저말 듣기만 했지 간섭을 하지 않고 좋은 말만을 전하려고 노력했다. 엄마가 다니시던 절의 주지스님의 며느리도 시어머니의 구박을 견디게 해준 분이 엄마였다고 눈물을 흘렸다. 고인에 대한 덕담을 나누면서 우리는 그런 엄마가 자랑스러운 동시에 부끄러웠다. 더 잘 모시지 못한 불효가 훨씬 무겁게 짓눌렀다. 그러나 어쩌랴. 이제는 영영 떠나신 것을. 평생 그리워하시던 아버지 곁으로 가신 것으로 위안을 삼을 수밖에.

1999년 5월 15일 아침 7시 50분 삼성의료원을 출발한 운구행렬은 장엄하였다.

선도 차에는 영정을 모신 손자와 스님이 타고, 그 다음 캐딜락에는 운구가 모셔지고, 동생내외가 탄 차, 위폐 모신 차 뒤로 유가족들의 버스, 운구할 삼성직원들 버스, 그 뒤로도 대여섯 대의 차가 이어진 장의행렬이었다. 고속도로 옆에 흐드러지게 핀 밤꽃, 아까시나무 꽃들이 손들어 환송했다. 서른 살부터 홀로 육 남매를 훌륭하게 키워내신 엄마의 삶을 칭송하는 듯이.

날씨도 구름만 끼고 바람이 시원하게 불었다.

당신의 일생을 자식들을 위해 희생하신 엄마의 손길 같았다.

하관할 때는 울지 않았다. 50년 만에 아버지 옆에 나란히 묻히신 엄마가 행복하게 보여서다. 육남매 건사하느라고 여자로서의 행복도 누리지 못하고 외로움을 가슴에 묻고 평생을 살다 가신 엄마! 그러나 그 보상은 장하고 아름다웠다.

엄마! 그리운 엄마! 아버지 곁에서 이제 편안하시지요?

성묘를 가서 두 분이 나란히 계신 것을 보면 마음이 편합니다.

살아서 해로하시지는 못했지만 사후에라도 두 분이 손잡고 하늘나라에서 우리를 지켜보시겠지요. 모두 열심히 살고 있습니다. 특히 당신이 목숨보다 사랑하시던 외아들 복현이가 엄마 대신으로 누이들의 안위를 걱정하며 물심양면으로 지원하고 있습니다. 복현이는 한 달에 두 번 이상 엄마 꿈을 꾼다고 하면서 아직도 항상 엄마가 곁에 있는 것 같답니다.

엄마! 제가 벌써 여든을 바라봅니다. 엄마 나이가 된 언니는 엄마의 모습과 너무 흡사해서 붕어빵 같다고들 해요. 가난의 긴 터널을 지나오는 동안에 엄마의 지혜와 꺾이지 않는 용기로 저희들을 지켜주셔서 이렇게 나이를 먹었습니다. 엄마! 고맙습니다. 사랑합니다.